珍藏本
纪念版

汉译世界学术名著丛书

英国普通法的诞生

〔比〕R.C.范·卡内冈 著

李红海 译

商务印书馆
SINCE 1897 The Commercial Press

2017年·北京

R. C. Van Caenegem
THE BIRTH OF THE ENGLISH COMMON LAW

First published 1973
Second edition published 1988
本书根据剑桥大学出版社 1988 年第二版译出

汉译世界学术名著丛书
（120 年纪念版・珍藏本）
出 版 说 明

2017 年 2 月 11 日，商务印书馆迎来 120 岁的生日。120 年前，商务印书馆前贤怀揣文化救国的理想，抱持“昌明教育，开启民智”的使命，立足本土，放眼寰宇，以出版为津梁，沟通中西，为中国、为世界提供最富智慧的思想文化成果。无论世事白云苍狗，潮流左右激荡，甚至战火硝烟弥漫，始终践行学术报国之志，无改初心。

迻译世界各国学术名著，即其一端。早在 20 世纪初年便出版《原富》《天演论》等影响至今的代表性著作，1950 年代后更致力于外国哲学和社会科学经典的译介，及至 1980 年代，辑为“汉译世界学术名著丛书”，汇涓为流，蔚为大观。丛书自 1981 年开始出版，历时三十余年，迄今已推出七百种，是我国现代出版史上规模最大、最为重要的学术翻译工程。

丛书所选之书，立场观点不囿于一派，学科领域不限于一门，皆为文明开启以来，各时代、各国家、各民族的思想与文化精粹，代表着人类已经到达过的精神境界。丛书系统译介世界学术经典，的经典著作。

本书原著者范·卡内冈教授为比利时根特大学中世纪史和法律史领域的知名学者,曾投身于著名的英国法律史学者普拉克内特教授(T.F.T. Plucknett)门下,并在剑桥这一梅特兰曾执教过的大学作过访问研究员。可能正是因为他的欧陆学术背景,普拉克内特教授才预言他会在英国法律史研究方面采取英国本土学者所不大可能采取的角度,而本书的出版也正是这一预言的一个验证。

正如我们所已经知道的那样,普通法在其形成阶段,王室司法机构及相应的令状制、陪审制这三者的确立起到了重要的作用,本书正是围绕这三者依次展开的。在第一章中,作者讨论了后来作为普通法"创造者"的王室法菮的兴起,第二章和第三章分别讨论了令状制和陪审制,最后一章则分析了英格兰在12世纪为什么没有像欧洲大陆那样延续日耳曼繁杂的习惯法传统以及复兴罗马法,而是发展出独特的普通法?下面依次论述。

二、王室法菮的兴起与普通法

"鉴于普通法曾经是,并且今天在很大程度上依然是'法官造法',司法组织的历史对于我们主题的重要性就很容易理解了。"范·卡内冈教授在正式讨论王室法菮之前的这句话已经清楚地表明了探讨王室法菮的兴起对于普通法的意义所在。但我仍需要提醒读者的是,在一定意义上说,这恰好又构成了普通法与大陆法最本质的区别之一,因为在讨论大陆法时我们很少如此认真探讨其法菮制度(关于这一区别,后文还有详述)。

王室法庭之于普通法,很大程度上类似于议会之于大陆法;如果说议会创制了大陆法,那么普通法就是英格兰的王室法庭造就的。但英格兰的王室法庭却并不是一开始就有的,而且也不是当时所有国家(如法国、德国等)的王室法庭都发展出了普通法,这其中的不同发展又与多种历史机缘紧密相连。

其实,英格兰的历史是与西欧大陆紧密相连的。远的不说,就从公元前1世纪恺撒首次踏上不列颠的土地开始,英格兰就与西欧先后在同一时间段经历了罗马人和日耳曼人的征服,而且都长达数百年之久。因此在1066年之前,它们二者的历史大体是同步的,其社会状况也颇为接近。具体到司法领域,1066年前后两地都存在地方司法机构(如马尔克公社民众大会、郡法庭、百户区法庭等)和领主的司法机构(即庄园法庭或封建法庭)。所谓的王室司法机构(即王室法庭),实质上只不过是一个普通的领主法庭而已,准确地说它应该是全国最大的那个领主(贵族)所开设的法庭。同时也正是由于国王是最大的领主这个特殊性,王室法庭多少也带有了一些别的法庭所不具备的特殊性,比如后来它对刑事案件的管辖权便可能超越国王领地的范围而扩展到其他地区。1066年诺曼征服之后,在英格兰,王室法庭的这种特殊性逐渐开始变得显著起来,这其中的原因我们在后面还将详细谈到,那就是诺曼征服所带来的中央集权体制在英格兰的建立,也正是从此或因此,原来与西欧大陆同步发展的英格兰,在政治、法律、文化等诸多方面都与后者产生了巨大的差别。

英格兰王室法庭的上述特殊性,集中体现在它为全体英格兰普通自由民众提供了一个一审法庭。“它为全国创设了一个大的

初审法庭”，范·卡内冈教授如是说（第一章）。这个“初审法庭”包括两个部分，一部分是固定在威斯敏斯特的中央王室法庭，包括皇家民事法庭（Court of Common Pleas）、财税法庭（Court of Exchequer）和王座法庭（Court of King's Bench），当然这三者中对普通法来说意义最大的是皇家民事法庭。另一部分是各式各样的巡回法庭。如果说中央王室法庭免去了民众追逐国王以求王室救济之辛劳的话，那么巡回法庭则是将国王的恩泽送到了千家万户的家门口。

就王室法庭的兴起对普通法形成之意义，也许应从以下几方面考虑：

（一）巡回审判为王室法官接触、了解地方习惯法提供了机会。恩格斯曾称普通法为“至今唯一传播于世界的日耳曼法”，这表明了普通法的许多具体规则（主要是实体性的）都源于日耳曼法。但普通法并非直接就是日耳曼法，而是经过普通法法官改造过的日耳曼法。不过这些王室法官起初并不了解地方上的日耳曼习惯法，他们可能了解罗马法、教会法、国王的敕令，但这些法律渊源对于解决适用地方习惯法的民众之间的纠纷又没有太多帮助。因此，夸张一点地说，法官是在“不知法”的情况下来解决纠纷的，或者说法官在面临纠纷时需要当场了解法律规则，这种了解地方习惯法的机制或途径就是我们后面要谈到的陪审团。但无论如何，巡回审判为王室法官了解地方习惯法提供了机会，法官在了解了这些习惯法之后，会对它们进行甄别、筛选、加工，并以之为依据作出判决，形成相应的规则，并在以后类似的案件中加以适用。这便是普通法形成的微观层面。

（二）统一的中央王室法庭为法律的统一提供了可靠的保障。巡回各地的王室法官在结束巡回审回到威斯敏斯特的中央王室法庭后，会在一起讨论各自审理的案件，评点彼此的得失，相互认可各自形成的规则，并取长补短。天长日久，便形成了一套为他们所共同认可的、可普遍适用的规则，这便是普通法。试想，如果仅有巡回法庭，法官的确可能积累起以日耳曼习惯法为基础的、可适用于个案的规则，但这些规则却完全可能是千差万别，到头来仍无法避免我行我素或西欧大陆上封建割据时法律各异的状况。而中央王室法庭为各自为政的王室法官提供了一个交流沟通的平台，使得他们能在一起对复杂的习惯法进行加工、整合，形成一套"共同的知识"（common learning）[①]。

（三）王室法庭（尤其是巡回法庭）将正义运送到了普通自由民的家门口。如前所述，起初王室法庭只是国王作为封建领主设立的封建法庭，其参加者和受益者都只限于直接从国王那里保有土地的直属封臣（tenant-in-chief），普通自由民是不可能享受到只有王室法庭才可能具有的那些优点的——如后来采用的理性的证据审查方式陪审制，判决能够高效地得到执行等。[②] 随着亨利二世司法改革的推进，无论是巡回法庭还是中央的皇家民事法庭，都开始作为初审法庭直接面对普通的自由民，国王的恩泽遍布了全体

① Sir J. H. Baker, *An Introduction to English Legal History*, Oxford: Oxford University Press, 2007, p. 198.

② 非常吊诡的是，由于此时国王意在通过拉拢普通自由民而抑制贵族，到大宪章诞生时，贵族反而不能像普通自由民那样充分享受到普通法的好处，而是更多受制于国王在其作为领主的封建法庭上的个人意志——这也成为大宪章诞生的重要原因之一。

的自由臣民。于是，正如范·卡内冈教授所指出的那样，普通法开始从专属于一个阶层的法律变成了属于全体自由民的法律，而这正是由王室法庭完成的（第四章）。我们后面还要谈到，这不仅是普通法和王室法庭的胜利，更是国王对地方权贵的胜利，是中央集权对地方割据的胜利。相比之下，无论是稍后的巴黎高等法院，还是更晚的德国的帝国枢密法院，都未能实现英格兰中央王室法庭所完成的业绩，个中原因也许部分就在于它们并不是初审法院而只是终极的上诉审法院。

（四）王室法庭与普通法在英格兰的胜利并不完全是凭借国王的强制和权威，而在很大程度上是靠竞争赢得的。前已述及，与王室法庭并存的还有郡法庭、庄园法庭、教会法院等，后者都"法定"地享有某些案件的管辖权，若依常规，王室法庭是不可能触及它们的"司法领地"的。但正如伯尔曼所言，国王在诸多现有的法庭之外又设立了与之并列的王室法庭的司法管辖权，并与之展开竞争。[①] 王室不断地优化和提高自己法庭的性能（如采用陪审制），从而提高其竞争力，将原本应属于其他法庭的案件吸引到王室法庭来，并积少成多，最终取而代之成为主流。王室法庭这种通过完备自身条件（间接地贬低其他对手），将究竟诉诸哪家法庭的决定权留给当事人自己的做法，在一定程度上也影响了普通法自身的价值取向。所以我们在普通法中看到，普通法并不主动为当事人设立行为模式，而是允许当事人自行选择，仅在纠纷发生后裁决哪方

① 〔美〕H. J. 伯尔曼：《法律与革命——西方法律传统的形成》，贺卫方等译，中国大百科全书出版社 1993 年版，第 525 页以下。

的行为违反了公众所认可的基本信条。

王室法庭的建立为普通法的形成与发展提供了基础和前提，但在与其他法庭的相互竞争中，王室法庭必须使自己强大、先进起来，为此它采取了许多措施，最为典型的便是下面将要谈到的令状制和陪审制。

三、令状制与王室法庭的司法管辖权

范·卡内冈教授指出了令状在国王和教皇那里的行政起源，从中我们发现，令状只不过是国王、教皇或其他统治者处理日常事务的一种便利的文书工具，很难说它不曾为其他地方的统治者所知。那么，这种常见的行政管理工具又是如何演变为一种重要的司法制度的呢？我将令状的演变归纳为如下几点：

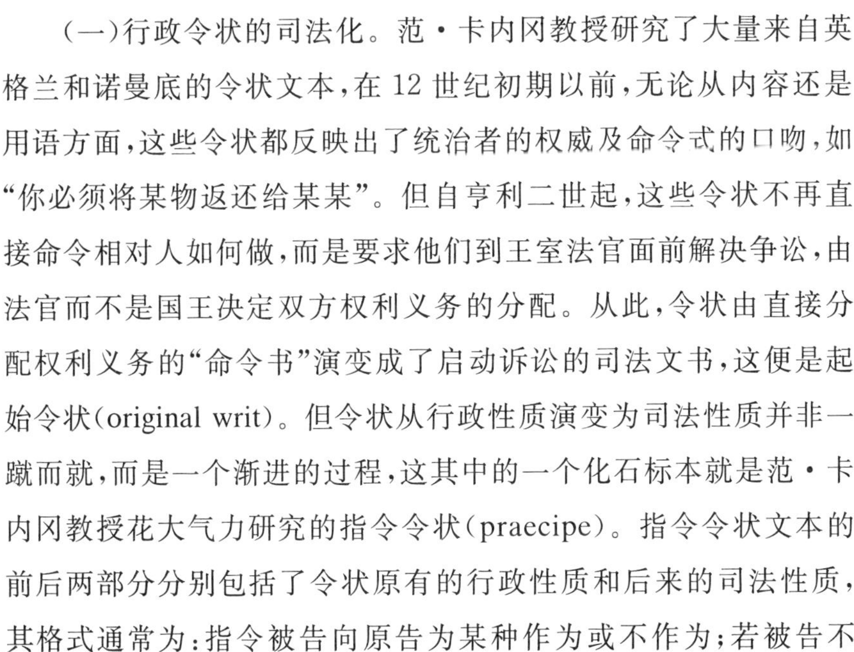

（一）行政令状的司法化。范·卡内冈教授研究了大量来自英格兰和诺曼底的令状文本，在12世纪初期以前，无论从内容还是用语方面，这些令状都反映出了统治者的权威及命令式的口吻，如“你必须将某物返还给某某”。但自亨利二世起，这些令状不再直接命令相对人如何做，而是要求他们到王室法官面前解决争讼，由法官而不是国王决定双方权利义务的分配。从此，令状由直接分配权利义务的“命令书”演变成了启动诉讼的司法文书，这便是起始令状(original writ)。但令状从行政性质演变为司法性质并非一蹴而就，而是一个渐进的过程，这其中的一个化石标本就是范·卡内冈教授花大气力研究的指令令状(praecipe)。指令令状文本的前后两部分分别包括了令状原有的行政性质和后来的司法性质，其格式通常为：指令被告向原告为某种作为或不作为；若被告不服，则前往王室法官处陈述不执行令状的理由。

自此，起始令状成为在王室法庭开始诉讼的一个必备条件，国王通过自己的文秘署签发令状，当事人需出钱购买，因此它成为王室财政收入的来源之一。但其意义并不限于或不主要限于财政方面，而主要在"争夺"案件的司法管辖权方面。

（二）令状扩大了王室法庭的管辖权，而实际上剥夺了其他法庭的管辖权。我们通常所能想象得到的方式是，文秘署不断地基于各种案由为各种案件签发起始令状，允许它们在王室法庭审理；又因为王室法庭与其他法庭相比有很大优势（如证据审查方式和判决的执行等），因此人们不管遇到什么纠纷都跑到王室法庭来，而原本依据"习惯"或"法律"对这些案件有管辖权的法院却"门庭冷落"了。而为此遭受经济损失（诉讼费收入）的贵族则对此颇为不满，于是才有了1258年《牛津条例》对新令状签发的限制，并直接导致了普通法发展的受限、类案诉讼（action on the case）的出现和部分导致了衡平法的兴起。这就是起始令状对于王室法庭司法管辖权的直接扩大，也是最常规的方式，而我们所感兴趣的则是那些通过各种技巧达到此目的的间接方式。

1."无须应诉"（*nemo tenetur respondere*）。指被告在未见到王室令状时，无须出席在封建法庭开始的、针对他自由保有地的诉讼，这为封建法庭审理原来"当然"属于自己的案件设置了前提条件：即需要王室令状才能在领主法庭开始涉及自由保有地的诉讼。

2.被告的选择权。在庄园法庭开始的地产权利诉讼中，被告可在传统的决斗裁断和王室法庭的陪审裁决之间进行选择。鉴于决斗结果的不可预见性，多数当事人会选择在王室法庭进行诉讼，这在实质上限制或剥夺了庄园法庭在这一问题上的管辖权。

3.移卷令和错判令。这是在符合一定条件的情况下将案件移至王室法庭进行审理或改判的令状。如伯尔曼所言,王室法庭在与其他法庭的明争暗斗中采取的一种措施就是,在某一类案件上设立与其他法庭相并列的司法管辖权,或者是上诉管辖权,这两种令状便是为此目的所设计。

4.在某些诉讼上设立前置诉讼令。如在涉及可能是教会地产的纠纷中创设地产性质令状(assize of utrum),遇此纠纷时首先由12名邻人(俗界人士)组成陪审团在王室法官面前决定该争议地产的性质。若为世俗保有性质,则归王室法庭审理;否则归教会法院。

5.某些令状通过转换问题的重点来获取管辖权。这一类最典型的例子就是范·卡内冈教授在第二章后半部分详细论述的"小巡回陪审诉讼令"(petty assize)。正如书中所谈到的那样,这些诉讼令实际上是放弃了关注本为封建法庭所关注的地产权利(或所有权)问题,转而关注土地的占有问题,这也是它们为什么又被称为"占有诉讼令"(possesory assize)的原因所在。因为解决土地"所有权"问题的权利诉讼极端形式主义,对原告很苛刻,并采取决斗断讼的方式;[①]而王室的占有之诉则便捷、高效,且采用的是陪审制,因此多数人逐渐放弃了在地方封建法庭解决土地所有权问题的念头,转而诉诸王室法庭仅寻求对占有的保护,只在特殊情况

① 具体可参见S. F. C. Milsom, *Historical Foundations of the Common Law*, London: Butterworths, 1981, pp. 131—143;李红海:《早期普通法中的权利诉讼》,载《中外法学》1999年第3期。

下(如一方认为自己身体足够强壮能击败任何决斗对手)才固执地坚持进行权利诉讼。自此,占有之诉成为了中世纪普通法地产权诉讼的主流模式,封建法庭对于地产权利诉讼的管辖权就这样被实质上剥夺了,尽管形式上它还可以审理这类案件,但实际上已经很少有人前去提起这种诉讼了。

由此可以看出,令状在国王手里是一种便捷的文书工具,他既可以直接规定,也可以采取各种间接的方式将自己的意志贯彻下去。

(三)起始令状与司法令状。前者为开始诉讼的令状,由文秘署发给王室法官,有点类似于罗马法中裁判官(praetor)发给承审官的令状。但在英格兰,王室法官在认为令状不合适时可予以封杀,而罗马裁判官的令状则不容置疑。司法令状是王室法官在诉讼进行过程中为某种专门事务签发的书面命令,它不盖国玺而只盖法庭印章,也不像多数起始令状那样需要回呈。

(四)起始令状的格式化和格式诉讼。起初令状是针对个案签发的,因此差异很大。但后来类似案由多次出现不可避免地导致了令状的格式化以及随之而来的格式诉讼。每一类案由及相应的诉讼都采用相同的程式,这便是普通法中著名的格式诉讼(forms of action)。

(五)有令状才有救济,有救济才有权利推出令状,才有权利。大陆法的观念通常认为,人的权利或者来源于立法的规定,或者来源于某些先验的观念,它不因是否存在司法救济而受影响,这体现了一种立法至上(包括上帝立法和议会立法)的立场。而普通法由于一开始就是从提供司法救济入手的,因此体现了极强的司法中心主义色彩(这一点后文还会详细谈及)。因为令状是在王室法庭开始诉讼的前提,所以没有令状便不可能得到王室的救济;而没有救济,即使法典中列举了再多的权利,也只是虚权利;因此,这里最终的结论是,没有令状便没有权利。

(六)新令状停止签发与类案诉讼和衡平法的出现。前文已述及,新令状的不断签发以直接或间接的方式侵害了贵族领地法庭的管辖权,使其收入减少。这激起了贵族们的不满,1258 年他们通过《牛津条例》宣布停止签发新的令状;若必须签发,要经贵族组成的大谘议会同意方可。新令状的停止签发意味着新的不法侵害无法得到救济,于是负责签发令状的文秘署官员就套用以前类似案件的令状格式签发令状以开始诉讼,这类诉讼被称为类案诉讼或例案诉讼,最典型的例子就是从有身体接触的侵权之诉中发展出对无身体接触的侵权行为的救济。衡平法是新令状停止签发后的另一个新生事物,虽然这二者之间并无直接的因果联系,但后者无疑是导致前者产生的重要因素。

前面重点谈到了令状对普通法的意义主要在于扩大王室法庭的司法管辖权,但另外同样不能忽视的一点是,它还可以引入某种新的制度,如陪审制。不过它引入的方式并不像立法那样是总体性的,相反,它是通过个案或类案来完成的,而这也更适合这一时期英国法律的变革方式。

四、陪审制与证据审查制度的变革

从总体上说,陪审制也是王室法庭增强自身“吸引力”和竞争力的举措之一,但一方面这一制度本身并非英格兰本土的产物,另一方面采用陪审制起初也并非出于增强王室法旅竞争力的考虑。

（一）陪审制的起源。范·卡内冈教授花了大量篇幅在第三章中讨论了陪审制的起源问题。他总结了前人的研究成果，逐次批驳了陪审制英格兰本土起源和北欧起源的学说；肯定了布伦纳的观点，即陪审制起源于加洛林王室，后传入诺曼底并由诺曼人引入英格兰。关于这一问题今天较为通行的观点是，陪审制起初是加洛林王室一种调查地方情况的制度和方法：由国王派出去的钦差召集地方上的民众，要求他们宣誓后回答钦差的问题，这些问题大体都是涉及国王在地方上的利益、地方官员尽职情况、社会治安、犯罪等。这一制度当时为王室垄断使用，并可作为特权或恩惠赐予某权贵或教会使用，但此时依然鲜用于司法领域。由于它一开始是咨询、调查而非司法审判的性质，所以本书翻译过程中亦有将之译为“宣誓调查”（sworn inquest）和“咨审”（assize）的。后来诺曼人将从法国学来的这一统治管理技术带到了英格兰，并逐步运用于巡回审判中。1166 年，亨利二世在《克拉伦敦法》中规定采用这一体制或方法对犯罪提出控诉；后来的《温莎法》又将这一制度引入地产权利诉讼中；1176 年的《北安普敦法》及其他法令又将之扩展使用到前文提到的“占有之诉”中。而更多对这一制度的使用则是通过令状在个案或类案中得以实现的，所以我们很难说是哪一项立法明确地引进了陪审制，而最多只能说它是慢慢形成的一种做法。

（二）陪审制的引进对证据制度的变革。相比于法院建制和令状，陪审制的发展更为复杂。如前所述，陪审团起初是向王室提供信息咨询的，这种信息的范围可谓无所不包，只要是国王所关注或感兴趣的就可以。后发展到 1166 年《克拉伦敦法》中的控诉陪审团，其实他们所谓的控诉也不过是就其所知或所疑向法官陈述，在一定意义上也是一种信息的提供，仍未脱离咨询机构的性质。在关于地产权利的大陪审诉讼和占有之诉中，陪审团提供的是关于某土地先前占有或其他情况的信息。只是到了后来，当陪审团开始脱离邻里关系，对法官先前关心的信息一无所知，但被要求凭其经验判断当事人提供的情况是否属实时，陪审团才从咨询机构变成了审查事实问题的专门机构，它才会深刻地影响了普通法中的证据审查制度。那么这一转变又是如何实现的呢？

我们首先要考察的是，王室法旅为什么会因陪审制而更具竞争力？我们知道，只要是司法过程，便离不开对事实的认定和对法律的适用。在许多情况下，这二者中后者比前者更容易，因为认定事实实际上是力图通过今天来重现昨天，而一旦事实清楚，适用法律一般也就不会有太多争议。认定事实和审查证据在 12 世纪的西欧通常是通过三种非理性的方式得以完成的：宣誓、神明裁判和决斗。虽然正如范·卡内冈教授所指出的那样，这三种方式在当时自有其存在和流传的理由，但随着经济的发展和对人的理性之认识的不断加深，这些证据审查方式的效能越来越受到质疑。正如本书所言，“经受冷水审考验者事先通过耐心地练习控制呼吸以求顺利通过神裁”，“至于烙铁审，很显然‘无辜是与胼胝紧密联系在一起的”（第三章）。正是在这种对非理性的证据制度充满怀疑的氛围中，陪审制闪亮登场了。陪审制因其依靠人的理性而非神意、蛮力、胼胝等不确定因素立刻吸引了民众的目光。在此情形下王室法旅的竞争力因陪审团而提高是很容易理解的。

陪审制此时取代神裁成为审查证据的主要方式还有赖于另一个机缘，那就是 1215 年的第四次拉特兰宗教公会决定禁止教士参与神裁。该决定实际上等于废除了神明裁判，因为神裁必须由教士参与才能进行。神裁的被废止给司法过程中的事实认定和证据审查留下了真空，外出巡回的王室法官多少显得有些手足无措，国王对此也一筹莫展。他们开始尝试其他办法，无奈之余，国王指示法官将审查证据的任务临时交给本是前来提供信息咨询或指控犯罪的陪审团。在实践中，法官就证据问题会征求多个百户区的陪审团的意见，并择其多数而从之。这样的权宜之计在诉讼过程中竟取得了意想不到的良好效果，这让国王和他的法官欣喜若狂，于是这种临时做法便被制度化了：因了解当地情况而被要求向法官提供信息咨询的陪审团，让位于凭人的一般理性和经验来判断当事人所提供之证据的效力的陪审团（后来的小陪审团），并与控诉陪审团（后来的大陪审团）相分离。至此，陪审制实现了英国法证据审查制度的变革。

五、英国法与大陆法的分野及历史发展中的偶然性

在第四章里，范·卡内冈教授讨论了一个直至今天依然为比较法所经常讨论的问题：英国法在 12 世纪为什么会与西欧大陆的法律分道扬镳？或者说，英国法为什么会避免了罗马法复兴的影响？

在这一问题上，范·卡内冈教授分别批判了民族精神说、地理环境决定论和经济决定论。他的结论是，英国法之所以没有像大陆法那样强烈地受到罗马法复兴的影响，端在这二者在历史发展中产生了年代上的错位：当罗马法复兴之时，西欧大陆诸国并未产

生一个独立的民族法律体系，而是地方习惯法盛行，罗马法本身的特点与王国统一的需求存在内在的契合，因此很容易为各国国王所接受，并最终成为它们各自法律的基础；而另一方面，当罗马法复兴的浪潮波及英格兰时，这里已经建立起了一套统一且自足的法律体系（普通法），并初步形成了一个法律职业阶层，此时的罗马法不仅不必要，而且在普通法的执业者看来甚至还是多余和危险的。因此，罗马法并未被英格兰所接受。

本书作者的这一解释相当中肯，但接下来的问题就是，英国法和罗马法复兴、大陆法的发展为什么会产生这种“年代错位”？或如梅特兰所言，英国法为什么会如此早熟？范·卡内冈教授仍从批判民族精神说和将普通法的产生神秘化、浪漫化开始。他提出，12 世纪的英格兰是一个多民族的王国，盎格鲁－撒克逊人、丹麦人、诺曼人、佛兰芒人等并存杂居，那么普通法作为英格兰王国统一的法律究竟又是哪一个民族的精神的体现呢？与“民族精神说”一脉相承，波洛克将普通法的诞生神秘化了（第四章），但这在范·卡内冈教授眼中完全不是一种理性的态度。为此，他还冷静地面对了梅特兰对英国法发展诗意般地浪漫描述（第四章）。

基于实证的历史考察，范·卡内冈教授将英国法的发展与英国政治体制的变化联系在了一起。统一的英国法律的出现，与统一的、中央集权的英格兰封建王国的形成之间有着密不可分的关系；而正是因为没有及时形成一个统一的中央集权王国，以及随之而来的统一法律体系的缺失和对地方习惯法盛行的“放纵”，西欧诸国才无一例外地为罗马法所征服。那么现在的问题就是，英格兰为什么很早就形成了统一的封建集权王国？

这是一个至为复杂的问题，正是在这个问题上我们与历史决定论发生了分歧。我们并非彻底否定历史决定论在解释这一问题上的贡献，但如果按照其内在逻辑进行推论，英格兰应该与西欧大陆同步发展，同为分裂割据，同为罗马法所征服，而不会有 12 世纪的分野。因此要解决这个问题，我们必须在两地的发展中寻找不同点。

一个主要的不同点就是英格兰王权的特殊性。范・卡内冈教授也强调了这一点（第四章），但他并未解释英格兰王权之所以强大的原因所在。在我看来，这可能与英格兰频繁发生的战争有关，而战争是最可能以多数人的付出来成就一个人的威望和成就的，于是日耳曼人刚刚踏上不列颠的土地时我们听到了阿瑟王的名字；后来的七国之争和丹麦人的入侵又使阿尔弗雷德大王声名大振。而在西欧大陆，我们只是在中世纪早期听到过克洛维、查理曼这些名字。如果说王权在中世纪前期的西欧经历了一个由强到弱的过程的话，那么，在英格兰，这一过程则正好相反。因此，王权在 10 世纪左右的英格兰要比在同一时期的西欧风光得多；再加上不列颠岛屿作为弹丸之地更易管理，这些都使英国在 10、11 世纪时就形成了相当程度的统一和集权的封建王国。

英格兰王国已有的这些政治成果又因诺曼征服而得以强化。发生在 1066 年的这场征服是由起源于北欧、当时居住在诺曼底半岛并受到法国文化影响的诺曼人完成的，诺曼人的管理天才众所周知，[①]而范・卡内冈教授又突出了征服者威廉个人的一些特点：

① 伯尔曼在《法律与革命——西方法律传统的形成》一书中也强调了这一点，请参看其中有关诺曼人章节的论述。

一个“残忍的暴发户”“封建强盗头子”，他有着“毫不犹豫的直爽，鲜明的心智，极易产生偏见而缺乏细腻的层次感，对于效率有着火一般的追求，而这又极易导致反复无常的暴怒”（第一章）。这样的人物是很容易和高效的中央集权王国联系在一起的。因此，12世纪的英格兰与西欧大陆不同：前者统一、中央集权、王权强大；后者却分裂割据，几乎处于无政府状态，王权衰微。如此，我们又怎么能指望后者建立起一套统一的法律体系呢？

集权的后果一方面是统一和高效，另一方面则可能是专制。但英国历史上并没有形成类似于法国路易十四或德国威廉一世、俾斯麦、希特勒那样的专制，许多人在考察这其中的原因时将之归结为封建主义所导致的英国的法治传统。的确，英国的封建主义在中世纪的西欧是最典型、最完备的（第四章），而失去封建契约维系的分裂割据则才最有可能发展出极端的专制，中世纪后期的法国和近代的德国便是例证。英国的封建主义又是王国内部适度集权的结果，是王权与其他利益集团内在张力平衡运行的结果。

因此，英格兰较早地形成了统一的中央集权封建王国，而在这一点上，西欧则晚了许多年，但这一切难道又是决定论的史观所能解释得了的吗？在这一问题上，我非常赞同范·卡内冈教授对历史偶然性和机缘巧合的强调。试想，如果没有诺曼征服，很难说英国的历史不会仍然与欧洲大陆同步？如果诺曼征服时，恰巧没有北欧人对英格兰东海岸的入侵，这样哈罗德国王就无须先领兵去抵御北欧人入侵，然后又回兵迎击威廉，也不至于让后者以逸待劳候个正着。如果哈罗德国王与诺曼人交手时天未下大雨，如果他也未因此而遭冷箭暗算,[1]那么诺曼人也许早被赶出了不列颠,也就更不会有什么诺曼征服了,可能因此也就不会有英格兰和西欧历史的分野了。但诚如范·卡内冈教授所言,这一切仅仅只是"如果",历史不可能重来,但这些活生生的现实却又无法用某种决定论来解释,因此我们只能将它归为偶然。中肯的结论也许是,社会史的发展的确有一些大的趋势可以把握,但偶然性有时也会起一定作用,有时甚至是起改变我们所认定的那些历史趋势的作用。结果是,这些偶然性在当时发挥了作用,而后来的历史则在这种作用的结果之基础上继续发展,并且这些结果还会产生相当的滞后性,以致后人在寻根探源时只找到了这一结果,反而竟将其真正的原由忘掉了,或者说这一真正的原由对后来的社会发展意义不大了。[2] 这也使历史的发展更加复杂,也更为丰富多彩。

这就是历史发展中的偶然因素或无意识、非理性的因素,它们在英国法的发展中好像更有市场。历史法学派和新自由主义都认为,制度是生长而非人创制出来的。这对人的理性设计能力在制度创新中的作用提出了质疑,其要点在于对制度自然生长过程的强调,而淡化人的理性的作用。如此看来,英国法和古典时期的罗马法都更符合法律的自然生长(这也是为什么普林谢姆教授要将

---

① 据史书记载,当征服者威廉进攻英格兰时,当时英格兰的国王哈罗德刚刚击退在东海岸登陆力图入侵的丹麦人,然后又不得不立刻回师来应对诺曼人。这对威廉来说本已是以逸待劳,但在战斗中威廉并没有占到便宜,几乎就要战败。但此时天降大雨,在一片混战中哈罗德国王中冷箭而亡,威廉才得以入主英格兰。

② 比如当我们谈论中西文化差别时通常只会追溯到中国的农业文明和希腊的商业文明,但对产生这两种文明差别的初始原由(即正文中提到的"真正的原由")——地理环境上的差异——却很少谈及或追溯了。

这二者进行类比的原因所在,参见第四章),因为它们都很少受到立法者意志的左右;也正因此,梅因才感叹,法典一出现,所谓法律的自发发展就停止了。记得苏力教授在分析“马伯里诉麦迪逊”一案时曾说,马歇尔大法官起初并没有要确立联邦最高法院违宪审查权的意思,他只是力图在党派斗争中维持某种关系而不得不这样做,但其做法却为后人所“发掘利用”,形成了违宪审查制。[①] 返回到英国法早期的发展中,这样的事例屡见不鲜:王室法旅召集当地知情人本为获取某些信息,不想后者却成为审查证据的主要方式;国王派出法官原为执行某一制定法,后来却成为地方民事审判的主要机构;国王对外出法官非正式的耳提面命竟也能成为制度,一个便条、一种做法也会升华为有强制性的规定……不仅如此,国王个人的品行这样完全无法为历史学家所把握的东西也会深刻影响法律的发展:普通法的形成奠基于亨利二世时期,而要不是亨利二世,很难说普通法还会不会诞生或其诞生会不会被推迟。

六、作为司法中心主义的普通法

在本书中,范·卡内冈教授用了四分之三的篇幅讨论了王室法旅、令状制和陪审制这些对于普通法形成至关重要的制度。显然它们都是司法方面的;再注意一下其他关于英国法历史的著述,几乎都在一开始就将司法制度作为了重点内容。返回头来当我们回顾对罗马法、教会法、伊斯兰法和中国法的研究时,又几乎无一

① 苏力:《制度是如何形成的》,中山大学出版社1999年版,第94—95页。

例外地都将立法或法律的实体规则作为研究的重点，而很少谈及司法。这表明了普通法区别于其他法律体系的一个重要特征，那就是我们在此强调的司法中心主义的立场。

(一)司法中心主义的定义。普通法的司法中心主义特征，是指普通法是以司法救济为出发点而设计运行的一套法律体系，这区别于以立法为中心的大陆法。以救济为中心，意味着只有在权利义务关系的平衡被打破时法律才出面干预、救济，而在此前法律并不关心权利和义务的具体分配。有人对此会提出异议，如果你的法律本身并不进行实体的权利和义务的分配，那你又如何知道权利和义务的平衡被打破了呢？这话有一定道理，如我们今天日常生活中的普通民众有人并不知道自己还享有选举权，因此在选举委员会没有公布选民名单或未公示其选民资格时，他就可能丧失选举权，而他自己对这一切可能一无所知，因此也不会提出司法救济的请求。这种权利受到侵犯却又不知寻求救济的原因端在我们所说的"不知法""法盲"，而要换一个熟悉宪法、选举法的人，则可能完全为此而"一怒上法旅""讨个说法"。这种解释实际上隐含了一个我们在前文曾提到过的前提，即权利来源于立法的明文规定。这样的前提在如今的社会中也许比较可行，但在古代社会却未必。因为现代社会的立法包罗万象，事无巨细，无所不涉，人们在社会生活的每一个领域几乎都可以找到立法。而在人类社会的早期，立法极其有限，但人们却并不因此就不享有权利。试想，难道汉代一位购买布匹的农民在所买布匹有瑕疵的情况下，仅仅因为当时没有《消费者权益保护法》或其他相关的法律就不能享有我们今天消费者所享有的那些权利(如请求卖主赔偿损失或者退货)

吗？这不是一个道德上的判断，而只能说明权利是与社会经济的发展密切相连的，法律也不主要是在创造权利，也不只是认可权利而已。古今中外不同社会状态下人们权利的差异端在于这种社会本身的差异，以及由此所导致的法律对此的认可程度方面的差别。但法律对权利本身认可的差异并不影响后者在受到侵害时均应得到救济的事实，即没有法律的规定不意味着就不应对损害进行救济。所以普通法和大陆法的一个显著区别就是，大陆法关心的主要是通过列举或其他方式明确人们的权利和义务，并在它们的平衡被打破时指示司法救济；而普通法则很少关注这些对于权利和义务的直接分配，相反，它将这一任务留给了习惯或其他社会规范，很多时候它默认这些规范对权利和义务的分配，只在它们被破坏时予以救济。因此，普通法一开始是缺乏实体的权利义务分配规则的，这些内容都蕴涵在日耳曼习惯法或是人们的内心（比如“己所不欲，勿施于人”的信念）当中，它只在纠纷发生时提供解决办法，因此才会出现普通法形成时期只关注司法制度建设（多为程序性的）而少实体规则构建的现象。

（二）司法中心主义的体现。普通法形成之时关注司法制度的特点深刻地影响了它后来的发展。今天，普通法国家的制定法越来越多，这些制定法许多都是关于实体权利和义务的分配的。在这一点上，普通法国家已开始向大陆法靠拢，但这种靠拢并未强烈影响普通法司法中心主义的特征。比如，制定法被制定出来之后只有经过解释才能适用，这一点普通法与大陆法并无区别；但二者在法律解释的立场和技术方面却存在重大差别。大陆法的法官自由裁量权受到限制，必须追寻立法者的原意来解释法律，以免有司法权篡夺立法权之嫌。而在普通法，法官解释制定法并寻找立法者的原意时，要看先前法官的解释；在该条文首次被解释时，法官虽然也会问立法者在立法时的意思是什么（立法者的原意），但更多的则是问当立法者自己处于当下的情形（手头案件）时他的意思会是什么。如果说立法者在立法时的意思是他们的意志的话，那么他们在当下案件所涉情形中所可能采取的立场则很大程度上会受到法官意志的左右，因为他们此时不可能出现在审判现场。

除法律解释外，司法中心主义的立场还为普通法带来了其他一些不为或很少为传统大陆法学所关注的内容，比如令状制、陪审制、巡回审判、法律职业阶层、律师公会、司法技术、司法审查等。但普通法并不排斥制定法和大陆法的相关内容，它与大陆法的差别毋宁说是一种治理观念和出发点上的差别：后者力图为每一种行为提供模式，而前者则将行为方式的选择权交给了当事人自己，并只在行为方式的选择发生偏差时予以纠正。这就是李猛所说的普通法是通过一种一贯的治理（遵循先例）来实现对于行为模式选择之管理的。[①] 普通法并不设计或创制某种行为模式，但它排除某些模式的运用。

普通法以司法为中心的特征的另一个体现是，普通法的许多制度创新和社会变革都是通过司法而非立法完成的。在制度创新方面，比如信托制的产生、侵权行为归责原则的变迁、商法制度的

① 李猛："除魔的世界与禁欲者的守护神：韦伯社会理论中的'英国法'问题"，载李猛编：《韦伯：法律与价值》，上海人民出版社 2001 年版，第 183—184 页。

引进等，都是由法官通过具体的判例确立的，然后由后来者予以遵循。在社会变革方面，比如法治传统的确立、普通法对于国王专制的制约等，也都是普通法法律职业阶层共同抗争的结果。很难想象，如果没有曼斯菲尔德勋爵，普通法会不会有商法的内容？如果没有柯克，英国是否还会有今天的法治传统？如果没有了约翰·马歇尔，美国的联邦最高法院会不会有今天如此尊崇、荣耀的地位和如此广泛的权力？如上文所述，司法中心主义并不排斥立法在制度创新和社会变革方面的主导作用，它的含义仅在于在立法之外又确立了另外一种与之并列的创新和变革的方法；而与立法相比，司法在推动社会发展方面更加地自然、渐进，制度在不知不觉中自然地生长了起来，从而比立法断然的创制更易为人所接受。

回过头来当我们审视今天我们所进行的法律变革之时就会发现，我们对于普通法的借鉴至今仍停留在具体的实体规则层面，而这又并非普通法的精髓；即使是对于普通法司法方面的借鉴，也只是片面的制度模仿，并未达到通过司法进行社会治理的层次。司法毋宁说只是立法者意志的贯彻者、执行者、适用者，还远没有达到进行制度创新的境界，更遑论以自己的方式实现社会变革了。

以上我将本书的内容作了概要的总结，但却并非纯粹地归纳段落大意，而是结合了自己对这些问题的看法。因此，这一序言与其说是本书的概括或导读，还不如说是译者对作者的解读，是译者对早期普通法历史的解读。也许不会有很多人对范·卡内冈教授书中考据式的研究论证感兴趣，但我希望读者能对他所关注的问题感兴趣，这一问题就是普通法的司法中心主义特征。我还希望在提出历史地解读普通法之后，还能补充一句：普通法还需要司法地解读。

2003 年 9 月

目　　录

献给时刻陪伴我辛劳
并为我所深爱的夫人

第二版序 vii

有些作者甚至会在其作品出版之后仍然致力于其原来的著述:他们与其著述一道生存,他们反复阅读、扩展、提高其作品,力图在其头脑中尽可能地形成一个新的版本。另外一些人则在书出版之后就完全将其置于了脑后,甚至不会拿出来重读一遍,因为他们已经转而关注其他问题了,而对自己所写作、再读、校对的东西感到厌烦至极。我属于后者,但我一直与普通法早期史方面的文献出版保持着联系,因此很高兴利用这次机会来关注一些在过去15年中业已讨论过且与此相关的主题。这一序言也给了我另一个机会来阅读那些下文中将提到的信函,尤其是那些来自H.科英(H. Coing)、G.D.G.霍尔(G.D.G.Hall)和J.R.斯泰耶(J. R.Strayer)令人感动的评论信件。我也已经仔细重读了出版社定期转过来的读者的评论,这些评论后文将会不时地提到。

我头脑中的大部分主题都可以说是传统的,这其中之一是如下一个仍值得争论的话题:12世纪时财政署(exchequer)和御前会议(curia regis)是否是两个截然不同的机构?1973年时我还坚持自己早期的观点,认为它们是两个独立不同的机构,[1]但有些学者表示反对。他们或者认为12世纪时“财政署的法官”(barons of the exchequer)与“王室法官”(king's justices)是两个可以互换

的术语(理查德森[Richardson]和塞尔斯[Sayles]的观点),或者认为当时的法旅(bench)与财政署是一样的,而直到胡伯特·沃尔特摄政时(the justiciarship of Hubert Walter)才分开(韦斯特[West]与霍尔持此观点,并得到了哈丁[Harding]和坎普的支持)。B.坎普(B. Kemp)在一篇内容颇为丰富的文章中详尽研究了这一问题,这其中格兰威尔著述(Glanvill's Treatise)中的一个逗号扮演了相当重要的角色,[2]这个逗号后来又出现在 1977 年由 R.V.特纳(R.V. Turner)完成的一篇论文中。在这篇文章中,作者引用了一份来自于 1182—1185 年的证人名录,该名录将王室法官和财政署法官视为两个不同的团体,这一切就发生在他们共同见证一份书面文件时。[3]请读者诸君见谅,当下的这篇序言并不是深入讨论这一类似拜占旅谜团[*]问题的地方,更不用说解决它了:
4 塞尔登协会(Selden Society)即将出版的《从威廉一世到理查一世时期的英国法案例》(*English Law Cases from William I to Richard I*)有望包括一些澄清(如果不是解决)这一争论的新材料。

viii 诺曼人和盎格鲁-撒克逊人之间的沉冤旧账也已隆重出场,这一点没有人会感到惊异,而这一纷争则类似于欧洲大陆上日耳曼人和罗马人之间的争论。[4]其中的核心问题当然是诺曼国王从其盎格鲁-撒克逊先辈们那里究竟获得了多少好处。我一直觉得盎格鲁-撒克逊的成就相当辉煌,并在很大程度上解释了诺曼和安茹国王们为什么会有那么显著和早熟的意识和成就,我的这一观

---

* Byzantine crux,古代拜占旅宫純政治以纷繁复杂闻名,故有此隐喻。——译者注

念特别（*inter alia*）因为 P.威尔莫德（P. Wormald）那本扎实且富于启发性的著作而得以强化。[5]当然，并不是每个人都能确信这一点，因此已经有人力图贬低王室令状的作用，而令状则被很多人认为是古英吉利王国在技术和行政方面所取得的一项主要成就。[6]

所谓的“法国关联”也持续地诱发出不少评论。我曾在 1973 年指出过，英国普通法一开始是作为盎格鲁－诺曼法出现的，后者由海峡两岸的同一个封建社会所分享，而仅仅是在“诺曼底陷落”，且这一公爵领地为法兰克王国逐步同化而转向罗马法时它才变成了仅仅是英国的东西（第 96—98 页*）。在一项关于盎格鲁－诺曼时期的相当全面的研究中，马乔里·奇布诺尔（Marjorie Chibnall）赞同“法国人”和“英国人”当然都生活在一部共同的法律之下的观点；在名为“诺曼人和英国人”[7]的一章中，他从定量和定性的许多方面都考察了这种共生现象。这一盎格鲁－诺曼的“普通法”是如此地属于这一广阔的法兰克封建社会的一部分，以致“最近才怀着极大热情涉足一些法国法研究”的海亚姆斯（P. Hyams）就已经能够像伊韦尔（J. Yver）一样，将格兰威尔的著述视作法国习惯法汇编之一了。[8]这位作者遗憾地指出，这种“法国关联”在某种程度上已为学者所忽视，几乎没有人“看到过海峡的对岸”。当然，并没有太多的英国学者关注过这一点（尽管许多大陆学者这样做了）：这是不是“梅特兰的失误”（他被认为对德国历史学家的著述非常了解、擅长）——哪怕是部分是——是另外一回事。然而正

* 此处页码指原著页码，即本书的页边码。下同。——译者注

如海亚姆斯指出的，每一位大陆学者都会为英国历史学家如今在海峡之外“找到其生命”而欢欣鼓舞。无论如何，当他满怀一种新手的真挚的热情明确地指出“法国是中世纪文化的中心”[9]而忽视
ix 了深广的意大利贡献时，又确有一种夸大的倾向。海亚姆斯还谈起了作为一个“同一体的盎格鲁－法国习惯”，并坚持“法国关联”一词要比“诺曼关联”更好，[10]但他并没有说服我们。亨利二世时期英国法和诺曼法的相互渗透非常明显，但，比如，鲁昂（Rouen）财政署适用的法律却与米迪（Midi）的法律相当不同，虽然它们都属法国。作为“诺曼关联”的另一方面，令状在诺曼底的运用最近已经成为了贝茨（D. Bates）详细分析的对象，这样就恢复了关于英国令状的充分研究和对于其海峡对岸相应部分某种程度上的忽视之间的平衡。[11]

作为早期普通法中的关键问题，新近侵占之诉持续地吸引着我们的注意力。它非常重要，因为它涉及到占有，即对自由地产及其收益的占有；对地产的保护也是政府早期关注的焦点之一。占有被侵夺（disseised）者通常意味着其生计被剥夺，他们当然可以前往法旅，经过繁杂及可能是危险的一整套地产权利诉讼（action in the right）来寻求救济。但另一种选择是，他们可以尝试王室恢复占有之令的便捷，它会将土地迅速返还给不正当侵夺行为的受害人。有关这种快捷却略显专横的王室干涉的例子并不难找到，[12]但这种粗放却便捷的正义所遇到的麻烦是，并不是所有的侵夺行为都必然是不正当的。有些人虽实际占有土地，但其权利却可能是有瑕疵的：他的占有可能是通过欺诈或暴力获得的，或者，即使他获得占有的途径合法，其土地也可能因某种合法事由而已

经被没收了。通过将王室强制干预与原有司法保障措施二者的优势相结合，新近侵占之诉解决了这一问题：在新近的过去其自由地产被剥夺者，如果当地的陪审团查明他确实是“不正当且未经判决”地被侵夺占有，那么他可以从郡长和王室法官那里获得迅速的补救。关于这一发展，有两个问题最近受到了特别关注：这一诉讼令是针对什么人发出的？同时它又是在什么特别的关头设计出来的？过去一般认为，创制新近侵占诉讼令是为了保护新近发生的非法侵夺事件中的任何受害者，针对的是任何不法行为者。后来，S.F.C.密尔松（S.F.C. Milsom）表达了这样的观点：这一诉讼起初是供遭其领主侵夺土地的封臣使用的；换言之，它是针对领主作为侵夺者而设计的。[13]密尔松的论据之一是语义学上的，即“侵夺” x
（disseise）专门用于指领主将其封臣置于土地占有之外，因为“占有”（to seize）起初用来指领主将其封臣置于土地占有状态时所作出的行为。这样一种来自一位知名专家且颇有兴味的观点，需要一场此处所无法提供的更为全面的讨论，[14]但此时我却足以说我还没有这样的印象认为，亨利二世时期提供（及买来）的各种有关侵夺的令状（通过卷筒卷宗中的特许状和登录簿知晓），主要是由封臣针对其领主的（这里即将出版的《英国法案例》又可以对这一问题作出新的解释），我也无法确信“侵夺”就是专门指领主剥夺占有的行为。[15]

不过领主的确可以并且确实剥夺了那些怠于履行自己义务的封臣之土地：没有人会指望领主在其封臣持有其土地却又不遵守承诺时无动于衷。然而问题是，领主是否不经任何审判和判决就

可以收回土地或由自己来直接占有封臣的土地。这在过去[*]可能会被接受,但这里有迹象表明,也正是亨利二世采取了措施将司法保护扩展到了占有(seisin)问题。玛丽·切尼(Mary Cheney)最近已经关注了典礼官约翰的案件(the case of John the Marshal),后者于1164年前往法旅诉冤,因为其领主托马斯·贝克特大主教(Archbishop Thomas Becket)未经诉讼就从他那里收回了某些土地。这一切正好发生在1165—1166年冬天之前,而新近侵占之诉可能就是在这个冬天被设计出来的(以1166年卷筒卷宗的登录条目为证)。既然编年史材料说“依照当时的法律”(即在1164年时)这位典礼官没有获得救济,[16]那么他的案件之后法律发生的变化完全可能与新近侵占诉讼令状的引入相吻合。玛丽·切尼虽然没有暗示典礼官约翰的案子“在任何直观的意义上是新近侵占诉讼令出现的原因”,但她还是似是而非地得出结论说,本案刺激了王室的法律家们“设计一种标准的、常规化和非个人化的程序,来取代早期那些为保护占有而采取的不标准的、非常规的和武断的王室干预”,[17]这样就足以保证自由民在无判决的情况下不被剥夺土地占有。

学者们忙于关注的另一个问题是,为什么英国普通法抵御了罗马法的普遍影响。1973年时我关注了年代因素,认为罗马模式
xi 之所以在英格兰无机可乘,是因为在就一般而言的学术法[**]和就

---

* 此处应指1166年《克拉伦敦法》——据说新近侵占诉讼令就是该法创设的——颁布以前。——译者注

** 指因欧洲大陆大学中对罗马法的研习而产生的具有学术性质的罗马法。——译者注

具体而言的罗马－教会程序法成就并准备引入王国及其法旅之前，英格兰就开始了其法律制度现代化的进程。这一解释赢得了某些赞同，[18]尽管也有人非常正确地突出了其他因素。[19]例如，在一篇令人振奋的论文中，沃森（A. Watson）最近在一个欧洲的语境下注意到了封建主义对那一“共同的成文法”* 所建立起来的强大抵御：一个国家的封建化程度越低（比如弗里斯兰**），它对罗马法和教会法律的影响就越开放；反之，封建化程度越高，对于“罗马法继受”的抵御力就越强。因此，英格兰作为全欧洲封建化最彻底国家的事实，一定是她顽固抵御对罗马法和教会法感染力的重要因素。[20]

就我所谈到的内容而言，其实只是普通法及其法旅内部的一些技术问题。当柯兰奇（M. Clanchy）最近在一篇文章中正确地指出仲裁与友善和解（arbitration and amicable composition）在中世纪英国社会中的作用时，无论如何，我所描述的那些问题并不是纠纷解决的全部事实。[21]因此，还需要对普通法早期阶段司法和仲裁程序间的关系略作评论。柯兰奇并没有像许多历史学家那样为亨利二世及其法官所取得的成就欢呼雀跃，因为他相信王室法旅及其令状、陪审团的成功，是以牺牲“存在于封建臣服效忠和亲族忠诚关系中的传统情感联系”为代价的，后者被削弱并遭受重创而又没有什么东西“足以”取而代之。对于像我这样关注英国王室法旅成功统计学材料的历史学家来说，作者的回答是，“对此发展

* 指罗马法。——译者注

** Friesland，荷兰北部省份。——译者注

的一个充分解释是原告别无选择”。[22]我相信，柯兰奇已经开启了一场有趣的争论并很可能导致一场热烈的讨论，但我在这里必须把自己重新限定在这一点上：只对那些最为适合的问题及可能最好的答案作一些临时的评论。通过邻里及亲属的友好帮助来仲裁及友善和解属于非常古老的制度，并经过中世纪得以流传，“爱”沿着“法律”及法旅权威判决的边缘在发挥作用。鉴于关于欧洲法律史上这两种制度孰轻孰重在数据方面差别的研究几乎没有，关于争讼的统计学研究也仅处于起步阶段，[23]我将把自己局限于对12
xii 世纪英格兰的一些评论上。王室法旅的成功是不容否认的事实，但这是因为“原告别无选择”，还是因为他们更推崇王室司法胜过乡村和解呢？数以百计的人准备支付一大笔费用以将自己的案件移交王室法旅听审的事实，表明应该是后者。他们可能“别无选择”，不过仅在其他可能的方式太冒险（如果不是不可靠的话）的情况下这话才有意义。同样也不难看出，为什么“普通民众涌向王室法旅”[24]以获取“在封建或庄园司法中几乎轻易可以得到的判决”[25]，因为在由王室权威支持以执行司法判决的法旅上进行诉讼肯定有着某种优势。公众明白，国王对于法律问题的关注绝非毫无根据的夸夸其谈，在传统的地方层次的司法过程中无法获得公正判决的封臣们前来向他诉冤，我们知道亨利二世在其统治早期，当其臣民因地方层次司法机构的“故障”而蒙受冤情时，他会毫不犹豫地颁布敕令，以使案件转移到更高级的法院（如果有必要最终转交到国王自己手里）成为可能。[26]乡村调解听起来可能像田园诗般地美好，但地方权贵及其恣意的受害者又能求助何方呢？拿威克里夫（Wyclif）来说，他对仲裁与和解就不抱什么积极乐观的看法。[27]倾向于王室司法者实际上是选择了专业人士来取代业余法官:尽管我们听到过对于腐败的抱怨,但单单是王室法旅那些经过训练的法官的竞争力就一定是一块强有力的磁石,[28]而“腐败”只不过是一个有着多种含义的术语。[29]况且由早期巡回陪审诉讼令开始的王室司法并没有完全切断其与民众基础之间的联系,因为陪审团就是“民众的声音”(*vox populi*),它保留了乡间仲裁的某些精神。[30]这种陪审制在两方面有强大的吸引力:首先,它使裁断限于一个明确的问题,这肯定有助于问题的澄清;其次,与古代的神明裁判及其“令人怀疑的结果”和风险(在决斗中要经历“各种惩罚中最大的风险,这一切都无法预料并最终可能是死亡”[31])相比,陪审采取了一种更为理性、更可预期的证据制度。不过,即使是在亨利二世国王的伟大变革之后,“爱”的确也比“法律”更经常地受到褒奖;[32]希望通往正义的这两条道路之间的确切关系能够得到进一步地深入探讨。

注释

1 *Birth of the English Common Law*, p. 19, cf. my *Royal Writs in England*, London, 1959, p. 31. xiii

2 B. Kemp,“Exchequer and Bench in the later twelfth century—separate or identical tribunals?” *English Historical Review*, 88, 1973, pp. 559—573(也请参看 Richardson、Sayles、West、Hall 及 Harding 的相关论述)。坎普(Kemp)关于格兰威尔相关章节的讨论是犯了逻辑上的预期理由(*petitio principii*)错误的一个有趣的例证,因为他争辩说,那些在 *regis* 及 *scaccarium* 之后加了逗号的“评论者及编辑者”做了某种让人无法接受的事情,“因为它干扰了叙述的一般含义”,而这一因干扰而导致的含义则碰巧为坎普所首选(坎普书,第 565 页)。

3 R. V. Turner,“The Origin of Common Pleas and King's Bench”,

American Journal of Legal History, 21, 1977, p. 243. See also the comments offered by G. J. Hand in *The Irish Jurist*, 7, 1974, pp. 388—389 (reviewing *The Birth of the English Common Law*).

4 See the recent survey by K. F. Drew, "Another Look at the origins of the Middle Ages: A Reassessment of the Role of the Germanic Kingdom", *Speculum*, 62, 1987, pp. 803—812.

5 See, *inter alia*, "*Lex Scripta* and *Verbum Regis*: legislation and Germanic kingship from Euric to Cnut", in P. H. Sawyer and I. N. Wood (eds.), *Early Medieval Kingship*, Leeds, 1977, pp. 105—138; "Aethelred the Lawmaker", in D. Hill (ed.), *Ethlred the Unready: Papers from the Millenary Conference*, London, 1978, pp. 47—80 (British Archaeological Reports, British Series, 59); "Charters, law and the settlement of disputes in Anglo-Saxon England", in W. Davies and P. Fouracre (eds.), *The Settlement of Disputes in Early Medieval Europe*, Cambridge, 1986, pp. 149—168.

6 R. A. Brown, "Some observations on Norman and Anglo-Norman charters", in D. Greenway, C. Holdsworth and J. Sayers (eds.), *Tradition and Change. Essays in honour of M. Chibnall*, Cambridge, 1985, pp. 145—164。尤其是第 161 页，在这里，"对于已被接受的盎格鲁－撒克逊的文秘行政工作远胜于诺曼的理论来说，盖印令状并不是一个足以令人信服的基础"。

7 M. Chibnall, *Anglo-Norman England 1066—1166*, Oxford, 1986, pp. 208—218.

8 P. Hyams, "The Common Law and the French Connection", in R. A. Brown (ed.), *Proceedings of the Battle Conference on Anglo-Norman Studies*, IV, Woodbridge, 1982, pp. 77—92.

9 同上书，第 77 页。

10 同上书，第 81 页、第 197 页注释 11。

11 D. Bates, "The Earliest Norman Writs", *English Historical Review*, 100, 1985, pp. 266—282。对于诺曼令状的相对忽视，可以从材料的缺乏得到部分解释：从亨利一世作为诺曼公爵统治期间(1106—1135)留存下来的诺曼令状或特许状只有 88 件，相比之下英格兰则超过了 1000 件

（同上书，第 267 页）。

12 在《王室令状》（*Royal Writs*）和《英国普通法的诞生》两书所列举的例子基础上，我想再增加一则非常有趣的行政令状。它来自于后来成为英格兰国王的亨利二世，支持的是格拉斯顿伯里（Glastonbury）修道院的请求，时间可能是 1153 年 11 月 6 日，或者更有可能是 1154 年 12 月 8 日。在该令状中，格罗斯特伯爵威廉（Earl William of Gloucester）被要求“不得迟延”（sine moral）、“不得寻找其他借口”（omni excusatione remota），而使格拉斯顿伯里修道院恢复对锡斯顿（Siston）庄园的占有（本庄园显然是在内战中失落的），因为该修道院院长及其修士在国王亨利一世驾崩时还保有这一庄园（R. B. Patterson，“An un-edited charter of Henry Fitz Empress and Earl William of Gloucester's comital status”，*English Historical Review*，87，1972，p. 755）。最高统治者并不是唯一签发这种强制命令的人：权贵们也纷纷效仿。参见 1124—1136 年间理查·菲茨·吉尔伯特（Richard Fitz Gilbert）发出的一则令状，它要求佩彻（Pecche）家族中的一员恢复克莱尔附近的斯托克（Stoke by Clare）小修道院对杰斯林索普（Gestingthorpe）十户区（tithes）的占有。该令状有着特别的意义，因为它在这则有利于修士们的强制命令中加入了如下内容：如果受状人或任何其他人“要针对他们提出任何请求，务请公正行事”（sint ad rectum ubi iustum fuerit）（C. Harper-Bill and R. Mortimer，*Stoke by Clare Cartulary*，*Part Two*，Woodbridge，1983，no. 345，p. 236）（Suffolk Record Soc.）。 xiv

13

13 S. F. C. Milsom，*Historical Foundations of the Common Law*，London，1969，pp. 117—119；*idem*，*The Legal Framework of English Feudalism*，Cambridge，1976，pp. 11ff.

14 对于密尔松之说法作出最早反应之一的是萨瑟兰（D. W. Sutherland），参见萨瑟兰：*The Assize of Novel Disseisin*，Oxford，1973，pp. 30—31。萨瑟兰写道，毫无疑问，该诉讼令是针对那些剥夺了其封臣土地占有的领主发出的，并且经常诉诸这样的目的，但“针对领主对封臣进行保护是否是它特定的统治目的——在我看来——则超出了我们所能知道的范围”。1974 年，阿诺德（M.S. Arnold）发现密尔松的观点“非常吸引人”，他认为，“一个针对领主对封臣进行保护的愿望并不完全可能导致该诉讼令的创制”（*Yale Law Journal*，1974，p. 859）。1981 年，帕尔默（R.

C. Palmer)发现密尔松的观点并不能够令人信服。他坚持认为,该诉讼令不仅指向领主,也指向外在的权利主张者(*Michigan Law Review*, 79, 1981, p. 1146)。

15 我将引用两则关于指控非法剥夺占有的案例,它们非常有可能不是针对封建领主的。一则涉及彼得·德·贝萨卡(Peter de Bessacar),他宣称自己被柯克斯托尔(Kirkstal)修道院的修士们剥夺了占有(问题显然是谁有权利用一块共用地的哪一部分);该案 1187 年 7 月 4—22 日于约克在王室法官面前和解结案(W. Farrer, *Early Yorkshire Charters*, II, Edinburgh, 1915, no. 820, pp. 163—164)。另一则涉及奥斯尼(Osney)修道院的教士们(canons),他们未经判决就被艾维尔摩尔(Ewelmer)教堂的牧师剥夺了占有,该案于 1187 年 10 月 5 日同样和解结案(H.E. Salter, *The Cartulary of Oseney Abbey*, IV, Oxford, 1929, nos. 412b and 413, pp. 444—445)(*Oxford Histor. Soc.*, vol. 97),牧师(parson)不可能是教士的领主。

16 切尼(M. Cheney):"Inalienability in mid-twelfth-century England: enforcement and consequences", *Proceedings of the Sixth International Congress of Medieval Canon Law 1980*, Vatican, 1985, p. 474 (Monumenta Iuris Canonici, Series C: Subsidia, vol. 7)。作者已于 1981 年在布利斯托尔召开的不列颠法律史大会(the British Legal History Conference)上首次表达了她的看法;参见切尼:"The litigation between John Marshal and Archbishop Thomas Becket in 1164, a pointer to the origin of Novel Disseisin?" In J.A. Guy and H.G. Beate (eds.), *Law and Social Change in British History*, London, 1984, pp. 9—26 (*Royal Histor. Soc. Studies*, 40)。

17 Cheney, "Inalienability", p. 475.

18 R.V. Turner, "Roman law in England before the time of Bracton", *Journal of British Studies*, 1975, p. 21.

19 同上书,特纳在第 22—23 页中列举了若干因素。

20 A. Watson, "The evolution of law: continued", *Law and History Review*, 5, 1987, pp. 562—565.

21 M. Clanchy, "Law and love in the Middle Ages", in J. Bossy (ed.), *Disputes and Settlements. Law and Human Relations in the West*, Cam-

bridge, 1983, pp. 47—67.

22 同上书,第 62 页。

23 参见卡内冈:*Judges, Legislators and Professors: Chapters in European Legal History*, Cambridge, 1987 年版,第 162—163 页以及其中所引用的文献,还可以加上 R.L. Kagan,"A golden age of litigation: Castile, 1500—1700", in Bossy (ed.), *Disputes and Settlements*, pp. 145—166。这是一项针对作为纠纷解决方式之一的、正式的司法裁决明显且迅速兴起的时代所进行的研究。

24 R. V. Turner, "The reputation of royal judges under the Angevin kings", *Albion*, 11, 1979, p. 316.

25 M.S. Arnold, *Yale Law Journal*, 1974, p. 855 (reviewing *The Birth of the English Common Law*). xv

26 M. Cheney, "A decree of King Henry II on defect of justice", in Greenway *et al*. (eds.) *Tradition and Change*, pp. 183—194.

27 J. Bossy, "*Postscript*", in Bossy (ed.), *Disputes and Settlements*, 第 289 页:"我们应该记住,在封建制度下,爱可能是具有强制性的,并公平对待威克里夫的如下评价:通过爱而不是法律来解决纠纷,可能会以损害弱者为代价来成全强者。"

28 参见特纳(R. V. Turner):"Reputation of royal judges", 第 316 页:"即使在最为严厉的批评家那里,也很少看到对法官无能或是对法律无知的指责,尽管有时这也是事实,至少在巡回法官那里是这样。"有关将王室法官作为一个整体进行全面考察的情况,现在可参看特纳:*The English Judiciary in the Age of Glanvill and Bracton*, Cambridge, 1985 年版。关于卡斯蒂尔(Castile)王室法官兴起的相应情况,可参见 Kagan,"A golden age", 在第 150 页作者写道,尽管对于很多人来说它们还并不完美,"但与地方或庄园法庭提供的司法服务相比还是要好得多"。

29 亨利二世的法官受到的赞扬和遭到的贬抑一样多,就如国王本人因其对于司法的关注而备受颂扬,同时也因其贪婪而受到谴责一样(关于最近的研究可参看 Turner, *English Judiciary*, and Clanchy, "Law and love", p. 63)。我们绝不能忘记,当权者希望得到的"礼物"是受到当时特定情势制约的,因而不能够简单地被贴上腐败的标签(相关评论请参看 Turner, *English Judiciary*, pp. 285—287)。

30 我指的是斯泰耶(J. R. Strayer)在1973年11月26日写给我的一封信中所作的评论:"在12世纪早期的英格兰,我发现很难在因其了解事实而被召来作裁判者的人和由邻人来充当陪审员的人之间划一条清晰的界线。"

31 Glanvill, *Tractatus de legibus et consuetudinibus Angliae*, II, 7(ed. G. D. G. Hall, London, 1965, p. 28).

32 关于对中世纪晚期英格兰"法律"与"友爱"的新近研究,请参看 E. Powell, "Arbitration and the law in England in the late Middle Ages", *Transactions of the Royal Historical Society*, 5th Series, 33, 1983, pp. 49—68。

第一版序

当作为大学学院[*]——对其热忱我将深表感谢——的访问研究员(Visiting Fellow)在剑桥停留期间,这里的历史系(Faculty of History)邀请我作一个系列(四次)演讲。我很高兴地接受了这一邀请,历史系也同意我讨论一下英格兰普通法形成时代的一些问题。我觉得学生们可能会发现以一种简明——我希望是这样——且易于接受的演讲方式来倾听某些观点会比较有用,这些观点已经在我的《从诺曼征服到格兰威尔时期英格兰的王室令状》

(*Royal Writs in England from the Conquest to Glanwill*, London, 1959)一书中得到了更为细致的阐述。我也希望借此机会来发表一些新观点,它们是我在剑桥优雅的图书馆所营造的宁静氛围中工作时所获得的。最终当剑桥大学出版社邀请我出版这些演讲时,我非常乐意能有这样的机会将其公之于更为广阔的公众阅读领域。 17

剑桥演讲中的某些论题接下来我又在纽卡斯尔、牛津、图宾根谈论过,如在剑桥一样,在这些地方我都在与当地那些博学的历史

---

* University College,剑桥的学院之一,今天已更名为 Wolfson College。——译者注

学家和法律学家的讨论中获益匪浅:对此我要向他们表示我最热忱的感谢。我的这一文本已经有所扩展,并做了更新、增加了注释,但依然主要依循了1968年春发表四个演讲时的原始框架。

R.C.范·卡内冈

1972年7月于根特

第一章　从征服者威廉到格兰威尔时期的英国法院[*] 1

“我不要再听到有人抱怨说不公平”

(“Ne inde clamoreem audiam pro penuria recti”)

作为一名欧洲大陆的学者，要在一所英国大学，尤其是梅特兰曾执教过的剑桥大学讲授英国法律史，其诚惶诚恐的程度可想而知。所幸我还可以拿某些情有可原的事由作为托辞，而这一点也为邀请我的历史系所接受，他们的无偏私感令人称道。我很荣幸能够在这个国度进行一段相当长时间的研究，并通过研习那些未出版的文献来熟悉这个国家的历史，这些文献都收藏在英国各地大大小小的档案馆中。更值得庆幸的是，我获得了难得的机会能够在已故英国法教授普拉克内特(T. F. T. Plucknett)指导下研习普通法早期的历史发展。普拉克内特教授博学而极富耐心，他认为从一个欧洲大陆的视角考察英国法律史，也许能为阐明诸如普通法的某些概念、术语和程序可能起源于罗马之类的问题提供新的思路和证据。另外，英格兰与我

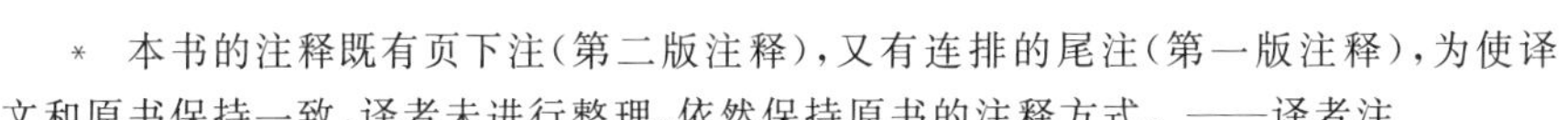

* 本书的注释既有页下注(第二版注释)，又有连排的尾注(第一版注释)，为使译文和原书保持一致，译者未进行整理，依然保持原书的注释方式。——译者注

所在的国家相距咫尺，它们的历史联系也相当紧密：加入诺曼威廉征服英格兰大军的佛兰芒骑士及其扈从难以计数，而威廉本人也娶了当地佛兰芒伯爵的女儿。尽管这种军事冒险今天早已不复存在，但力图解决别国历史难题的智力冒险却同样令人激动不已。

说我所关注的主题可被视为相当困难，部分是因为文献资料的缘故。就文献资料情况而言，我现在所讨论的从诺曼征服到格兰威尔这一段时期与此后的世纪相差甚大。格兰威尔以前并不存在综合性的法律文献，有的只是一些明显为英国习惯法的复杂性所困扰从而毫不犹豫并且是相当不加辨别地将从《狄奥多西法典》或《萨利克法典》和《利普列安法典》中获得的材料进行加工、汇编的著述者们的努力，[1]而这些努力对我们来说又没有太多帮助。这一时期也没有诉讼卷宗，无论是中央法庭的，还是地方的抑或御前会议（*curia regis*）的，而特别委任巡回审的卷宗（assize rolls）直到1200年左右才大量出现——当然今天已经我们能够很方便地得到这些文献，而且其早已是数量不菲。[2]
2 我们也不必处理理查一世以前的协议诉讼和约附尾（feet of fines），而期望像后世“王国法律汇编”（statute of the realm）那样的立法鸿篇巨制对我们来说也是徒劳无功。历史学家不得不面对卷帙浩繁的特许状（charters），它们或以原始样本得以保存，或已被装订成卷，亨利八世的旨意使得这些特许状遍布全国，而那些具有司法意义的文件则寥若晨星，淹没在了这些枯燥乏味的封赠协议的海洋中。还有各类偶尔关涉到法律和法庭的编年史材料和书状（chronicles and letters）、各种分散的最终和解协议

(final concords)的文本,后者从1170年开始得到广泛运用,而且很可能包含了诉讼程式和法旅人事方面的信息。[3]一些王室的立法(如亨利二世的立法)也流传了下来,但其文本显得很不正规(之所以保存下来是因为一位编年史学家不辞辛劳地记录了它们),可能是因为当时的英国国王刚开始学习以使自己能够重塑立法者的形象。卷筒卷宗(pipe rolls)虽然在1130年只是单独的一卷,但在1156年就开始连续成卷,其中包含了大量对我们所探讨的主题来说有用的信息——因为获取王室的司法救济是需要支付报酬的,而这类材料在12世纪的欧洲则是独一无二的。今天,对它们已进行的编辑、点校工作相当令人钦佩。但卷筒卷宗也不可能像我们所期待的那样把一切都揭示得一清二楚,很多并非不重要的事情可能正好因为没有经过财政署的行政渠道而不为我们所知。但更为重要的是我们有着为数可观的王室令状,三卷本的《盎格鲁-诺曼王室令状登记册》(*Regesta Regum Anglo-Nomannorum*)的出版使我们很容易追溯从威廉一世到斯蒂芬这一时期,而涉及亨利二世时期英国行政运作的令状却尚未编辑整理,甚至还没有厘清年代顺序。

当格兰威尔(出于方便,我们将把"Treatise on the laws and customs of the Realm of England commonly called Glanvill"的作者称为格兰威尔)开始其著述时,人们对不成文法渐感焦虑。习惯法可以没有书面记录,但王室立法为什么不能像罗马皇帝的法律——如时下里欧洲大陆正怀着极大热情研习的《优士丁尼法典》(*Codex* of Justinian)——那样体现为正式的书面文本呢?为某些隐修院编年史所收藏的亨利二世的立法文本,是这种帝制立法的苍白反映。格兰威尔描述了这一问题并采取了一个明确的立场。他说,“尽管英格兰的法律不是成文的,但把它们称为‘法律’(laws)看起来并不荒谬,它们是为解决某些问题而依
3 贵族的提议、并得到国王的支持从而在大谘议会上颁布的。”接下来他又通过援引罗马法来支持他的论点,从而机智地反击了那些受到罗马法精神鼓舞的、英国法的诋毁者们。他写道:“因为‘能取悦于王者亦具有法律效力’也是一条法律。如果仅仅因为缺乏成文的形式那些不成文的法律就不被视为法律的话,那么,毫无疑问,成文的形式要比法律制定者本人的正义或理性所赋予成文法的权威更大。”格兰威尔一定已经意识到了教会法学家们对于不成文的习惯的不信任,于是接下来便开始运用归谬法(*per absurdum*)来论证它们确实是法律,因为“在我们这个时代要将王国境内的法律规则全部成文化是完全不可能的,这不仅是因为记录者的无知,还在于上述法律规则的令人困惑的复杂性”。① 在结束其序言时,格兰威尔明智地宣称其意图仅在阐释“那些在王室法庭被经常遵守的一般性规则”,于是他第一次作出了对于初生的英格兰普通法的精妙描述——这是一项并非专横傲慢,相反对大部分民众却相当有用,对回首过去、保持与历史的

① 自从格列高利七世(Gregory VII)明确宣称“基督并没有说‘我是习俗’,却说了‘我是真理’以来”,习俗在教会上层圈内就一直被疑云所笼罩。因此,图尔奈的斯蒂芬(Stephen of Tournai)和克雷莫纳的西卡德(Sicard of Cremona)强调,格拉提安(Gratian)的观点应该被限制——该观点认为应该向“那些因时间、气质和地点不同而引入的习惯法”让步;他们发现地方习惯是非常危险的,特别指出教会应该通过法律来治理。参见 G. Le Bras, Ch. Lefebvre and J. Rambaud, *L'âge classique*, *1140—1378*. *Sources et théorie du droit*, Histoire du Droit ed des Institutions de L'Eglise en Occident, vol. 7(Paris, 1965), p. 215。

联系(aid memory)也非常必要的“事业”。②

这一研究的主题将涉及普通法的形成时期,即盎格鲁-诺曼诸王和伟大的亨利二世,其中后者将英格兰加入到了安茹家族对外扩张所获的一系列战利品的行列中。到格兰威尔时期,即公元1187—1189年,英国普通法的轮廓已十分清楚了,其基本要素也已经确立了很久:它由一个紧密联系的法官群体依循一定的程序来实施。格兰威尔著作中所描述的那种体制是如何起源的,这正
是我们所不得不考察的。关于我们讨论主题的重要性几乎无须评 4
述:普通法是当今世界一支主要的法律体系,而且在政治方面意义重大。在17世纪的紧要关头,普通法作为反对不可一世的国王的专制统治和保障民众个人自由的“堡垒”,在由普通法法律家组成的议会手中成为了强有力的斗争武器。[4]但我们现在必须把目光转向12世纪,在第一章里我将试图处理以下情景:特别要站在一种集权体制的立场上,采用一种批判的眼光来审视普通法及其法庭。第二章和第三章将主要探讨令状制和陪审制,其中前者是在王室法庭启动诉讼程序的工具,而后者则变成了王室法庭审查证据的一般方式。了解了英格兰在令状制和陪审制基础上如何获得了

② G. D. G. 霍尔(G. D. G. Hall):*The treatise on the laws and customs of the realm of England commonly called Glanvill*(London, 1965),第2—3页。格兰威尔对于拉丁格言“quod principi placuit, legis habet vigorem”(君主意志即具法律效力)(Inst. 1,2,6)的引用是一阵罗马主义的微风,它将舒尔茨(F. Schulz)吸引到了如此的程度以致他宣称这是一个不幸的篡改——这在处理那些碰巧妨碍某种特别历史观的文献时是最便捷的方法。参见F. 舒尔茨:“Bracton on kingship”, *English Historical Review*, 60(1945),第171页。正如霍尔在书中(第2页注释1)所评论的那样,“这些词语都包含在手稿中,舒尔茨的论点可以用来处理格兰威尔著述的那些实质部分”。

一个相对先进的普通法之后，在第四章中我们将会提问，英格兰法律的现代化为什么没有像欧洲大陆那样，采取罗马法“渗透”或“继受”的方式？换言之，在了解已经发生了什么事情之后，我们将试图推测本来将有可能发生什么，而它却又为什么没有发生？这可能是一个更有价值的探讨，尽管其一开始可能并不容易被接受。

1066 年发生的那次事件是一场具有极端重要性的灾难，它的意义绝不仅仅意味着一个新的王朝又入主了英格兰（其实这对英国人来说并不新鲜），或者说剥夺或消灭了一个本土贵族的统治政权，它还带来了一个新的分裂的社会，一个由法国人和英国人共处的社会。在这里，居主导地位的少数人引进了与占多数之本地民众颇为不同的价值、规则和语言。在诺曼公爵的率领下，一队习惯于生活在封建体制下的骑士，带着熟悉最新教皇旨意的教士，还有众多仆从、商人，从大陆渡过了海峡，接管了英格兰王国及其教会和财富。他们建立了一个军事的、半殖民性的政治架构，而他们那种傲慢、强大的城堡和教堂也遍布整个英格兰。后来，这个国家又回到了一种比原来更平静、自然的状态。两个民族、两种传统融合成了一个既非盎格鲁－撒克逊亦非诺曼的英国（当然也不是丹麦
5 或者佛兰芒，这两个少数民族在某些地区也留下了他们的印记）。它由一位英国国王统治，生活在一种共同的法律之下，说着同一种语言。1066 年至《大宪章》期间的英格兰的历史，可以用这种冲突和对某种平衡的诉求来书写。当然，国王是这一切的设计师。

这种融合发生在一个生物学的层面上，尤其是通过诺曼和英国家族之间的联姻得以实现。这反映在王室特许状起始的问候用语中。12世纪末，那种传统的“向所有忠诚的法国人和英国人”(to all lieges French and English)致意的招呼语已经消失了。并非梦想家的理查·菲茨·尼尔(Richard fitz Neal)在他关于财政署的论著(1179年)中明确阐述了这一发展。在讨论关于谋杀的罚金问题时，他写道：“如今，当英国人和诺曼人比邻而居并相互通婚之时，他们融合得是如此紧密以至于很难区分究竟谁是英国血统，谁是诺曼血统。”[5]当然，他又补充了三个意义重大的词“de liberis loquor”(我指的是自由人)。这一资格很重要，这位英格兰的财务大臣、伦敦主教所谈及的仅仅是那些算得上数的人，正如他所不经意地提醒其读者的那样，他实际上排除了那些无名的大多数，那些不自由的农奴，那些一生下来就是农奴的人。他还以同样的口气评论说：“未经其主人同意，他们不得改变自己的身份！”这种资格限制在他同代人的眼中是浅显明白的，但这位王室要员却用了这么繁琐的语句来加以解释。

这两个民族的融合当然还可以从英语语言的发展中看出端倪，英语在大量吸收了法语单词后，从诺曼占领所导致的熔炉中发展成为了一种与阿尔弗雷德大王和忏悔者爱德华时的英语颇为不同的语言。军事组织领域也同样如此，我们将就此多花些篇幅予以讨论。霍利斯特(Hollister)教授在经过扎实研究才完成的两本著作中告诉我们，盎格鲁-撒克逊的军事制度并没有因诺曼封建防守体系的引入而消失。后来，一种新的由王室财政资助的雇佣军体系建立了。在这里，封建变成了一种财务关系，这种军事体制既不是盎格鲁－撒克逊的菲尔德*，也不是诺曼的封建骑士役制度。在刚才谈论军事组织的时候，我很自然地用到了“feudal”（封建的）一词，因为这就是封建主义的含义，但这样做我
6 就不可避免地落入了一个极易引起麻烦的马蜂窝。至少，尽管我们必须审视这一主题，尽管许多都要转向定义问题，但我并不想给出我对封建主义的定义。相反，我会引用《圣经》中的那一句“了解他们不是要听其言而是要观其行”来说：“当我看见骑士们因为他们保有的封地而通过出征或守卫城堡来为国王服军事役务时——当然对于封建役务制（*servitia debita*）由征服者引入的结论已几乎不存在疑问；当我看见贵族、主教、修道院院长因为他们保有的地产和职位而向国王行臣服礼时；当我看到基于骑士役封地而缴纳的免服兵役（scutage）和对王室附庸进行的次级分封（subinfeudation）所做的统计时；当我看到人们以可继承（in fee）的方式保有土地，而其继承人为进入该封地而缴纳土地继承金（relief）时；当我看到有关土地继承金及其他不限于《大宪章》中涉及的附属义务的争论和有关法令时；当我发现长子继承制的封建原则及被侵害的附庸可以同等弃绝其领主的封建权利**时；当我注意到‘felony’（重罪）这个正宗的封建术语主宰刑法时——当我看到封建主义所有的这些结果时，于是，我知道，我所面对的当然是封建主义和封建王国。”

因为不符合某些预定的限制性条件而否认英国属于封建主义

* *fyrd*，这是盎格鲁-撒克逊时期的氏族军队组织形式。——译者注

** 即著名的 *diffidatio*，亦可称作义绝，指一方因背信弃义而遭对方唾弃和绝交。——译者注

不会给我们太多帮助。即使没有通过理查森(Richardson)先生和塞莱斯(Sayles)教授的检验,显而易见的事实依然是,“英国的封建主义是诺曼征服的产儿”,[7]盎格鲁－诺曼英国是一个封建国家——“西方最完美的封建王朝”[8]。上述两位学者认为,“1066 年之后的半个世纪左右,英国的生活方式没有明显变化”,“国家实质上保持了原来的框架,也许有一些变化,但在基本要素方面丝毫未动,而这些变化也只是为了容纳诺曼人所带给他们的任何关于领主和附庸关系的新观念”。在显示了英国的封建主义自 12 世纪晚期就丧失了它初始的重要性之后,他们得出如下结论——同时没有忘记称赞弗里曼(Freeman)和指责朗德(Round)(后者“一直是斯塔布斯的学生”):“中世纪的法国政治管理体制可被称之为封建,因为主权被国王和他的封臣们所分割。如果在这个意义上说法国为‘封建’的话,英国则不能被如此描述;如果说英国是‘封建’的话,我们就需要为法国寻找其他修饰语了。”[9]

这里有两点需要评论。首先,自 12 世纪晚期英格兰的确很快变成了一个半官僚化、半科层化的国家,在这里封建主义失去了它
政治、司法和军事上的意义,而仅限于土地保有和财税体制的规则 7
方面。[10]在这个意义上,那种正宗的“英国封建主义的第一个世纪”同时也是它的最后一个世纪。其次,没有什么可以证明封建主义等同于一个国内的“主权分割”,即政治上的分裂。封建主义起初是加洛林王朝(Carolingians)为获得团结和统一,通过人身依附关系及保有国王的土地和公职,才在欧洲大陆得到发展的。这种体制一段时间内在法兰克王国、盎格鲁－诺曼时期的英格兰及西西里的诺曼王国发挥了这样的作用。但问题是,封建主义完全依赖

于附庸和作为宗主的国王之间的人身关系，一旦国王孱弱无法控制其附庸，后者就会带着自己的附庸从原来的关系中脱离出来获得独立，于是王国就解体了。封建主义的这种另一面从加洛林王朝瓦解后的法国及斯陶芬王朝（Staufen）崩溃后的德国可以看得很清楚。向心与离心这两点都植根于封建主义，没有什么应该使我们所讨论的封建主义仅限于其一面。

黑斯廷斯的灾难和大陆封建主义的引入，带来了一次巨大且看起来是持久的创伤。当17世纪强有力地掀起一种“诺曼枷锁”理论（theory of the Norman yoke）——英国人自由的习惯与法律被征服者及其后裔通过武力和背信弃义而剥夺了[11]——之时，诺曼人引入的习惯与法律被极大地滥用了。这导致了19世纪朗德和弗里曼之间至今依然回旋于历史书中的争论。对于一次创伤来说，最好的治疗也许就是将它解释开来。每个人对此都了然于心，一些历史学家沉迷于这种祛魅的努力。他们一方面争辩说1066年之后确实没有什么实质改变，另一方面又说一切都早已存在于盎格鲁－撒克逊王国了。换言之，他们觉得诺曼人带来的并不是真正的封建主义，封建主义根本不是他们带来的，因为盎格鲁－撒克逊人早已有了某些类似的东西。这种感觉的基础可能最终在于一种对连续性的深刻信仰，正如那种认为英国圣公会“在宗教改革之前及后来的天主教之后早已是新教”的信念，会让圣公会中的高
8 教派教徒（High Anglicans）相信——如梅特兰所指出的那样——中世纪和现代的圣公会在连续性上并不存在断裂，在16世纪也不存在革命一样。[12]

卡姆女士（Miss Cam）向自己提出了这样的问题：英国封建主

义的特质是什么？她在“封建主义与王室统治的最终联合”中找到了答案，而这种联合则是“封建主义与征服者威廉从忏悔者爱德华那里继承来的非封建的集权体制联姻的结果”。[13]诺曼封建头领与盎格鲁－撒克逊国王的“联姻”，当然就是两个民族融合的最显著的标志，它使得英国的王位成为了欧洲一道亮丽的风景。当私生子威廉（William the Bastard）* 准备他的征服战争之时，欧洲存在两种统治者：一种是涂了圣油的集权者，王国的国王，受人尊重而又让人敬而远之。如作为“僧侣之父”的英格兰的爱德加国王和神圣的忏悔者爱德华国王，或是德国的圣亨利二世，都是具有半主教身份的神秘的国王，为宗教的光环所围绕，人们对他们的态度与其说是遵奉和畏惧，还不如说是敬仰和崇拜；他们对于民众来说遥不可及的长者形象可能更接近于上帝；他们是正义的维持者和不容变更的、古老的善好规则的守护者；他们养尊处优，因为人们都知道他们血脉里流淌着的是王室的血液，因而有着天生的荣耀。另一类统治者是地方上的领主，这一类尤以诸侯割据的法国为甚。他们统治着一些小的诸侯国，其权力最终以侵夺、武力和战争中的胜利为基础。这些残忍的暴发户其实是通过为他们并不太正当的名分进行不断且野蛮的周旋而积累起来的，另外就是以高压手段处理那些法旅所不能也不准备面对的人或情势。实际上，他们就是封建的强盗头子，而绝非被正式授予王冠的首领，其领地里的秩序也完全依靠他们个人的铁腕统治。

* 即发动诺曼征服的威廉公爵，后来英国的威廉一世；因据说其为私生子出身，故有此称谓。——译者注

诺曼的威廉就属于后一种类型，这使得传统的统治者看上去就显得非常落伍。很显然他是诺曼种族的儿子，用诺尔斯(D. Knowles)教授的话来说，他有着“毫不犹豫的直爽，鲜明的心智，极易产生偏见而缺乏细腻的层次感，对于效率有着火一般的追求，而这又极易导致反复无常的暴怒”。[14]从孩提的时候起他就通过不断地争斗树立了自己的威望，后来又在动荡的诺曼底建立起了一
9 种封建秩序，确立了自己的统治，当然这一切并不仅仅是通过无情的残暴实现的。如果他得到尊重的话，那也不是因为涂了圣油，而是因为嘲笑他的人马上就会得到一个严酷的教训。那些不幸的阿朗松(Alencon)的守卫者就在城池陷落后遭到了可怕的报复，因为他们曾挥舞着皮革嘲笑威廉的母系亲属是皮革工。[15]威廉认为死刑过于仁慈，因此以挖眼和宫刑这些身体刑来代替；[16]他一如既往地通过战场上的胜利而征服了英格兰，并加冕为王，达到了他那个阶层所能获得的最高成就。结果，他从一个动荡的小公国的粗鲁的统治者，变成了涂了圣油的国王，并成为全欧洲组织最为良好的王国最为富有的统治者。威廉及其子嗣对这一千载难逢机会的利用显示了这一王朝的内在气质，他们起而应变，意识到保持英国古老的王位传统是最重要的，同样重要的还有保留各种其他的盎格鲁-撒克逊制度，而不仅限于财政方面。无论如何，征服者也没有抛弃诺曼传统中他作为封建军事首领所带来的好处，依旧我行我素，继续实行铁腕统治。他外貌如何我们并不清楚，因为来自“卡昂的无名氏”(Anonymous of Caen)的那段著名描述，简直就是艾因哈德(Einhand)对查理大帝(Charlemagne)描述的翻版，[17]

但他作为一位治国之才这一点我们是不应有什么疑问的。英格兰王位在他统治时期异乎寻常的力量，主要来源于阿尔弗雷德大王（Alfred the Great）和忏悔者爱德华神圣王位所带来的无上威望与诺曼公爵铁血统治的结合，而这种结合在欧洲是独一无二的。

没有哪一个欧洲国家的政治组织可与英格兰相匹敌，尤其是那个几乎仍处于未开化状态的诺曼底公国。这一地区已经经历了法兰克王国统治的瓦解，其维京*公爵千辛万苦运用当时仍主宰法国的封建主义建立了某种秩序，并通过迁入外国人在一定程度上恢复了原来的隐修生活（monastic life）**。那里并不存在公国的文秘机构，也没有律法书，其政治构架完全建立在个人统治和封建效忠的基础上，结果造成了不稳定和专断。财税组织也还相当原始。诺曼底并不是它那些狂热的骑士们真正的祖国，而更像是进 步向外征服的跳板。而在英格兰这一切又颇为不同：这个国家可为其丰富而古老的民族文化而骄傲。在这里，其民族语言占据了独一无二的位置——西撒克逊已经取得了某种实质意义上的统一。用我们的眼光来审视，中肯地说王 10
室的文秘署当时已实际存在，并将很快成为欧洲效仿的对象，[18]

* 诺曼底半岛原属法兰克王国，后为北欧的维京人侵占，后者迫使法国国王接纳自己为其臣属，封诺曼公爵。此后，除了英格兰，诺曼人还征服了南欧的西西里岛。——译者注

** 这里可能指两种情况：一是恢复为北欧蛮人所打破的原来的宗教生活；二是恢复一般的平静生活。——译者注

王室令状的稳定签发在数量上和对惯例的形成方面意义显著，民族语言在令状中的运用则提升了它的民族特色，并使之更接近于民众，因为其文本能够在由当地民众组成的法旅上诵读，这在当时也是独一无二的。没有其他王国采用直接的、全国范围内的征税制度，威廉及其后继者也没有忘记经常征收丹麦金*这样一种有趣的可能性。英国的币制在技术上也高人一筹，并完全处于王室的控制之下。各地的自治市作为王室有意识的发展和防御政策的一部分已得到成长，也没有哪一个地区的地方组织能够像英国的郡县那样高效，或者像后者那样建立了由郡长为首的统一的地方王室官僚体系，地方上不存在类似于欧洲大陆那样的特权或豁免权，[19]更不用说什么地方性的王国建制了。没有哪个地方能够实现这样真正的王国统一，也没有哪里能建立如此的王室权威之树，以至于它把根深深地扎进了每一寸滋养它的土地。[20]所有上述一切在法兰克都不存在：在这里，卡佩王朝的国王只是众多地方领主中的一个，只不过他碰巧统治的是法兰克原来的公爵领地法兰西岛**，而王国的其他贵族则统治着弗兰德尔(Flander)、布鲁瓦(Blois)、安茹(Anjou)——这可能是所有潜藏危机之地中最可怕的一处——等地。作为法国原来基本行政单位的教区(pagi)到公元1000年时已经瓦解，并为贵族城堡围绕的封建领地(*châtellenies*)所取代。即使在自己的直属

* 丹麦金(danegelds)，盎格鲁-撒克逊时期为抵御丹麦人入侵而由英格兰王国向臣民征收的一种税赋，后为诺曼统治者所沿用，尽管那时已不再有丹麦人的骚扰。——译者注

** 指包括当今巴黎郊区在内的大巴黎地区。——译者注

领地（*Domaine direct*），法王也未能实现直接征税，而在整个王国则肯定更没有实现。他们没有专门的文秘机构，公元1100年以前没有签发过令状（writs）或强制令（*mandamenta*）[21]——欧洲大陆上则用“brevia”一词。臣民向菲利浦一世的诉请非常罕见，以至于1076年他巡视普瓦捷（Poitiers）要在那里签署一份特许状时，不得不承认自己将国玺落在了王宫，而你是不可能指望在这样一个远离王宫且国王很久未光顾的地方来满足这种需求的。[22]即使德国皇帝（即神圣罗马帝国的皇帝）从法国王位的残骸上保留了许多，其财政状况依然不景气，如果教皇要对德国帝国教会（German Imperial Church）的主教、修道院院长主张权利的话，德皇也只能容忍部族公国（*Stammesherzogtümer*）[*]的高度自治和对王室效忠被瓦解的危险。英格兰和欧洲大陆的这种巨大 11
反差可以在法兰克帝国的分崩离析中找到原因，它在实现野心勃勃的扩张并适用统一规则的梦想中走得太远。而英格兰的国王则避开了这些僵死帝国的阴魂——除非在某些动听的称谓方面，并平静、现实地开展了自己纯粹的民族王国的组织工作。当法国的中央权威瓦解到如此严重的程度，以至于教会不得不发起一场“上帝的和平”（Peace of God）的运动以保证国王和其他领主所无法提供的最低限度的公共秩序时，英格兰在这方面则高歌猛进。英格兰无需教会出面，像法国和德国那样由教会介

* 这是一种基于原来日耳曼部落（如法兰克、撒克逊等）而形成的公爵领地。——译者注

入的做法从未在这里出现。③

然而当我们拿英格兰与诺曼作对比时，不能对这种差别作过分地夸大。我们必须记住，古英格兰王国的文秘署只处理一些非常普通的事务，财政署的组织机构则不可能在盎格鲁－撒克逊时期留下文档，[23]而王国的统一直到非常晚近的时候也已经经历了许多不平凡的历程。教会的关系也尚未理顺，法律与种族方面的多样性仍然实际存在。再者，虽然“相当无知以至于对英国人”[24]和“那些已经开始意识到自己不足的蛮族人不屑一顾”[25]，诺曼人还是继承并恢复了加洛林王朝的大量遗产，主要是一种真实的行政管理、建国和法律实施的伟大天赋，这在诺曼底、英格兰和西西里都有体现，并为欧洲的政治发展打上了持久的烙印。诺曼公爵的手中握有比当时法国国王更多的统治权，[26]这体现在司法、币制和军事方面。诺曼人很自然地继承和发展了古英格兰王国那些最与他们统治和组织才能相协调的、现成的东西，而压制那些他们鄙视或不信任的宗教生活及民族文化方面的古代辉煌。对于诺曼人与英国人的价值进行评价见仁见智，它比我们得出的关于过去的大部分结论都更多依赖于一个人的主观判断。对此，梅特兰并未
12 轻率下结论或泛泛而谈，而是相当冷静地指出，“还没有令我们满意的材料证明诺曼征服以前的英国统治者具备足够的远见，他们的事业在一场惨痛的失败中告终”。[27]正如它所可能的那样，如果

③ 参见 F. M. Powicke, *The Loss of Normandy*（*1189—1204*）. *Studies in the History of the Angevin Empire*（Manchester, 1913），pp. 94—95。作者引用了两条关于在英格兰的“上帝休战”（Truce of God）的很不明显的印记，即切斯特（Chester）的习俗和公元 1142 年伦敦公会的教规。

检验一个王国的标准是保证其臣民免于外来的征服，那么英国无疑是失败的；但仅仅依据一次偶然的军事失利——非常狭义上的——来评判一个政体或一种文化是公平的吗？[④]

暂将这些有争议的话题放在一边，让我们来看看法旅方面的情况，当然它同样没有脱离诺曼统治的影响。鉴于普通法曾经是，并且今天在很大程度上（如果说这种程度在不断降低的话）依然是"法官造法"，司法组织的历史对于我们主题的重要性就很容易理解了。诺曼人的影响开启了一段以不确定性为特征的历史。自从盎格鲁－撒克逊那种非凡且独一无二的审判传统在诺曼人统治下突然中止后，习惯法就具备了至高无上的权威性，而诺曼人本身在其老家时就对立法一无所知，到了英格兰之后又几乎没有运用过。不成文的习惯法具有极大的不确定性，新旧社会和种族集团及其相应习惯的共存，也成为了在古英格兰王国就已全面实施的法律统一活动的障碍。征服者威廉许诺英国人可以维持其原来的法律，同样，其大陆的随从则适用自己的法律。古英格兰的本地法与新引进的封建法肩并肩地得以延续。古老的百户区（hundred）和郡（shire）的社区法旅（communal courts）遇到了旁边新兴的封建

④ "撒克逊-诺曼之争不断加深"，并持续了很久。最近弗兰克·斯滕顿爵士（Sir Frank Stenton）做了许多工作以加强我们对盎格鲁-撒克逊总体上的偏爱，斯滕顿夫人也强调了一些他们在法律和制度方面的成就，然而理查森和塞莱斯（Richardson and Sayles）则已过度强调了诺曼人，好像他们是斯塔布斯主教（Bishop Stubbs）的近亲一样。布朗（Brown）最近提出了一个激烈的批评。参见布朗："The Norman Conquest"，pp. 109—130。其实这一切都有赖于如何来判断诺曼征服的影响，1966 年诺曼征服 900 周年时就这一主题产生了许多研究成果，其数目之巨以致无法在此列举；相关的旧的观点请参看 D. C. 道格拉斯（D. C. Douglas）：《诺曼征服与英国历史》（*The Norman Conquest and British Historians*），格拉斯哥，1946 年版。

法庭(feudal courts),在那里,领主及其附庸坐堂审判他人或被他人所审判。在自治市(borough),古老的英国法庭专为英国人开庭,旁边则有跟随征服者来到这里的法国人自己独立的自治市法庭,他们依照自己的规则生活,享受着自己的特权——尤其是财税方面的。

更为复杂的是,威廉一世决定引进独立的教会法庭,这至少在
13 百户区法庭的层次上结束了盎格鲁-撒克逊将所有争议——即使是那些涉及教会和教职人员事务的——交于由郡长(sheriff)、地方贵族*和主教共同出席的普通法庭来解决的传统。在1072—1076年的一则令状中他宣称,当时尚未得到妥善保存或与王国神圣教规不相一致的主教法令,应得到修订。因此他下令,任何主教及副主教(archdeacon)从今以后不得在百户区法庭就教会法进行诉答(plead),也不得将任何涉及灵魂拯救的案件提交世俗民众审判;依教会法被传讯的人,应依照主教的指示在指定地点就其案由或罪行出庭应诉,并依教会法和教规而不是百户区法庭的程序行事,否则将被革除教籍。郡长或其他王室官员及其他俗界人不得干涉与主教有关的法律,这种司法将在主教教席所在地或主教决定的其他地方得到实施。[28]如此繁多的变化!然而不变的是国王及其贵族高居这一切之上:1066年以前是贤人会议(*witenagemot*),此后是国王及其封建贵族组成的御前会议(*curia regis*),后者存在了很长时间,如同国王与其贤人已经存续得那样久远一样。

* earl,盎格鲁-撒克逊时期郡的实际统治者,后其权力被国王通过郡长所彻底削弱。——译者注

不久以后，盎格鲁－诺曼国王又在本已相当混乱的局面中增加了某些司法上的革新，即地方法官与总巡回法官（justice in eyre）。尽管前者只是一个短暂的试验，但却极具意义，因为它构成了对作为古英格兰王国地方台柱的郡长的严重威胁。巡回法官有一个光明的未来，下文我们还将谈到，这里我需要指出的是，他们的确是在亨利一世时出现的。“郡长”（*shire-gerefa*，shire-reeve），一个众所周知且熟悉的人物，是盎格鲁－撒克逊留下的宝贵遗产，因而作为古王国的好东西而被新王朝细心地保留了下来。作为国王在郡的第一官员，他负责征税、管理郡法庭的司法事务。诺曼国王将这一职位授予那些有相当影响力的人——当然需要是诺曼人，但又成功地将其置于了自己的严格控制之下。财政署（Exchequer）的实践表明，无论在其郡内如何显赫，当向其王室主管呈交账目时，郡长都只是一个战战兢兢的仆人。如果说关于郡长我们有着丰富的实证材料，那么对于数量巨大却又在12世纪英格兰天空转瞬即逝的各种各样的司法官（*justiciae and justiciar-ii*），则是完全不同的情况。出现在当时文献中的“*justic*”一词所 14
代表的人涵盖了不同角色并有多种功能，从握有王国摄政权的首席法官（*capitalis justiciarius*），到仅在特许状见证人名列中被提到过一两次的默默无闻的地方法官，都可以用该词来表述。每一个拥有某种权威的人都可以进行司法——行政与司法权力此时还是携手并进的。作为“极受国王信任的代理人”的首席政法官（Justiciar）是行政首长，并在国王（经常性的）外出时握有摄政权。一些历史学家认为，亨利一世时期的索尔兹伯里的罗杰（Roger of Salisbury）是第一位摄政王，其他人则认为应该从亨利二世早期的

莱斯特的罗伯特（Robert of Leicester）和理查德·德·卢西（Richard de Lucy）开始算起。无论如何，这一官职及其持有者的历史文献资料丰富，是一个值得好好研究的主题，但我们不需要在此滞留太久。[29]

对于地方法官，我们了解得并不多。被国王任命来主持刑事诉讼（*placita coronae*）和在地方法旅财税和刑案事务中照管王室利益的王室官员，也逐渐开始处理一些与王室令状有关的事务。他们是驻地官员，由那位伟大的试验者亨利一世引入，但千万不能与大约同时出现、被称之为“巡回全英的司法官”（*justitiarii totius Angliae*）——以显示这种委任是超地域的——的总巡回法官相混淆。在自治市、百户区和郡坐堂的地方法官与传统上的郡长比肩开旅，并很可能与后者存在竞争。他们的职位通常并不显赫，也不像郡长那样是地方上重要的地产持有者，但他们却是国王的近臣——国王也会因其善于迎合尽职而毫不犹豫地提升那些出身低微但却颇有才气的人。[30]这一职位赢得了许多声望，以致斯蒂芬时期一些非常重要的人物也相继插手于此——如杰弗里·德·曼得维尔（Geffrey de Mandeville），林肯郡的伯爵威廉·德·罗马利（William de Roumare，earl of Lincoln）及后来的几任林肯主教——并于亨利二世统治早期达到顶点。有一段时间这些王室官员看起来有可能以牺牲古老的郡长的职能为代价而成为最重要的地方司法官员，正如12世纪法国佛兰芒的邑长（bailiffs）以牺牲城堡总管（castellan）和王室地方法官（*prévōts*）为代价的崛起一
15 样。但这一切却并没有发生，1166—1168年左右，地方法官令人惊讶地迅速从英国的历史舞台上永久地消失了，且鲜有例外。这

一切显然与巡回法官的兴起有关。[31]

古英格兰的郡和郡长并没有消失，正如法国的伯爵领地（*comites*）和教区（*pagi*）在11、12世纪的动荡中也未消失一样。郡长继续执行其业务，但在司法领域他已经变成了一个极少有可能被擢升的职位，以至于佩因特（S. Painter）教授恰如其分地将其称之为“供差遣的童仆”（errand boy）[32]。中央法庭的兴起对他的打击不像对地方法官那样致命，因为与后者不同，他的许多职能一般并不是轻易就可以为国王的巡回法官所接管。无论如何，这一切都是亨利二世统治时期的发展；同时，若干套法院组织体系的共存及亨利一世对地方法院和巡回法官的试验，又导致了司法的重叠和不确定性。

诺曼诸王允许英国人保留自己的法律和法庭，但国王也不能要求其诺曼随从放弃自己的封建法庭；他们还迫使教会法庭像欧洲大陆那样只能处理教会事务；亨利一世想通过不取缔郡、郡长这些值得信赖的传统机构来建立自己的新式官员，以专门处理遍及全国的与国王有关的诉讼（crown pleas）*，这一切都是可以理解的。当然，首先，人们自然而然地有一种虽然遥远但却真实的可能性：可以在御前会议获得听审的机会；但对此却缺乏相应的司法管辖权规则。一些当事人及一些案件的确被提到了御前会议上——如涉及直属封臣或王国性的审判（state trial）；但对其他人来说，要来这儿则是一个关系和运气问题，再加上一点儿艰难的讨价还

* 从字面上来看，它指的是与国王有关的一切诉讼，但由于这些诉讼绝大部分都是刑事性质的，因此后来有人就将之直接翻译为刑事诉讼。——译者注

价。而其不可避免的结果，则是大量管辖权的交叉重叠以及由此所带来的不确定性和困惑。《亨利一世之法》(*Leges Henrici*)[33]说得对，每一个人都有权获得本地与其地位同等者的裁决(unusquisque per pares suos iudicandus est et ejusdem provincie)，但如果你是一名神职人员同时又是他人的附庸，那么你是该去你居住地的郡法庭呢，还是去使你保有土地和职位的那位领主的法庭呢？或者是去你的主教或副主教的法庭？或者还可以更好，如果向王室财政署或内纯交一笔可观的费用，而诉至御前会议呢？因此，1108 年亨利一世的一则令状将不同领主间封臣的地产纠纷分配给了郡法庭管辖，[34]但 1114—1118 年的《亨利一世之法》却将一起同类的诉讼送到了被告领主的法庭。[35]尽管如前所述威廉一世的令状禁止百户区法庭听审教会诉讼，但对郡法庭却未置可否，不
16 过既然它明确禁止教会案件提交俗界人士审判，那么郡法庭亦应被排除在外。然而，作为一个具备实践法律知识的作者之作品的《亨利一世之法》，却将教会案件描述为应先于王权之诉(crown pleas)和其他诉讼而先提交郡法庭审理。[36]况且案件本身是否为教会案件也并不总是那么容易判断，为此还专门创设了一种诉讼：由 12 个守法臣民(lawful man)*组成陪审团来决定，争议地产究竟是俗界的骑士役保有(knight fee)，还是教界的自由教役保有(frankalmoin)。如果是后者，该争议就归教会法庭管辖；如果不是后者，则由世俗法庭处理。如果争议双方主张的是在同一贵族

* 原意为合法的人或适格者，指因具备法律主体资格、守法而被视为王国合格臣民的良民，这里意译为守法民众，因合法民众易引起误解。——译者注

或主教（这里他是作为封建领主而非高级教士出现）之下的保有，[37]则由该领主的法庭管辖；若不在同一领主之下，则由王室法庭处理。[38]统一的法律逻辑也并非一成不变地被适用着，比如作为教会的一个权利复合体，尤其是向主教推荐教士供职的圣职推荐权（advowson），看上去明显涉及教会事由，因此应该由教会法庭管辖；然而《克拉伦敦宪章》则宣布，这种纠纷应该在王室法庭解决，即使争议双方均为教士。当然可以争辩说，圣职推荐权属于为其农奴修建教堂的土地保有者那一组权利的一部分，但相反的理由也并不难找，并且已经被用于实践。于是我们又一次看到，法院管辖权竞争的界限是多么地含混不清！[39]

许多法庭记录给我们留下当时司法拖沓、犹豫、犯下低级错误的印象并不足为奇，我们听说通过协商解决要比直接判决谁是谁非来得更多。我们也不应该忘记一些小的法庭是多么地低效甚至是不堪其任：很可能是找不到足够的民众裁判官（suitor），或者是没人能够宣读国王的拉丁文令状，要是法庭书记官生病，整个法庭的活动就不得不中止。[40]在经过漫长的、由各种合法缺席出庭事由（essoin）所导致的拖沓好不容易获得判决之后，⑤要是那些地方权
势不准备遵守国王的命令，⑥地方法院又如何针对这些不情愿的 17

⑤　参见卷筒卷宗中所作的费用记录“ut habeat terram suam sicut eam dirationavit”（“因此法庭应将土地判归予他”）（31 Henry I, p. 11）：这点费用仍然不够拉努尔夫·菲茨·英吉尔兰（Ranulf fitz Ingelran）在法庭上收回其土地，他又多花了10马克才达到目的。

⑥　威廉一世国王将彼得伯勒（Peterborough）的某些土地给予了一名王室内务官员，并从诺曼底发出令状，指令修道院院长应该得到补偿，但遭到了后者的拒绝。参阅Peterborough survey of c. 1100—c. 1110; E. King, “The Peterborough ‘Descriptio Militum’ (Henry I)”, *Eng. Hist. Rev.* 84(1969), 97。

大人物将判决付诸实施呢？几乎毋庸置疑的是，诺曼征服之后的头一个世纪里司法制度经历了一场危机，而这场危机又一步步地为证据法的不确定性和人们对它的疑虑所加重，这一点第三章还有详细论述。何娜德（Hurnard）女士坚持认为，对于普通法旅的不信任致使那些犯有可宽恕罪行的人尽力争取国王的宽恕。[41]鉴于法院组织的不确定性与各地区各阶层习惯的多样性和不确定性不相上下，在国王的令状里经常发现强制或禁止做某事的命令就不足为奇了——“我不想再听到有失公平的抱怨了”。金钱正义或有污点的正义（*penuria recti* or *defectus justicie*）显然是那个时代的邪恶，王室令状经常要求“毫不迟延”地实现正义也显示了普通法旅司法的拖沓——如果这种拖沓确实存在的话。

作为反映当时法律复杂性的那些糟糕的法律书籍之一，《亨利一世之法》的作者对此并不抱什么幻想。在写完“因为情势反常，邪恶如洪水滔天，以致法律的确切含义都很难找到”之后，他不无伤感地在第六章中总结到，最好“总体上避免提出请求和作那些像掷骰子一样因而是完全无从把握的答辩*”。[42]当代的研究者们也同意上述多少有些黑色的观点，认为当时的司法机构“并不足以胜任其业务”，[43]地方上的司法官也“不足以应对交给他们的任务”，[44]他们发现“12世纪早期的英格兰人很容易为法律所迷惑”。[45]

那么，如果权利受侵犯者决定宁可拒绝主张权利也不去冒险尝试那些结果完全没有把握的司法程序的话，他们又能做些什么呢？他们不能寻求自力救济，因为武力意味着对国王和平的破坏，

* 作者这里可能意指要尽量避免诉讼。——译者注

因而是受到坚决反对的。如果不想就此罢休，他们还是有别的希望的。他们可以从国王自己的法庭获得救济，当然这一法庭不是由国王及其贵族召开的全王国的大会，而是由国王及其长期的密切合作者所组成的法庭，这也是当时所实际发生的事实。那些找不到合适的法院，或无法获得判决，或判决无法得到执行，甚至是尚未尝试普通司法途径的原告们，在不知所措之余，纷纷竭力通过将自己的案件提交到国王面前以求获得救济。这些都可以通过王室的命令，凭借王权的威力，使正义迅速得到实现：或者是直接要求补偿，或者要求在王室法庭举行全席听审，或者指令地方法院审理。因此，那些对封建的、社区的及教会的法庭及其法律的迷雾已 18
经绝望的人，将其希望寄托在王室的干预上也就没什么好奇怪的了。作为正义之源的国王，是英格兰人和诺曼人都可指望的对象。对于英国人，国王是他们自己古老君王系列的继任者，威廉一世早已在威斯敏斯特被英国大主教约克的阿尔德雷德依传统的英国礼仪奉为神圣，而亨利一世则娶了韦塞克斯（Wessex）王室的后裔伊迪丝。对于诺曼人来说，他是他们公族的后裔及上级领主。国王将英国人和法国人握在了一起，他是这片土地上最强大的人，其他任何人或任何家族都无与伦比，即使是教会也处于他强有力的控制之下。他是每个人的主人，教俗两界所有的土地和高级职位最终都是从他那里保有的。

亨利一世和亨利二世时的英国著述家们都对国王的尊崇充满敬畏，他是“人世间神明的化身”，且“具备神的形象”。[46]《亨利一世之法》谈到了“国王陛下的无上权威”，[47]格兰威尔在其著作的序言中开篇就用了“全能的国王陛下”这样的语句，这让人想起了《优士丁尼法学阶梯》的序言。《财政署对话录》(*Dialogue of the Exchequer*)的作者在表达其主人的突出位置时也坚持了这一立场，“神的谕令”(*Ordinatis a Deo*)的起首语也立刻显示了该书作者的写作基调。这位王室的财政大臣说，“心怀敬畏地遵从和臣服于上帝赋予的权力是必要的，因为一切权力都来自于上帝”。然后他争辩说，因此教士侍奉国王是没错的，“尤其——注意本词——在那些既不涉及谬误*也不涉及不名誉的事务中”。[48]即使国王的财富是凭其肆意行使权力而非“严格依程序”获得，“其臣民也无权谴责或对此提出质疑”，它们的得失依据的是神而非人的判决。[49]武力与恣意在当时英国国王那里并不缺乏，[50]而且他们时刻准备显示它。征服者的继任者们并没有丧失他那坚毅的果断：正义之狮亨利一世摧毁了那些造假币者，[51]亨利二世则对于全部郡长进行了大调查，并毫不犹豫地将其全体解职。[52]国王的命令及其令状应当为每个人所遵守，如果这一点没有马上实现，第二道令
19 状就会前来表达国王的惊讶和不满。他会不耐烦地询问缘何导致迟延，并要求受状人立即修正其行为：[53]藐视王室令状就会引起刑事诉讼。

我们现在将要关注的是，上述进程的结果导致亨利二世时的中央王室法旅兴起并作为初审法院在土地保有诉讼方面占据了绝对主导地位，而这类诉讼在当时遍及全国，并且是最为重要和最常见的案件。这里发生了两种现象，即统一化和专业化。统一化意味着以前发端于地方法院并在那里滞留的大量诉讼，现在被提交

* 指信仰方面的。——译者注

到了一个中央的王室法官群体面前。通过庞恩令状和托特令状（writ of *pone* and *tolt*），案件将会很容易地从地方法庭移交到王室法庭；同时，通过“没有王室令状，任何人都无须出庭应诉”（*nemo tenetur respondere*）（参见下文第25—27页）的原则和禁止令状（writ of prohibition）及错判令状（writ *de falso judicio*）⑦，地方法庭也时刻处于中央的监督之下。[54] 亨利一世时，王室新法令的实施留给了地方法庭去做，[55] 亨利二世则将此重任委予自己的总巡回审法官。1100年左右，一个被不正当地剥夺土地占有的人出现在御前会议尚属例外，而到1200年时则已司空见惯。伴随着中央集权化出现的是司法的职业化或专业化。作为总巡回法庭、威斯敏斯特的皇家民事法庭（Common Bench）、财税法庭及王座法庭（Bench *coram rege*）这些中央法庭的共同核心的，还是原来的封建的御前会议，它就像生物学中最初的变形虫。在原来那个不加区分的团体里，行政、财税、司法各种事务都依照一种非专业的、随意的程式来处理。工作的压力促使了劳动的分工，财政署的官员形成了一个独立但却并不总是与王室法官相分离的机构，[56] 而后者又包括一些巡回法官、总巡回审法官及某些级别更高、驻在威斯敏斯特的法官，还有一些王座法庭法官随国王巡游，并于必要时为国王提供咨询。起初，这些人是从他们原来的职业中“借用”过来的，后来王室法官成为了他们的主要角色，其专业化

⑦　发往教会法庭的禁止令状是禁止教会法庭就某些案件开始诉讼程序的王室令状，这些案件据称不在教会法庭的管辖权范围之内。参见 G. B. Flahiff，“The writ of prohibition to court Christian in the thirteenth century”，*Medieval Studies*，6(1944)，261—313；7(1945)，229—290。

20 的外观和技艺也得到相应提高。他们共同形成了一个有凝聚力的团体，适用一套共同的法律规则和诉讼程序，而格兰威尔又对这些规则作了适时的阐释。

关于中央法官群体的兴起，我们有着丰富的材料。这一进程真正开始于亨利一世时期。当时御前会议的一些成员被偶尔派出并沿一定郡县外出巡游以主持法庭诉讼——主要是刑事和森林案件，并监督和辅助地方法庭的工作。此时整个王国还没有像后来的总巡回制度那样被分为若干个巡回区，以使这种巡回业务能覆盖全国；总巡回法官的数量也很少——亨利一世时期大约为12人，同一时间内从未有超过6个人在同时工作；[57]但总巡回审判的要素已经具备了：一个较宽泛的、与特定事务相关的管辖范围，及作为钦差被国王派往若干郡县巡回处理司法事务的官员。这一制度其实并无多少独特或令人惊异之处，加洛林王朝时已经派出过自己的钦差（*missi dominici*），教会也知道主教出巡制度，御前会议本身就在不断巡回并处理司法事务，即使在亨利一世之前，国王偶尔也派出一些值得信赖的臣下到地方处理重要案件，尽管当时还没有全面的司法总巡回审（judicial eyres *ad omnia placita*）。从1130年的财务卷筒卷宗（Pipe Roll）中，我们了解了这一制度的大部分情况，其中记录了如下巡回法官的名字：拉尔夫·巴塞特（Ralf Basset）、格罗斯特的米尔斯（Miles of Gloucester）、拜因·菲茨·约翰（Pain fitz John）、罗伯特·阿伦德尔（Robert Arundel）、杰弗里·德·克林顿（Geffrey de Clinton）、沃尔特·埃斯佩克（Walter Espec）、尤斯塔斯·菲茨·约翰（Eustace fitz John）、理查德·巴塞特（Richard Basset）、威廉·德·阿尔比

尼·布利托(William d' Brito Albini)、奥伯莱·德·维尔(Aubrey de Vere)。显然这一做法确立了下来,后来在"乱世"* 陷入了低谷,并在亨利二世时得以恢复。但它实际上只是由亨利二世所恢复的亨利一世的多项试验之一,而前者又热衷于恢复一切"我外祖父(亨利一世为亨利二世的外祖父)时期的情况"——正如他在其特许状和令状中所经常指出的那样。当然,这一恢复也不是一蹴而就的,亨利二世统治的头些年也是偶尔派出一名贵族主持一次总巡回审——埃塞克斯的亨利(Henry of Essex)在英格兰南部,莱斯特的罗伯特(Robert of Leicester)在白金汉郡;但大范围的总巡回审于 1166 年得以重现。1166 年这一年份的重要性不止体现在这一方面,从这一年起总巡回审的发展就远远超出了亨利一世时的情景。这种始于 1166 年的总巡回审是与打击重罪(《克拉伦敦法》,Assize of Clarendon)及保护对土地的占有(新近侵占诉讼令,Assize on disseisin,已失传,见下文第 42—43 页)联系在一起的,同时还有传统的森林诉讼。当阿兰·德·内维尔(Alan de Neville)在伍斯特郡(Worcestershire)、赫里福德郡(Herefordshire)、斯塔福德郡(Staffordshire)和德文(Devon)主持森林巡回审时,杰弗里·德·曼德维尔伯爵和理查德·德·卢西正横扫若 21
干郡从东南向北快速推进;到十月份这次总巡回审宣告结束。[58] 1167 年有一个短暂的停歇,杰弗里·德·曼德维尔于 1166 年 10 月去世,但阿兰·德·内维尔仍继续着他的林区总巡回审,我们可以在卷筒卷宗中追踪到他的行迹。1168 年,总巡回审重新开始,

* 指亨利一世之后斯蒂芬统治时期的动荡年代。——译者注

这一年开始出现了对全国的系统巡回，一个持续达数世纪之久的英国司法的长久特征出现了！巡回法官的这一活动，尤其是执行《克拉伦敦法》的活动，在 1169 年和 1170 年得以延续，其地域范围也接近于我们在 1176 年发现的全面巡回而几乎覆盖全国。接下来，发生了一件非常意外的事情，1170 年的郡长大调查使这一切陷于停顿，各种政治情势（1173—1179 年的叛乱和摊派税）中断了总巡回审的进程，直至 1175 年。这一年总巡回审全面恢复，全国分为两个巡回区，一个由拉努尔夫·德·格兰威尔（Ranulf de Glanvill）和休·德·克莱西（Hugh de Cressi）领衔在北方，南方则由威廉·德·兰瓦莱（William de Lanvalei）和托马斯·巴斯特负责，国王及几位法官也有他们自己的巡回审。1176 年和 1177 年则见证了那些与执行《北安普顿法》（Assize of Northampton）相关的总巡回审，当时共六组，每组三人，这些法官首次被称为“钦差法官”（*justicie errantes*）。显然，这种总巡回审变成了一种对全国所有郡县进行巡视的常规制度，尽管其组成依然每次都有不同。1178 年，总巡回审仍在继续，7 月，当国王从诺曼底回来听到对其巡回法官在执行 1176 年《北安普顿法》过于“热情”的抱怨时，他撤换了这些法官，任命另外五人来听审诉怨；后者随国王出巡，并在必要时直接诉诸国王自己。这一做法看起来只是临时的，而不大可能被视为是王座法庭的基础。1179 年复活节之后，在温莎召开了一次大谘议会，又派出一批巡回法官，不过这一次是四组，其中三组由主教领衔（但这并不是出于宗教目的的安排），一组随国王自己在北边巡游。大约此时，那些传统的、地位尊显的贵族从总巡回审名单中消失了，代替他们的是地位较低的人

士。1180年代，这一体系保持正常运作，我们发现在外省进行总巡回审的法官平均达到20人左右，1189年则是35人，这一可观 22
的数目显示了自亨利一世以来总巡回审的巨大进展。

由一组固定的王室法官在威斯敏斯特坐堂听审案件的皇家民事法旅(Bench of Common Pleas)也在这个年代形成了。我们不知道它形成的确切时间，但格兰威尔著述之时它已经存在了，而《大宪章》中的一项规定则要求该法旅固定在威斯敏斯特。当时处理司法事务的财政署，其官员也在威斯敏斯特坐堂听审。国王在所有这些人之上，并可以插手干预其事务：当国王外出不在，就像理查一世，在他御前就不会发展出什么常规法旅；一旦他多半时间留在国内，一个王座法旅形成的条件就具备了。这是一个由随王出巡的王室法官组成的法旅，尽管还没有形成规则要求必须在国王在场时才能听审案件。于是，13世纪的普通法法旅已开始成形。13世纪早期，王座法旅变成了御前会议的一个固定的专业分支机构，它与威斯敏斯特的皇家民事法旅之间的管辖权还不好界定，但它肯定管辖那些涉及国王自己的案件，[59]当然很多时候这种管辖权还有赖于国王在某一特定地区的偶然出现*。虽然这两个法旅与总巡回法官共同组成“国王的法官”这一团体，适用一套共同的法律，但他们在级别上还是要高于后者。总巡回审的重要性一直持续到14世纪，其管辖业务也分为两方面。他们首先处理的

---

* 即国王此时认为它的管辖权是多大就是多大，体现了一种非常规性。——译者注

是国王之诉，以“总巡回审纲要”（articles of the eyre）上列举的问题为基础，主要是针对一系列刑事犯罪、封建事务和诸如市场管制、宝藏发掘及官员行为不当等，征收各种名目的罚金。此外，他们还处理发生在普通当事人之间的普通民事争讼，通常但不必然是依据占有诉讼令和王室的令状——这些构成了总巡回审卷宗民事部分的主要内容。鉴于这类案件也可以提交威斯敏斯特审理，那么现在的问题就是，什么或由谁来决定哪些案件到什么地方审理。答案是，皇家民事法庭的待决案件会移交正在进行总巡回审的相关郡县；事实上，皇家民事法庭起初是作为例外手段为那些等不及下次巡回审的当事人准备的。随着进一步的发展，总巡回审的司法功能一方面转给了皇家民事法庭，另一方面转给了限于某些特定管辖权的特别巡回法官：比如听审占有之诉，进行清监提审（deliver jails），以及在巡回初审（*nisi prius*）中从地方陪审团那里
23 获得对中央法庭待决案件之裁断的法官等。于是，总巡回审逐渐被废弃了。[60]

我们知道关于亨利二世法官们的很多情况，将他们联系在一起的是国王的差遣。他们中的一些是有权有势的贵族，但随着时间的推移，地位并不显赫的人也加入了进来。前者凭借自己的权力本来就家底殷实，后者则通过为国王效劳也变得富有起来。起初，大部分法官来源于王室内廷自身，后来像那些曾出任过郡长、财政署官员，或是王室城堡的护卫、王室庄园的管家等在服务王室过程中颇有经验的人，也被吸收到法官队伍中来。对于许多人来说，这种司法事务只是偶然的差遣。还有一批数目可观的教士，从主教到普通神职人员，一些人有着学术背景，享有大家或大师

(master)的头衔,但为数极少,大约有一打,甚至占不到1166—1189年法官总数的十分之一。一些人在大学中研习过法律,其他法官则在某种并不太宽泛的程度上对罗马法和教会法有所了解。总的说来,对一个王室法官进行培训是一个非常实务性的问题。他们从王室的行政管理事务干起,学习法律,看司法如何进行。起初他们只能观察、旁听,幸运的话他们还能找到一位有经验的长者为他们作详尽解释,就像《财政署对话录》中的老师(*magister*)对学生(*disciplus*)那样。再后来,他们有了自己的法律书籍,从这里他们可以了解上述一切。[61]从某种意义上说,这一切都属于诺曼的上层阶级,法语在许多世纪里一直是普通法的专业用语。[62]鉴于他们是一个植根于封建世界里的阶层,封建地产法数世纪以来一直是普通法的核心就不足为奇了。这些高度专业化的法官与传统上的地方法庭中的地区民众法官(suitors)、法律人士及乡绅大人是非常不同的。

集权化的进程当然并不仅限于普通法及其法庭或英格兰,它是12世纪发生在许多国家和社会的诸多领域中的一个共同现象。在教会方面,来自于拉丁基督教世界的诉讼洪流引发了许多问题。12世纪中叶,通过上诉或其他方式,大量诉讼早已摆在了教廷(papal curia)面前。没有什么能阻止当事人涌向罗马,即使是高额的诉讼费用也无法阻挡当事人的脚步。教廷不可能将它们全都处理,其中一些被发回到教皇委任的法官那里。这一在12世纪相当普遍的做法将两方的优势结合了起来:一方是知晓地方情况的
当地民众进行的审查和听审,另一方却并非普通的地方的法官,而 24
是携教皇权威之重并将适用最佳程序的法官所进行的调查和判

决。但教皇委任法官的运用仅仅持续了很短一段时间，从 12 世纪晚期开始，主教法庭(episcopal officialities)的逐步建立为上述困境找到了一个持久的解决办法。它们形成了一整套的地方教会法院网络体系，任用了一批博学的专业化法官，适用大学里讲授的现代教会法。凭借从主教法庭到大主教法庭直到教皇法庭这样的等级体系所确立的便利的上诉机制，也使得教会法得以一体化。这样，教会这种解决方式的意义就得以凸显：一部由学者及作为最高立法者和司法者的教皇组成的国际团队所发展出的教会法，一套等级森严且统一控制的主教和大主教法院体系，其中罗马教廷位于最顶端。到 13 世纪中期，法国的解决方案也出台了：我们发现了一个由王室邑长和宫廷总管大臣(royal *baillis* and *sénéchaux*)掌管、由巴黎高等法院通过上诉和移卷令(evocation)实施监督的地方法院体系。其情势与教会相似，巴黎高等法院还从教会那里借用了其诉讼程序，但法国法却远未显示出教会法的那种统一性，事实上在旧制度结束之前也从未显示出统一的迹象。从这一角度看，英国的解决方式是一个有趣的变种：它为全国创设了一个大的初审法庭，由国王及其法官分两部分运作，一部分留在威斯敏斯特不动，坐堂问案；另一部分是流动的，巡游全国，并将王室法庭的司法运送到民众家门口。城镇如同农村一样也被包括了进来，因为巡回法官到来时自治市也要选出自己的 12 人陪审团前往出庭。它们都适用一套共同的英格兰普通法。

在王室中央司法的压倒性优势面前，那些贵族领地、郡和自治市的古老的地方法庭的意义开始下降，这一过程持续了许多个世纪。即使在今天，自1846年创设郡法院和1873年及1875年的《司法法》之后，英国司法组织最令欧洲大陆观察家们震惊的依然是其高度的一体化性质。在英格兰采纳的这种集权化或一体化的形式是许多次试验和斗争的结果，中央法官没有类似于郡长及亨 25
利一世时期地方法官的那种地方根基，但他们并不是长期封闭于威斯敏斯特的深宫之中。他们不是操纵封建法庭的地方要人，而是王室官员，他们的法律涉及英格兰所有的自由民和自由保有土地，无论是英国人还是诺曼人，无论是严格意义上的封建地产——如骑士役保有地，还是农奴保有地或城镇保有地（burgage）这些非严格意义上的封建保有。但统一化与专业化也一道带来了自己的问题。通过将争讼提交一个专业团体解决，国王就创设了这样一种制度：依据事物发展的规律，这种制度要发展出它自己的特点和传统，并准备避开王室的监管，它是作为“习惯与正义”的守护者来反对“恣意与武力”的，哪怕后者来自于国王。这有悖于一人统治的集权原则，于是国王一方面将各种事务交于国家的各个统一的部门处理，另一方面又保留了绕开或越过这些正式法律规则（*corps constitués*）任意、自由地处理他所选出的那些事务的可能性。如果一切都操纵在传统的各部门之手，且要遵循其既定的程式，那么政府管理也就不可能了，任何个人化的统治肯定无法容忍或接受这种情况。允许统治者个人便捷地处理某些事务，绕开那些基本制度的可能性必须留给统治者。王室内純及锦衣库（the Chamber and the Wardrobe）之于财政署，掌管玉玺（privy seal）的秘书处之于掌管国玺（great seal）的文秘署，皇家民事法庭之于

王座法庭，都是实例。*

统一化还意味着对于地方法庭活动的统一控制，这里无须探究诸如移卷令、纠错令等普通机制，但有一种现象却特别值得我们注意。在格兰威尔的著述中我们读到如下内容：“除非有国王或其首席法官的令状，任何人无须就其保有的自由地产在其领主法庭出庭应诉。”这一“无须应诉”[63]（*nemo tenetur respondere*）原则，意味着国王控制了案件通往贵族法庭的通道。因为要是一个人事先没有获得权利令状，在那里起诉显然是徒劳的。权利令状是要求
26 法庭毫不迟疑地向指定方依其控诉实施全面救济。[64]如果封臣自愿却又不能在其领主法庭诉讼，这就是一个明显的限制，这一点即使在与英格兰发展非常相近的诺曼底也没有出现。这种由王室实施的控制单单出现在英格兰的事实，既令人震惊却又可以理解：在这里，封建权威仅控于王室之手而不是别的什么地方。但它是什么时间，又是如何产生的呢？显然，它的出现不会早于权利令状的流行。通过王室令状在地方法庭提起诉讼，意味着有王室要求“正当行事”命令的撑腰，这在亨利一世时代是一个压制地方法庭的知名手段。在这一系列中我们发现了不只是令状，亨利一世在位第31年的卷筒卷宗（Pipe Roll of 31 Henry I）还记载了各种为获取与自己土地相关的权利而支付的费用。这意味着一种王室的干预。我们还知道，法院被告诫要适当注意，因为王室的不悦和使人

* 按照这里的逻辑，即更易受国王意志影响的机构相对于更正规的机构——少受国王个人意志的影响而制度性更强，最后一对应该是“王座法庭之于皇家民事法庭”。我的这一判断也得到了范·卡内冈教授的认同和支持，他在给译者的回信中表达了此意。——译者注

无法翻身的罚金是12世纪任何英格兰人都不愿招致的。通过授予特权说没有国王的特别命令就不得起诉，从而培养起了一种王室保卫民众和教会使之免于滥诉的习惯做法。又是在上述卷宗中，我们发现了为免于应诉而向国王交纳的费用——看来开启和关闭正义之门的正是国王自己。

王室对于地方法庭诉讼的控制采取了多种形式。在亨利二世统治早期，不晚于1158年，“权利令状”（*breve de recto*）的术语就出现了。由王室权利令状支持在地方提起诉讼的好处如此明显，以致很快便成了流行的做法。当时的知名案件之一便是理查德·德·安内斯提案（case of Richard d’Anesty），安内斯提详细记录了他的花费。首先是他以“派人去诺曼底获取起诉对方当事人所需的王室令状开始”（公元1158年），[65]这是听取中肯建议之后开始一场诉讼的正确做法。在中世纪，当“某种实际做法与习惯之间的过渡通常很短促时”，[66]这样一个习俗很容易变成习惯的规则。据某些博学的著述者说，十年或两个先例就足以确立一项习惯。[67]在我眼中，“无须答辩”的习惯规则在当时特定的情形下是很容易被接受的。斯滕顿夫人支持的另一种可能是，这一规则的源头是立法性质的，并事实上是由亨利二世的立法所引入的。[68]当然这种观点并无内在的不可能性，甚至未必就不可能，这一假定的立法之 27
文本未流传下来的事实也不足以构成反对这一结论的证据，因为有些其他立法同样也已经失传，国王甚至还可以口头颁布新的规则。[69]另一更具挑战性的反对意见是，甚至是没有人提到过这一假定的立法。然而我倒认为，对此颇具分量的反驳是格兰威尔明确而毫不含糊的陈述（而非个人观点）：这一规则的起源是习惯。[70]我

不能想象，像格兰威尔这样一个详尽阐述习惯与王室立法的人会在这里将这二者混淆，也不能想象格兰威尔会没有听说过这样一个由其国王所制定的重要法令，更不能想象他为什么想要误导他的读者——要知道，当他解释一条规则起源于立法时，他会表述得足够清楚的。[71]格兰威尔的明确表述，其内在的可能性，加上没有反对的观点，这一切构成了强有力的论证。难道是因为习惯的规则意味着一种演进的发展而可能会溯及到诺曼时代，不相信诺曼贡献的斯滕顿夫人才如此强烈地坚持其观点的吗？但我们知道，即使是盎格鲁－撒克逊国王，也曾就特别感兴趣的案件向地方法庭发过禁令。[72]

一些著述家曾为该规则的专制性质所震惊，因为如果国王不开恩，它就阻却了普通当事人通往法庭的道路。抛开不受制约的滥诉容易变成另一种专制的事实不说——尤其是在每一个人对诉讼有着一种非同寻常的渴望的年代，该规则保护了那些占有土地的人的利益，这也是王室当时最显著、最迫切需要解决的问题之一。进一步说，权利令状很快就发展成为了当然令状（writ de cursu），即依请求在支付合理的常规费用之后理所当然签发的令状。⑧ 在1177年我们就已经发现过半马克或6先令8第纳尔购买权利令状的费用，这与1160—1220年间平均男爵领地收入202英镑（中产者收入为115英镑），或与武装一名骑士所需10—20英镑的年收入（1181年《武装法》显示一名骑士的最低收入为16马克）

⑧ “当然令状”的概念很容易会比它第一次作为术语出现在档案中要早，关于权利令状起初是否免费签发（即使争议土地价值很小）并不确定，参见 Stenton, *English Justice*, p. 30。

相比，只是一笔小数目。理查一世为保有土地的骑士确定参加比
武大会的最低费用为 4 马克，[73]而半马克则是王室法旅处以罚金 28
的下限。[74]因此，如果颁发权利令状曾是一种武断和昂贵的特权的
话，上述一切则足以消磨前述规则所可能有的专制棱角。[75]

于是，统一司法的兴起和普通法的型塑（而非创造）看起来并不是依靠某个人的天分，或是一群博学的法律家及深谋远虑的政治家通过正式立法来创设一套新的法律规则及一个新的法旅所能实现的，而是一个渐进的过程，并可能走过了某些出人意料的道路，而这些道路为决定论者带来了困惑，却使历史学家们充满欣喜。关于这一话题，下面的一章还将详述。

29 第二章　王室令状与令状诉讼

“我命令你们公正地占有”

(“Praecipio ut juste resaisias”)

大约1200年左右，普通法及其中央法庭的主要特征此时已成型很多年了。英格兰所拥有的将会是一个全国范围的法律体系，而不是纷繁驳杂的地方性习惯。这个法律体系，由一批固定在威斯敏斯特或巡回于地方郡县的王室法官来负责实施和发展，其内核不是罗马法或教会法性质的，而是封建法。同样明显的是，其诉讼的开始需要令状，这意味着为了能够在这些王室法庭起诉，当事人的主张必须符合某一既有的起始令状(original writ)的程式诉讼。作为王室专员(royal commission)审理案件而启动司法程序的起始令状，“*breve originale*”这一术语出现于1203年，[1]它由文秘署负责签发。作为普通法另一大类令状的司法令状则由法庭签发，它涉及诉讼的其他步骤和措施。起始令状指明了诉讼请求的性质、双方当事人的姓名、双方争执的标的，以及其他涉及传讯、陪审团召集等问题的内容。

作为通往王室法庭真正关键的这些诉讼程式——收集在《令状登录簿》(Register of Writs)中——其实数量有限，尽管大法官可以增加其种类以适应法律发展的需要。每一种程式都决定了一种独特的诉讼程序，包括特定的起诉期限、举证方式、合法的出旅缺席事由、判决的执行方式，这一切都随其被创设时的情形和观念的变化而变化。每一种令状都是为一种特别的侵害而创设的，因为当时的观念是（或者我们可以说推定是），到王室法旅寻求救济是一种例外，因而也是受限制的，而地方法旅才是广大民众的一般法旅。

这一切提醒我们注意罗马古典时期的程式诉讼制度及裁判官对新程式的创设，[2]尽管不应忘记的是，在英格兰，法官对新的令状
保持严格控制，并会基于法律原由而毫不犹豫地将令状封杀，[3]相 30
反，罗马的法官则不能拒绝裁判官签发的诉讼程式。已起草数百种普通法令状的文秘署职员必定很快就感到了确立一种格式的必要性，依此就可以方便地抄录一些定型的用语。这一点也获得了法律意义，因为不具有有关起始令状和司法令状的知识，是不可能理解普通法及其诉讼的。

于是，《令状登录簿》诞生了，现存最古老的令状簿样本来自于1220年代。随着法律的发展，新令状不断地被创制出来并添加到登录簿中。在这些古老的版本和1531年首次付诸印刷的登录簿之间，令状的数量得以急剧膨胀。[4]尽管没有副本传世，文秘署依然非常有可能保存了一册官方的“主登录簿”（master Register*），[5]各种非官方的登记册则通过私人之手在全国范围内流传，同时

* 这是保存在文秘署的《令状登录簿》中最为正式和最为权威的一个副本，此外还有其他各式各样的私人版本。——译者注

流传的还有地产保有人在法律诉讼中发现有用的其他材料。无可争辩的是,《令状登录簿》早在 12 世纪就被使用了,最初可能是以条状出现,并遵循一定的次序。[6]正如我们在格兰威尔的著述中所看到的那样——我们对首批格式令状的汇编也丝毫不亚于我们关于普通法的首次著述,当时应用中的定型令状的数量已相当可观。

"writ"一词的含义相当模糊,它可以用来指任何书面的东西,甚至是一本书,比如"Holy Writ"(《圣经》)。更专门一些,它指一种命令、禁令或说明某种情况的简短的官方文件(拉丁文形式为 *breve*)。它区别于特许状(charter)或特许证(diploma)*,因为它不如后者正规、庄严和详细。最初,它也不专门被视作权利证书,尽管它可作此用。当盎格鲁-撒克逊国王作出或确认了某一项授权,他们可以通知地方法庭。起初这是口头完成的,但当口信为盖印的书面通知取代时,这一文书对受益人来说,就相当于权利证书,而可以不采用传统的特许状形式,尽管实质上上述文书依然只是一种与地方法庭或社区沟通的途径。与特许状不同,令状并不依靠那一系列见证人的签名画押,而是通过王室印玺获得权威,大印呈舌状盖在从羊皮纸底部切下的部位上,这为左边留出了一级,对于欧洲来说这是一种新的技术。** 令状之所以独特,还因为它们是用方言写成的,至少在诺曼人来临之前是这样。

---

* 一种非常古老的授权文书。——译者注

** 这是过去法国公文中运用的一种技术,具体操作如下:沿着羊皮纸的底端剪下狭窄的一条,并留下一点与剩下的主体部分相连,然后在剪下的小条两面封蜡,盖印在小条与剩下的羊皮纸主体部分,类似于我们的骑缝章。——译者注

王室令状作为一种行政及法律工具，是盎格鲁－撒克逊王国的重要创造，在其本土对此一无所知的诺曼国王们接过了这一工 31
具并发展了它。毫无疑问，诺曼及安茹王朝时期我们所熟悉的那些令状，迟自10世纪时已被英国的统治者们所运用。现存最早的王室令状文本可以追溯到国王艾塞尔雷德二世（King Aethelred II，978—1016）统治时期，[7]现存最早的起始令状文本则可溯自忏悔者爱德华。[8]常规的行政管理工作在10世纪的英格兰进展如此迅速，以致出现令状这一相对复杂的工具也不会使我们感到惊异。[9]因编辑盎格鲁－撒克逊时期令状而令人钦佩的哈默女士争辩说，阿尔弗雷德大王时期就已开始运用令状了。这位博学的著述者引用了一段由阿尔弗雷德大王插在圣奥古斯丁《独白》（St. Augustine's *Soliloquies*）* 译文中的文字，其中描述了一位领主的命令及其印章被送至某人那里的事实。[10]哈默博士将此作为我们后来所知盖印令状的一个明确参照，但查普莱斯博士（Dr. Chaplais）最近则争辩说，情况并不必然是这样的：羊皮纸令状与印章很可能是独立的，传递一则消息（无论口头或书面）及将印章交于消息传递者以表示权威，在当时并非是不为人所知晓的做法。[11]因此，关于阿尔弗雷德大王时期可能会用到王室令状就存在一些疑问，尽管派人携带王室印章发送书面指令与令状非常接近。

现存的大多数古英格兰令状都可用作权利证书的授权通告，因此也可被称为授权令状（writ-charter），与指令令状（writ-man-

* 这是圣奥古斯丁不同于其《忏悔录》的另外的作品。——译者注

date)相对。但那肯定不是它唯一的功能。在这些功能中还包括王室要求完成特定任务的命令,这是相对于持久特许状的临时命令,是司法或行政的命令而非权利证书。因为缺乏保存它们的诱因刺激,这些临时文件*很自然地只流传下来了很小的一部分**。即使是看起来视盎格鲁-撒克逊令状为授权令状的查普莱斯博士,[12]也承认艾塞尔雷德二世"偶尔也签发书面的行政指令,并有印章相随",他指的是前述国王发给坎特伯雷大主教艾尔弗里克(Archbishop Aelfric of Canterbury),命令他及东西肯特(East and West Kent)的乡绅在斯诺德兰(Snodland)解决一场土地纠纷
32 的命令及其印章(公元 995 年)。[13]这种书面指令不应引起我们的过度惊异。在前一章里(第 27 页,注释 72)我描述过,990—992 年国王艾塞尔雷德二世如何派一名特使携带王室印章口头下达命令,要求公正解决温弗雷德(Wynflaed)和利奥弗温(Leofwine)之间的一场纠纷。鉴于口头通知会发展成书面文件,因此,上述口头命令也应很自然地发展成书面指令。

我们知道,在法兰克王国,这些临时性的书面指示和通告是与那些正规的王室权利证书同时并存的。我们之所以了解法兰克王国的那些指令文书(*indiculi*),几乎应该完全归功于官方或民间的那些文献汇编,因为它们的临时性特征使对其文本的保存失去了意义。从这些临时性书面指令中发现盎格鲁-撒克逊令状的模型是极具诱惑力的,后者后来在英格兰发展成了强有力的行政管

* 这里是指指令性质的令状。——译者注

** 授权令状因作为权利凭证而得以仔细保存,但指令令状则不同。——译者注

理工具，而也正是同一时期（10、11 世纪），在欧洲大陆上，它们却与加洛林王国一齐消失了。然而，这种临时书面指令与令状在形式上的差别，使得后者非常有可能是一种原创性的产品。[14]总是能够迅速识别并保存行政管理好方法的诺曼国王们，在许多方面延续并扩展了令状的使用——但用的是拉丁语而非英语，他们的令状从 12 世纪数以百计地流传了下来。它们属常规文书，其风格简洁明快，语气极具权威性，用语精确、简练，这一切尤其体现在普通法的诉讼过程中，反映了统治者的专横态度，也构成了那个时代的典型特征，这一点我在后面还会谈到。自 11 世纪晚期开始，随着对政治与行政重组普遍进程的觉醒，它们作为欧洲大陆上盖印命令状的典型出现就不足为怪了。[15]

盛行于 1200 年左右的令状制度，并不像 13 世纪中期左右圣路易（St. Louis）在法国引入罗马－教会法的诉讼程序、1495 年马克西米里安皇帝（Emperor Maximilian）在德国建立帝国枢密法院（*Reichskammergericht*）那样，是通过立法引入的；也不像 19 世纪欧洲大陆公布《民法典》（*Code Civil*）和《民事诉讼法典》（*Code de Procedure Civile*），或是 20 世纪许多国家引入社会主义法律和诉讼程序那样，有相关的决定。令状制度的成长是一个历史发展的结果，并带有很大的偶然性，它起初肯定不是作为取代地方法旅及地方习惯而有计划地设计的一套普通法及其法旅的新制度，尽管最后的确发生了这样的事实。要确定人们何时开始注意到在他 33
们周围已经形成了一种新的制度是非常困难的，12 世纪就是这样一个时代：一切都在被怀疑，有许多道路都可能被选择，而每一种其结果都可能持续影响达数世纪之久。不是因为人们作出了重

要的决定他们才意识到其重要性及意义，许多重要的措施其实都是为了应付新的情况而不得已采取的“临时”策略，而这些时刻则刺激产生了一些重要的制度。到格兰威尔著述之时，即亨利二世统治后期，王室的法律与法庭已经明显地经历了一个根本的变化，但确实很难说究竟是在其统治的什么关头，这一切变化才被首次意识到的，并在其统治期间又有那么多的创新和吸收、采纳。等到一种新的趋势或做法固化为一种新的制度并被明确察觉到时，人们已经很少能够回想起这一切是如何开始的了。普通法就根源于这些毫无关联或关联极微弱的救济、诉讼程序和诉讼开始令，而这一切又是为了保护各种利益，以及为矫正那些最困扰社会、最值得注意的各种非法行为而设计的。格兰威尔著作的巨大价值就在于，将这些令状及诉讼程式作为一个整体，连同相当数量的实体法一起，进行了系统化的把握和描绘。

我们现在将要关注的就是这些令状及诉讼格式的最早历史。这里有两个要点：第一，统一的法院体系及其实施的普通法的兴起，并非国王有意及正面攻击地方法庭的结果——无论是诺曼人的封建法庭，还是盎格鲁－撒克逊的百户区及郡法庭。事实上，这些法庭是被王室法庭所提供的那些更先进、更有效的救济排挤开的。它们并没有从法律上被剥夺其管辖权，但王室法官为当事人提供的选择，要比地方法庭陈旧过时的程序提供的任何东西都要好，以致王室法庭注定要从全国各地吸引当事人。不过从法律上来说，如果原告宁可获取老式的权利令状并在地方法庭起诉，也不愿去王室法庭请求救济，他也不会受到什么阻碍的，正如情愿像过去那样点火把、燃油灯的人现在同样不会被强迫用电灯来照明一样。第二，启动司法程序的普通法令状的历史起源可以在盎格鲁-撒克逊国王的行政令状中找到，而后者则是通过强制命令恢复占有或补偿来对非法侵害进行矫正和救济的，它是在对案件是非曲直进行简单调查后采取的警察式（行政）措施，因而显示了极大的权宜性而很少正规程序的意味。行政命令司法化为启动正式法律诉讼的起始令状，发生在一个稍晚的阶段，并且是点滴积累才完成的，每一种新的令状指令一种特定的诉讼程式，最后导致了诉讼程序的大量变化。 34

这一切的起点都在于原告们那种背离地方法庭而转投王室法庭的不可遏制的欲望。在英格兰，如同在下述民谚被记录下来的法国一样，[16]民众一定已经感觉到了"国王所至，法律必存（wherever the king was, there was the law）"。传统法庭的悲惨境况，及对比鲜明的国王权力和荣耀，连同诺曼的强制，共同解释了民众为什么宁愿诉诸王室强力也不去寻求司法判决，①为什么选择王室法律[17]而不是传统的习俗。关于当时教純的描述也同样适用于王室法庭，业务不断地增加，这倒不是因为国王要求这样，而是因为在那样一个"对诉讼有着特殊渴求"的世纪里，[18]当事人在王室

① 唱圣诗者休（Hugh the Chantor）在其《约克教会史》（*History of the Church of York*, ed. C. Johnson, London, 1961）第29页中报道了诺里奇主教赫伯特（Herbert, Bishop of Norwich）的一段陈述，在依据司法判决行事和仅依据国王的命令和意志行事之间作了相当尖锐的对比，原文如下："non iudicio, set iussu Regis et voluntate"（不是司法裁断，而是国王的意志与威武）；或如达勒姆主教所指出的那样："non judicamento, set voluntate Regis et imperio"（不是司法裁断，而是国王的武力与独断）（作者谈论的是新任约克大主教托马斯向坎特伯雷教职所作的从属表白，公元1109年）。

法庭能更好地达到自己的目的[19]。如果你遭侵夺——即因你的邻人霸占了你的土地并派人在其上耕种、收割、放牧——而丧失了对土地的占有；[20]或因你的领主在你父亲去世后拒绝授予你土地的占有因而剥夺了你的继承权；或你的农奴逃跑，或受到其他领主或城市的自由空气的诱惑而逃跑，而你又足够幸运在王室法庭有人帮忙，并且足够明智不会忘记还有财政署及其内庭这些东西，以及国王又总是处于财政困境因而不会无偿行事时，你就可能获得一次王室的听审。经过对你权利正当性及地方法庭缺陷的必要解释，说明你对它们的担心和不信任及对国王作为正义之源的坚定信念之后，就可能为你起草一份王室令状，并盖上印章。不遵守令
35 状将会引起刑事诉讼，这是非常严重的事情。令状可能是要求地方法庭尽快全面处理你请求的命令，目的是实现正义，使已对该案表现出关注的国王满意。这里我们看到了普通法权利令状（*breve de recto*）包含的一个语句，要求将案件移送王室法庭——如果地方法庭无法履行其职责。还有更好的，你可以获得呈递侵害者本人或郡长的令状，要求他保证你立即取回被侵夺之物品。

这些王室命令或行政令状，是与盎格鲁-诺曼国王们的那种强势立场相一致的，并在迅速有力地恢复法律与秩序方面具有明显的优势。王室令状可不是什么可以忽略而又不付出代价的东西，其用语明白无误，没有留下任何可供斟酌踌躇的余地。[21]《阿宾顿编年史》（*Abingdon Chronicle*）中对于某修道院与西蒙之子图斯丁之间纠纷解决——这在比奇洛的《盎格鲁-诺曼判决录》（*Placita*）中是亨利二世的第一个案件——的详细描述，就饶有趣味地揭示了这种王室的干预（能否称之为实现正义尚待斟酌）。斯

蒂芬国王统治时期，某修道院院长英格尔夫因沃尔特·菲茨·海因姆拖欠税费而将其一部分财产收归己有。尽管在那位编年史著者看来，这是针对疏于履行义务的封臣所采取的正常措施，但那位被没收财产的骑士及其岳父西蒙（是他将此庄园转让给了海因姆）则认为这是不能接受的。1153 年，西蒙之子图斯丁到国王面前控告修道院院长不正当地占有了他通过继承获得的土地，他向国王供奉了财物以获得救济。于是，根据编年史的记载，国王通过令状命令，图斯丁得毫不迟延地恢复对土地的占有。这对于修道院院长来说犹如晴天霹雳，他并不情愿遵守斯蒂芬的指令，于是召集其封建法庭商量对策。因此，令状执行便有了迟延。看到自己的案子没有进展，图斯丁决定不出席修道院院长的封建法庭而转向国王。他向国王撒谎（依据编年史的记载）说那位院长拒绝遵守王命，当然他也没有忘记向国王及其扈从奉送财物。国王相信了图斯丁权利的正当性，便命令伯克郡郡长牛津的亨利（Sheriff of Berkshire, Henry of Oxford）毫不 36
迟延且依照国王的法律来处理此事，可能是因为涉及到了藐视王室令状。这意味着犹豫和拖延的结束，遵照国王吩咐行事的郡长——用编年史著者的话来说——“通过抢夺合法占有者”的方式将土地返还给了原告。作者还说，郡长“因爱财而道德败坏”，后来这位郡长承认自己行为不当。同一年，斯蒂芬国王驾崩，亨利二世继位，这一次该轮到那些教士们跑到国王那里去诉苦了。他们取得了成功（这一次编年史著者没有提到奉送财物一事），当国王看到他们的情况属实，就连发两道令状指令修道

院所在地伯克郡的法庭审理此案。这一次该图斯丁拖延诉讼了，他找出各种理由拖了两年，因此，修道院院长又到国王那里请求最终的解决。国王欣然同意，召集其王室法庭的几名成员负责审理此案，这一次图斯丁意识到结局快要出现了，便出庭应诉。法庭虽支持修道院院长，但自己又不敢承担剥夺图斯丁财产的责任，除非是国王有意作出这样的判决，最终修道院院长胜诉。[22]

“法律诉讼中那些武断，甚至是不负责任的干预”就是这样发生的。王室司法也可能的确是通过这种方式开始得到广泛应用的，[23]但其副作用同时也在虎视眈眈。司法程序当然比较缓慢，因为它要深入调查事件真相，听取双方的意见，审阅文书，咨询专家，证人和陪审团都要前来，程序规则也必须得到遵守。而纯粹的行政救济则“不面对庭审，在没有进一步的预备程序的情况下就预先下了结论，授权恢复对土地的占有”。[24]一句话，这是一种警察措施，一种随意性很强的技术。它不进行及时通告，完全是单方的武断行为，其结果只能导致非正义和决策的自相矛盾，最终可能会导致比它所要处理的不公更大的不公。

国王可能会被误导，有人会向国王撒谎（查出后当然要被处以罚金），[25]或对某些重要事项保持缄默，[26]让国王相信某些后来他们不得不撤回的事情也并非不可能。由于亨利一世被理查德·菲茨·瓦尔谢林（Richard fitz Walchelin）误导而相信，拉贝尼斯庄园（manor of Wrabness）不为圣爱德蒙贝里修道院（abbey of
37 Bury St. Edmunds）所直接保有，于是该修道院就暂时失去了上述

庄园。② 国王在后来的回复状中用清晰明了的语句说明了这一切,该令状发给了"伦敦主教(Bishop of London)、诺里奇主教(bishop of Norwich)、奥布莱·德·威尔(Aubrey de Ver)、罗伯特·菲茨·沃尔特(Robert fitz Walter),以及国王在埃塞克斯(Essex)、诺福克(Norfolk)及萨福克(Suffolk)的所有贵族和臣民,及在圣爱德蒙修道院的所有贵族和显要人士"。既然国王们可以"漫不经心"地(后来公开承认了他们的错误)将不属于他们的教会"出卖",他们以正义之名进行的干预完全有可能是错误的也就几乎不足为怪了。[27]

人们开始获取各种令状(很可能是那些相互贬抑的令状)来彼此防御。为抵消其他令状(都来源于王室),亨利一世发给拉姆齐修道院院长这样一则令状,要求后者"除为休·欧拉德(Hugh Oilard)主持公道外,不能做任何其他事,无论有什么令状发出"。[28]还是亨利一世,为了格罗斯特修道院院长及修士们的利益,不管签发什么令状或命令,都禁止涉及贝叶的罗杰(Roger of Bayeux)在约克大主教托马斯(Archbishop of Thomas of York)于斯坦迪什圣

② 范·卡内冈:《令状》(*Writs*),nr 15, p. 419, A.D. 1128(?)。该令状在回复命令上补充说,如果理查德之子想争辩说拉贝尼斯以往并非修道院亲自占有,那么修道院院长将在其法旅听审该案件,并在此主持公道。亨利一世卷筒卷宗第 31 卷第 96 页揭示出,国王的"忏悔"及其回复命令并非无偿获得,因为我们在那里发现圣爱德蒙贝里修道院院长为保留前述修道院(他已经出手转让给理查德·菲茨·瓦尔谢林的那一修道院)而提供了 25 马克银币。这一条目从一个侧面反映了国王和修道院院长之间的邪恶交易。还有一则斯蒂芬国王确认拉贝尼斯归上述修道院的令状,"教士们的利益不受理查德·菲茨·瓦尔谢林及其子罗杰或任何其他持有相关令状者的影响,这一决定是最终的而且永远有效。教士们有此令后无须再针对任何别人的任何相关主张进行辩护。"这不是一场言语之战,而是令状之战!(参见 *Regesta Regum Anglo-Normannorum*, III, nr 769, p. 283, *anno* 1135—1148)。

彼得庄园所保有土地的诉讼。[29]我们在第一章所碰到的那场著名诉讼中的英雄理查德·德·安内斯提更懂得发动他的令状之战：一听说其对手准备获取令状以延迟答辩，他就派出其兄弟渡海到国王处获取一则禁止拖延答辩的令状，因为对方可能获得令结果完全相反的令状。[30]在这种情况下，矛盾和错误不可避免。此外，
38 这种情况也不独限于世俗国家，宗教界的要人发现他们也处于同样的尴尬境况。我们看到阿鲁阿斯的修道院院长沃尔特（Abbot Walter of Arrouaise）向巴思主教（bishop of Bath）及其他人申明，由于通告有误，他向哈罗德小修道院（Harrold Priory）发函宣称，米森登修道院（Missend Abbey）因虚假陈述而从教皇那里获得了一份伪造的特许状；现在他取消了他的函证，为修道院昭雪，命令前述小修道院应该服从米森登修道院。[31]我们还发现，温彻斯特主教亨利（Bishop Henry of Winchester）撤回了"因出于不知情"而将索普莱教堂（church of Sopley）向布利莫尔教士们（canons of Breamore）作出的赠与，因为前者实际上属于特怀纳姆基督教堂的教士们（canons of Christ Church，Twynham）。[32]

教皇也未能避免基于单方陈述而作出错误救济命令[33]的境遇，这实际上是"最高权威单听一面之词自然而然的结果"。[34]霍尔茨曼教授（Professor Holtzmann）收集了一些发生在英国的这方面的案例。乌尔班三世（Urban III）的一则公文显示，一些人凭借教皇的推荐证书混进了约克的圣彼德医院骑士团，而这一证书则是在隐瞒了他们是已经离开修道院的修士的真实身份后获得的。[35]在塞莱斯純三世（Celestine III）的一则公文中我们听说，一位名叫西蒙的海里斯教士，通过隐瞒对他已经作出不利判决的事

实，而骗取了教皇的公文。[36] 在 1181 年亚历山大三世发给坎特伯雷基督教堂的一则公文中教皇承认，同一教皇的先前命令是通过听取“不实信息”后发出的。于是教皇说，“如果我们基于某些人提供的不实信息向你发出命令，你可依此拒绝从命”。[37] 这样，教皇命令的接受者就可以自行决定教皇作出的决定是否依据了对方当事人的不实信息，实在是不可思议！相互抵触的命令之间的斗争不只为王室所特有：在 1176 年的一封公函中，亚历山大三世就告诉坎特伯雷大主教理查德，要他注意任何可能送至他的、针对圣爱德蒙贝里修道院的教皇诉讼指令，因为教皇不会有意将此等案件交于他处理。[38] 教会法学家所担心的，正是教皇谕令（papal mandate）是通过欺瞒还是因为意外（*subeptio* or *obreptio*）获得的，该问题同样也曾纠缠过罗马皇帝解答敕令（imperial rescript）的使用。他们提出的理论是，明确出现在一些公文中的“基于事实而提出请求”[39] 的语句，也应当被暗含在所有的教皇解答敕令中 * 。[40]

英国国王及其臣下当然也意识到，基于一方陈述而签发令状，

势必导致冲突、不公平及他们力图反对的混乱无序。他们在迅捷、 39
权威的行政命令（但有导致不公的危险）和全面的司法程序（又可能过于琐细和拖沓）之间挣扎。他们发现自己面对的又是行政效率和司法公正之间的古老选择，并开始认识到通往正义之门是没有捷径的。究竟应该怎么办？办法之一是不要再通过行政性的救济命令干预法律事务，而完全将其留给现有的法院，但这势必会使王室干预承受极大的压力，并使普通法及其法院陷入巨大危机之

* 意思是即使令状中没有出现这样的语词，也应推定为默认包含有。——译者注

中。还有一个办法就是使王室的干预司法化，使其为必要的司法保障所包围，确保依令状中确定的程序规则对案件事实、双方诉答及证据要素进行公正审理。显然这一步在斯蒂芬和亨利二世统治早期已经达到了，它与那些过去时而添加在各种救济令状中、模棱两可的“正义”(*juste*)或“权利”(*recte*)相比起来，又前进了一大步。[3] 我们发现，令状开创了一种完全成熟的审查方式及一套特定的司法调查方法，并将之作为执行王室救济命令的条件，具体如下：“如果在某郡郡法庭通过宣誓调查表明甲针对乙提出的主张被确认，那么立即赋予甲对争议土地的完全占有。”因此，举例来说，斯蒂芬在给沃尔特·菲茨·吉尔伯特(Walter fitz Gilbert)及其迈尔顿的执达官(reeve of Maldon)的令状中就这样说：“如果伦敦圣马丁的教士们能证明迈尔顿的奥斯瓦尔德(Oswald of Maldon)未经判决且不正当地剥夺了他们对迈尔顿的自治市保有地的占有，那么我命令你们立即使之恢复占有。”[41]

更为清晰的是下面一则涉及教士们在迈尔顿湿地的令状，由斯蒂芬发给伦敦及埃塞克斯地方法官理查德·德·卢西和埃塞克斯郡郡长莫里斯(Maurice)：“召集了解迈尔顿、邓吉(Dengie)及瑟斯特堡(Thurstable)这些百户区真相的守法臣民，经过宣誓来
40 查证：是否直到沃尔特·菲茨·吉尔伯特前往耶路撒冷那一天，伦

---

③ *Juste resaisias* 可以指“赋予占有，但保证其中不涉及不公平”，也可以指“如你们所受命赋予占有，于是恢复公平”。参见亨利一世为阿宾顿(Abingdon)修道院签发的一则令状，该令状要求伯克郡郡长休·德·伯克兰(Hugh de Bocland)前往阿宾顿，并使该教会组织“正当地”持有那些莫德伯特(Modbert)于1097—1100年掌管修道院时出让的土地，好让国王不再听到诉冤(*Chronicon de Abingdon*, ed. Stevenson, Ⅱ, 86; *Regesta Regum Anglo-Normannorum*, Ⅱ, nr 521, p.8 A.D. 1100—1101)。

敦圣马丁的教士们依然占有他们在迈尔顿的湿地。如果查证属实，我命令你们立即使之恢复占有。”[42]亨利二世统治前期，发给私人当事方、地方法官或郡长（及其副手）、开设法旅的封建领主，或某些城镇的执达官及市政委员会成员的令状，经常采用如下格式：“如果原告甲能够通过某种指定或未指定的举证方式证明他被非法剥夺了占有，那么使之恢复占有。”[43]但到当时为止，还没有就此形成一个统一或系统的格式。这是一个渐进的发展过程，老的、纯行政性的令状依然尚未消失。另外，其中涉及到的司法调查留给了地方法官、郡长或封建领主，尽管宣誓调查认证经常被列为举证方式，但它并不总是这样。

这一切都因亨利二世的特别巡回审而发生了变化，依此，王室对于非法行为的救济可以通过国王的巡回法官来实现，当然它遵循的是以陪审制为基石的司法程序。这样，在动荡和权宜之中发展了许多年的这一切，终于变成了一套新的法律和新的司法制度，即普通法及其统一的法院体系。这一系列事件看起来发展如下：在1166年及随后的年份中，亨利二世将其法官派往全国各地对由控诉陪审团指控的罪犯进行审判，从而展开了一场全国范围的针对破坏法律与秩序之犯罪的斗争。斯蒂芬与玛蒂尔达（Matilda）之间的内战导致了暴力和犯罪的增加，对此，亨利二世采取了果断而彻底的措施。这些措施由中央发出，由王室自己的巡回法官而不是地方法旅负责实施，因为亨利认为后者不足以胜任。从前一章我们已经看到了那些总巡回审的纪年表，从《克拉伦敦法》和《北安普顿法》了解了巡回法官是如何处理诸如谋杀、放火、盗窃及伪造这些犯罪的。但从与这些总巡回审同时并存的卷筒卷宗的条目

中我们还发现，巡回法官同时还处理一些更轻微的违法行为，如作为“社会瘟疫”的非法剥夺他人对土地占有的行为。有一种说法说得好，“如果小偷小摸是普通劳动民众的日常邪恶之举的话，那么剥夺他人土地占有则是上层阶级的犯罪，是一个持续达数世纪之久的社会动荡的根源，直到土地不再是权力和地位的唯一基础。”[44]显然，迅速④、强有力地并通过司法途径使民众恢复对土地的和平占有，对于公共秩序有着极大的益处，而这种秩序正是亨利二世所着力恢复的，并曾在其外祖父的黄金时代存在过。这同样也是一种在广大普通自由民中赢得声望的上佳办法，因为在一个
41 几乎每个人都以土地为生的时代，保证土地占有就像我们今天工业时代保证就业一样重要。[45]

于是，像法国钦差（*missi dominici*）那样巡回各地的王室法官，被指示去惩罚那些新近（对严重犯罪的指控涉及的也是新近发生的案件）采取不正当手段剥夺他人土地（对他们的指控也使用了类似的语词）的人，并使合法占有人恢复占有。他们还被告知去查明，是否有封地的合法继承人被领主剥夺了他本有权占有的土地，如果有，恢复其对继承土地的占有，并对领主处以罚金，这是保障土地保有的另一重要举措。亨利二世的立法显然是属于刑事调查和刑事控诉的性质，并由一个时刻以维持公共秩序为念的政府实施，[46]但巡回法官使用的这一办法也逐渐被运用到私人间民事性质争讼的解决方面，对当事人来说刑事方面（王室罚金）只是附带的。

---

④ 新近侵占诉讼令不允许被告提出出旅缺席事由。

这样就从王室对于私人控诉进行干预的古老传统和亨利二世带有刑事性质的制度创新中产生了一套诉讼，以便从王室法官那里获取对某些特定种类的侵害行为的救济（当然也限于某些精心设定的范围之内）。传统救济措施的司法化得以完成，起初意在避免司法程序的王室令状，现在变成了在王室法庭（但仅限于此）开始诉讼程序的公文。逐渐地，更多诉讼程序被发展出来，以便大部分侵犯私人权利的行为能够在王室法庭通过适当的诉讼得以解决。这一切都是王室完成的，由王室的法官和官员而不是地方人士来解决争端并负责实施判决。就这样一个接一个地，涉及地产保有各个方面的权益都有由适当令状开始的适当诉讼加以保护。

为了解决土地上最完整权利的最终归属问题（这可能需要向前追溯几代以弄清当时那种令人费解的协议和安排），当事人还可以凭借权利令状在地方法庭进行决斗。这是一种极具危险性和不确定性的举证方式，在这里上帝将回答人类心智无法解决的问题。但如果有其他更好的办法足以保护你享有土地上的一切实际权益，那为什么还要诉诸这种极端举措并经历那些庄严神圣却烦琐 42
冗长的程序呢？事实上，和绝对的权利归属相比，土地占有所包含的实际权益与之相差不大，它包括和平占有和耕作的权利、在祖上去世后从领主处取得土地占有的权利、向土地上教堂推荐圣职就任者的权利、排斥他人入侵土地的权利、证明该土地属自由教役保有（frankalmoin）因而无须承担世俗义务的权利等。权利诉讼从未被取消，但如果通过王室法庭新的、更有效的途径能够保护土地上的上述实际权益，再去冒着生命危险通过决斗解决那些艰深晦涩的权利问题又有什么意义呢？

现在我们来仔细考察一下早期的一些令状。首先是以四个小巡回审诉讼令(petty assize)为基础的普通法令状,这四个小巡回审诉讼令又以亨利二世的四项立法——相对于温莎的大巡回审诉讼令(Grand Assize of Windsor)立法——为基础,其中最为知名的是新近侵占诉讼令(Assize of Novel Disseisin)。“Assize”这里可以指陪审团,其裁断是这些诉讼程序的关键因素。相应地,该词也用来表示原告通过获取新近侵占令状而开始的这一诉讼本身,还可以指确立对新近的侵害行为进行系统指控,并最终导致私人也可以提起新近侵占之诉的那一王室立法。该立法很可能是1166年制定的(肯定不会更晚),那一年总巡回审的职责就是实施著名的《克拉伦敦法》关于惩治严重犯罪的规定。[47]王室对于土地占有的保护达到了一个新的阶段:不再是这儿或那儿偶一为之地命令恢复原告对土地的占有,而是来源于中央的一场系统的、全国范围内的战役。因违反上述法令非法侵入他人土地而招致罚金被记录在卷筒卷宗的第一例出现在1166年,[48]随后持续了若干年,并与总巡回审的第一次浪潮(公元1166—1170年)[49]相吻合。我们有足够的理由相信,这对于非法入侵土地的第一次打击,连同《克拉伦敦法》及与之相连的总巡回审,都只能被认为是一项临时措施。1170年之后,总巡回审和对非法入侵土地的处罚都停止了。但1175年,总巡回审重又恢复(次年颁布了《北安普顿法》),[50]非法入侵土地的事项又出现在卷筒卷宗中。1175年、1176
43 年,尤其是1177年其数量都相当巨大,1178年它们又几乎完全消失。正如我们所看到的那样,这一年,对于总巡回审来说是关键的一年。于是,关于总巡回审的这两个时期及对于非法侵入土地进行处罚的头两个阶段，意味着王室针对各种违法行为采取了特别的打击措施。此后，随着巡回审判确立为一种长期稳定的制度，在亨利二世统治期间，非法入侵土地就成为了卷筒卷宗中的常规事项，但其数量从未越过 1177 年的高峰，不过在亨利统治末年则越过了 1168 年的峰值。到此为止，原来是对非法入侵土地的刑事指控，现在已经变成了所有自由地产保有人通过支付一笔适中的费用购买新近侵占诉讼令就可轻易启动的、已近完备的民事诉讼了。[51]

大概颁布于 1166 年的《克拉伦敦法》的文本并没有流传下来，同样失传的还有亨利二世在英国和诺曼的其他立法，我们也不必为此大惊小怪。[52]可以想象的是，对非法入侵土地提出指控是事后才想起来的，然后在巡回法官准备起程时通过口头或发给法官的单独令状⑤，将此任务加到了《克拉伦敦法》所描述的那些事项当中去。当然，“笔误”(clerical error)也是可能的解释。[53]有一点可以肯定，《北安普顿法》当中有一个条款是专门打击新近发生的非法入侵土地的行为的，其文本已经流传了下来。[54]该诉讼允许那些被非法侵夺土地占有的人，在一定期限内可以在王室法官面前依

⑤　后一种可能性为亨利二世卷筒卷宗(Pipe Roll 12 Henry II, pp. 7, 10)中的一个短语“disseisin *super breve regis*”(国王令状中提到的侵夺)所暗示。1170 年，亨利二世组织了郡长大调查(Inquest of Sheriffs)，以与另一种不同的混乱无序作斗争，其中也运用了控诉陪审团，并由巡回的贵族加以实施。其中一章包含“inquiratur per omnes episcopatus quid et quantum et qua de causa archidiaconi vel decani *injuste et sine judicio* ceperint, et hoc totum scribatur”(c. 12)(在每一个主教辖区都应查清，副主教究竟基于什么原因、采取了什么方式、未经判决且不正当地侵夺了多少土地。这一切都应书面记录在案)，作为推断，我觉得 1166 年(?)发出的要求对新近发生的侵夺行为提出指控的命令可能也是以同样的方式起草的(Stubbs, *Select Charters*, p. 177)。

据陪审团的裁断恢复对土地的占有，法官还要对入侵者处以罚金，对受害者给予补偿。[55]

那么提起上述诉讼的时间期限是多少呢？在英格兰（相对于诺曼底），这不是一个确定的年限或几个收获的季节，而是某些确定的日期。鉴于缺乏 1176 年之前的立法文本，我们只能靠猜测来确定这第一个日期可能是什么，对若干因素的考虑最终倾向于 1154 年亨利二世登基的日子。[56] 1176 年，我们注意到该日期确定在“国王与其子讲和之后回到英格兰”的时间，即 1175 年 5 月。格兰威尔的著述中则将其确定在国王最近一次横渡海峡到诺曼底的
44 时间。这些颇为短暂的时间期限证实了“*de nova dissaisina*”（新近侵占诉讼令）之名（首次出现在 1181 年的卷筒卷宗中[57]），这一名称甚至盖过了“the assize on disseisin”或“the action of disseisin against the assize”。该令状及以此为基础的诉讼为土地保有提供了保障，即在一个土地依然是财富的主要形式，是几乎每个人都以之为安身立命的基础，是权力、地位主要来源的年代，它保障了对于自由地产的和平占有和开发使用。抛开复杂的地产权利问题（即我们今天所说的所有权）不说，该令状的目的在于迅速处理那些新近发生的“未经判决且不正当地实施的”、不被允许的对于土地占有的侵扰行为。[58]

作为亨利二世统治成果的这一经典的新近侵占之诉，是王室长期关注占有（seisin）问题的最终成果，而王室那各种恢复土地占有的行政命令——无论是否包含某种司法调查形式——则见证了这一切。新鲜的不是王室对于占有问题的关注，而是操于王室之手的体系化的司法形式和现在一切自由民均可轻易诉讼的事实。

占有与对占有的保护（相对于权利及与之相关的诉讼）都是非常古老的观念，它根源于日耳曼人的“*gewere*”、分封关系中的封赠仪式（*vestitura*），以及中世纪早期教会关于凡有侵害即应立即先于任何其他措施而返还原物（*spoliatus ante omnia restituendus* and *nemo placitet dissaisitus*）的观念。[59]并不是发生在波伦亚（Bologna）的罗马法的复兴揭示了这些，几世纪以前人们就知道了“seisin”（占有）与“right”（权利、所有权）（相应的罗马法术语是“*possessio*”和“*proprietas*”）是两回事，针对占有采取措施后还可以再被提起权利诉讼，但也可以就此打住而无须进一步的诉讼。因此权利诉讼一直存在于过去，并在新近侵占之诉产生后仍得以保留。[60]这里没有必要去考察《民法大全》（*Corpus Juris Civilis*）的影响，[61]更不用说稍后的教会法的收回被盗物之诉（*actio spolii*）了，[62]也不能说新近侵占之诉是开始权利诉讼的前提。

毫无疑问，在占有之诉中败诉的当事人还可以诉诸权利诉讼（action on right），[63]但这是极少发生的事情，其原因亦不难寻找。占有不仅仅只是一个具体的行为问题*，同时还包括（在土地上的）合法滞留或（对土地等的）合法持有**：“占有一定包含了一些权利的微小颗粒，几乎不可能区别占有在哪里终止，权利又在哪里开始。”[64]提交陪审团裁断的不只是是否未经判决甲就被剥夺了土地占有，而是他是否未经判决且被**不正当地**（*unjustly*）剥夺了土 45
地占有，陪审团已经不得不开始探究法律问题。如果一个由12位

* 也不是一个事实问题。——译者注

** 即法律问题、合法性问题。——译者注

守法自由民组成的陪审团认定某人并非被不正当地剥夺了占有，那么，在随后的权利诉讼中由12位骑士组成的陪审团认定他享有比占有更优先之权利的可能性将会非常小。占有之诉中败诉的当事人在权利诉讼中胜诉的机会，不会因为前次否定性判决在理论上留给了他重启权利诉讼的自由就会增大。[65]

一些崇拜盎格鲁－撒克逊法律成就和安茹国王天才的历史学家们，不能对在上述两个伟大的时代之间构建起一种永久中介（*medium aevum*）的诺曼人说句公道话。在他们看来，野蛮的诺曼人带来了彻底的黑暗，这一点仅为亨利二世统治的光明所冲淡，其时，“天才得以发挥、展现”，伟大的“安茹时期的跃进”也得以成就。从这一点来看，从征服者威廉到斯蒂芬时期便为诺亚的帷幕（mantle of Noah）所覆盖，新近侵占之诉没有历史，至少肯定不会根源于诺曼，而是在许多个沉思的不眠之夜后突然出现的。⑥

但文献却告诉了我们一段不同的经历：先是诺曼国王对于占有的保护，及这种保护手段不断增长的司法性质（有若干令状为证）；随后是作为亨利二世打击混乱和无序行动一部分的总巡回审对于非法入侵土地行为的处罚（有卷筒卷宗为证）；最后是亨利统治的后半期新近侵占之诉作为民事司法救济手段的出现，在构成新生普通法的众多诉讼中它是最惹人注目的（有卷筒卷宗、格兰威尔的著述、早期流传下来的回呈令状——最早的可追溯到公元1199年，其中一两个甚至可推至理查一世早期[66]——和最早的巡

---

⑥ 波洛克爵士（Sir F. Pollock）（见第99页）认为普通法是如此的威严高贵，以至于它必定是起源于神。但这并不能使我改变看法，而我却又能绕开这一关于普通法神秘起源的解释。

回审卷宗为证）。这一历程中依然不太清楚的是，新近侵占诉讼令
的用语（相对于其程序过程）经历了怎样的发展？正如我们在格兰
威尔的著述和早期流传下来的令状中所发现的那样，没有理由使
我们相信该令状的用语在其产生之初就是确定的，在亨利统治期
间它经历了太多的变化和试验。再者，典型的新近侵占诉讼令属
于纯粹的传讯出旅用令状，完全是司法性质的，即它处在行政令状 46
司法化过程达到其逻辑结果的最后阶段。[67]

我认为非常可能的是，在1160年代和1170年代，上述令状经历了一个依然保留一定行政因素的阶段，采取了我们所熟悉的形式（这一点我们将在指令令状中见到）：“恢复原告对土地的占有，否则到我的法官面前出旅诉讼。”至少在英格兰我还拿不出什么实例来证明这一点，[68]但幸运的是，亨利二世的诉讼令状也相应地适用于诺曼底，类似令状适用于类似案件，在它们中间我们发现了新近侵占诉讼令。关于这一诺曼样本有趣的地方在于（伊韦尔〔Yver〕教授注意到这一点），它依循了“返还占有，否则出旅应诉”的模式。毫无疑问，它处于古老的要求返还占有的行政命令和格兰威尔所述的正式传讯令状的中间阶段，而后一阶段则是诺曼底所从未达到过的。[69]这更使我相信，格兰威尔所列的令状用语属于相当晚近的阶段，其开篇用语（conquestus est mihi）“他向我诉称”则可能是依照教皇令状的样本向文秘署官员提出的。[70]无论怎样，令状的用语都不如这一诉讼的兴起和发展来得重要，但我们不能因为用语上的差别就否定早期王室对于占有问题的行政干预和后来普通法诉讼之间的连续性。此外，我们也不能将对普通法令状前身的探究视为颠倒年代顺序，引起年代上的混乱。[71]毕竟，这是

比奇洛作为拓荒者所力图完成的，但他却没有获得足够的认可。[72]

新近侵占诉讼令状属回呈令状，即它包含发给郡长的特定语句，要求他作好充分准备，在“某年某月某日于我本人*或我的法官面前，呈交传票、签有陪审团姓名的上述令状以及担保人名单”。回呈令状实际上是一种控制工具，但这并不影响该令状本身作为在王室法庭对新近发生的入侵土地行为依据陪审团的裁断进行便捷但却属司法救济的基本含义：我们也不应赋予回呈令状过多的意义。同时，从一个王室机构（文秘署）签发的这些起始令状应该返回到另一机构（王室法庭）的事实，也不意味着某种令人震惊或不合逻辑的事情。毕竟，这只是所确立的一种做法，当事人进行诉答所依凭的令状应呈交法庭。权利令状要由申请人呈交至令状中指明的地方法庭，并在开庭时宣读，[73]同样，回呈令状一般由郡长
47 （通常被委以各种司法业务，而这些业务以前都由当事人自己完成）呈交王室法官，后者的权威又由令状授予。通常认为 1160 年代和 1170 年代的令状已经包含了令状所有必要的因素：双方当事人、争议土地、召集当事人和陪审员的命令、在王室法官面前举行听审的日期。究竟是什么时候有关令状回呈（连同描述各种具有程序意义因素）的语句才被加入到令状中去的，这是围绕令状用语发展所产生的众多困惑之一。可以肯定的是，它出现在了诺曼底那些更为“原始”的新近侵占诉讼令状中。

第二种小巡回陪审诉讼令是收回继承地令状（assize of Mort d'Ancestor）。该诉讼处理的是继承问题，更准确地说是处理领主

* 指国王。——译者注

将土地占有交于其已去世封臣之继承人的仪式性行为。这一仪式必须履行,因为继承人不能自动获得地产,但领主也不得扣留合法继承人的遗产。收回继承地之诉就是作为针对领主无正当理由拒绝授予继承人土地占有进行斗争的武器而设计的。后来它也可以针对其他封臣提起(亲属除外)。其模式与新近侵占之诉有着惊人的相似,它解决的也是占有问题而非最终极的权利问题,因为后者将使法旅不得不向前追溯许多代,招致并承担无尽的争论和调查。[74]该诉讼在王室法官面前进行,并限于一定时效期间之内,[75]决定性的因素是自由民陪审团的裁断。同样,起初它也是总巡回审法官大调查的一部分,后来也发展成为了私人可以任意使用的民事诉讼。提交陪审团的问题如下:"原告的祖先在去世的那天是否以可继承的方式并且亲身保有(seised as of fee and in his demesne,即他自己直接耕种土地而未转让于其他封臣或附庸)争议土地;⑦原告是否为该土地保有人(即被继承人)最近的继承人?"尽管有利于那些无法进入继承地者的王室干预早已为几代人所耳熟能详,但《北安普顿法》第四条还是明确地建立了这一诉讼。在说明完继承人不应该被拒绝授予占有后,诉讼令命令:"如果封地领主拒绝授予死者继承人所请求的对封地的占有,国王的法官将举行一次由12位守法臣民所组成的陪审团进行的认证(recognition),以查证死者去世时的占有情况,并依据陪审团的认证结果将土地占有返归继承人,不服从此令及由此被褫夺权利者将交由 48

⑦ 这对于英国的陪审员来说并不是一个新问题。参见 Domesday Book, I, fol. 375 v。

国王处置。”[76]为提起诉讼——收回先父继承地之诉(pro recognitione de morte partris sui)及类似诉讼——而由继承人交纳的费用,出现在自1179年起的卷筒卷宗中,早期的巡回审卷宗也显示出该诉讼相当受欢迎,它与新近侵占之诉共同保证了普通自由民及其继承人对土地的和平占有。格兰威尔为我们提供了提起该诉讼所需令状的文本,对于它更为古老的格式或表述,我们所知道的并不比新近侵占诉讼令更多。[77]

这一系列中的第三则令状,即地产性质诉讼令(assize of utrum),相比之下就显得不那么重要了。其实它是作为一种预备诉讼而出现的,它决定的是争议地产究竟属于教界还是俗界;依据该诉讼的结果再决定涉及该地产的纠纷是该在世俗法庭还是教会法庭解决——这在12世纪是一个极易导致纷争且通常还很难解决的问题。但它所涉及到的却不仅仅只是地产保有的法律性质和法院的管辖权问题,因为基督教会保有(如自由教役保有,frankalmoin,*franca elemosina*)所产生的宗教义务,与骑士役保有地更实质、具体的义务非常不同,而这些义务又往往才是争执的起因。因此,地产性质问题实际上真正决定了一切。结果是,随着时间的推移,地产性质之诉变成了一种独立的诉讼,由为了保护教区教士利益(即教会的自由教役保有)的私人申请令状并支付费用变为独立的诉讼。[78]最后,它与涉及地产法各个方面的其他诉讼比肩而立,也是在王室法官面前进行,并依陪审团的裁断判决。甚至在亨利二世之前,某一地产保有是否属世俗的问题就曾时而依国王的命令而由陪审团来进行认证。[79]在国王记载涉及王室法庭与教会法庭一系列相关原则的《克拉伦敦宪章》(Constitution of Clarendon）中，第九条就规定，在涉及教士认为是自由教役保有而俗界人士认为属于俗界保有的土地保有争执中，由 12 名守法臣民组成陪审团在首席司法官（chief justiciar）面前作出裁断，并依此裁断来决定涉及此地产的纠纷究竟归王室法庭还是归教会法庭管辖。[80]很快，如同其他占有诉讼一样，通过一则类似的令状，[81]该诉讼就可以在总巡回审法官面前进行，其所用的令状具有如此的终局性，以致被恰如其分地称为“教士的权利令状”。随着地产性质之诉逐渐被排他性地运用于教士对属于他们教堂的土地提出主张，其适用范围变得狭窄起来，并不再被经常使用。

第四个占有诉讼令被称为“最终圣职推荐”令（darrein pre- 49
sentment 或 last presentation），它涉及的是地产保有人向建立在其土地上的教堂之主教推荐教士供职的权利。圣职推荐权在英格兰和诺曼底被古怪[82]地称为“advowson”，我们还发现“*addvocatus*”和“*advocatia*”这样的用法，而欧洲大陆则通常使用“*patronus*”和“*patronatus*”。我们并不太清楚为什么会有这样的差异，但作为前格列高利时代的遗产，圣职推荐的确是一个金钱收入和荣耀的源泉（推荐只是其中的因素之一），亨利二世决定像保护地产保有的其他因素一样来保护它。他通过一种与其他几种占有诉讼令之模式非常类似的工具来达到这一目的，即由当事人支付一笔不菲的数目（或承诺日后以地租支付），由陪审团在王室法官面前决定由谁来向空缺的教职推荐人选这一紧迫的问题；同时保留了探讨谁对这一问题有最终权利的可能性——当然这要通过权利令状提起权利诉讼来实现。1179 年第三次拉特兰宗教公会（the Third Latern Council）规定，在圣职空缺三个月后，主教将获得圣职的推荐权。[83]鉴于传统的关于圣职推荐权的权利诉讼一般都可能持续三个月以上的时间，这势必意味着土地所有人有所失和主教有所得。非常可能的是，正是基于这种考虑，⑧亨利二世才依其熟悉的模式引进了涉及教会圣职占有的诉讼令（1180 年首次提到），非常类似于收回继承地诉讼令。诉讼中只处理下述实质问题（因而相当快捷）：“和平时期[84]谁推荐了最后一位教士，而这位教士之死又导致了圣职的空缺？”[85]王室法官将最终的权利问题（即前一位教士究竟是依据什么权利被推荐的？）弃之不顾，只是判定前次圣职的推荐者被认为持有该推荐权，因而这次能够重新行使推荐权。无论此后可能的权利诉讼的最终结局如何，他推荐的候选人都将终身任职。陪审团和法官干得都非常漂亮，这一占有诉讼一般都会最终解决上述推荐权的争议，从而也使古老的圣职推
50 荐权权利诉讼陷于衰落。[86]

占有诉讼令为王室法院带来了数量可观的案件来源，但它却不得不与它的一个竞争对手“指令令状”（*praecipe*）来分享这一荣耀，而后者的历史意义与其法律意义同等重要。除了马上我将要谈到的《大宪章》中的第三十四条一闪而过之外，该令状还有其他方面流传于世且为人所知，[87]比如在格兰威尔的著述（Glanvill，I，

---

⑧ 他这边并没有任何要为其法庭开辟圣职推荐之诉管辖权途径的意图，因为在《克拉伦敦宪章》第一条中他已经明确地为自己的法庭主张了这类管辖权（Stubbs，*Select Charters*，p. 164）。斯蒂芬统治期间和亨利二世统治早期，有关圣职推荐权的纠纷一般都在教会法庭解决，于是尽管有亚历山大三世断然的拒绝，亨利二世还是作出并保持了他的这一主张。参见切尼（Cheney）：*From Becket to Langton*，pp. 7，109—110。

6)中，它位列令状第一。占有诉讼令其实只涉及相当有限的一类控诉：非法侵入土地；非法拒绝授予继承人以土地占有；教士(parson)权利之争及推荐新教士的权利之争。但这还远没有穷尽争执和诉讼的全部，比如它就没有决定更为本质的权利问题，而有的当事人则希望看到法院解决这一问题。占有诉讼令的运作被限制在严格的范围内，落在占有诉讼令之外的案件当然可以依据传统诉讼程式在地方法庭起诉，但如果国王愿意接受，它们也可以提交王室法庭审理。指令令状正是为这些案件颁发的！⑨ 实际上，指令令状属于传讯令状(writ of summons)，通过郡长发给被告，要求其在涉及扣留寡妇地产(dower)、疏于履行债务、对圣职推荐提出主张及土地所有等类似诉讼中出庭应诉。然而，被格兰威尔简称为"*breve de summonitione*"的这一传讯令状，一开始则直接命令被告向原告返还土地或偿债，否则，就需在王室法官面前出庭应诉。[88]传讯某人出庭的命令却以通知他满足原告的要求开始，这乍看起来多少显得有些古怪，因为人们一般认为在庭审和判决之后才会有这样的命令；此外，发给法庭要求开庭审案的委任令状却以一则补救命令开始，也实属反常规之举。指令令状这种异常的原由在于它的历史。起初它并不是作为王室法庭的传讯令状而被从无到有地(*ex nihilo*)设计出来，而是向被控侵权者发出的要求其对受害人作出补偿的行政命令。随着时间的推移，这种行政命令被司法化了，被控侵权者被赋予了在王室法庭出庭并陈述其实情

⑨ 对于直属封臣在王室法庭进行诉讼属于正常情况，但许多其他人也成功地将案件移送至此。

的机会。指令令状的这一特殊模式反映了这样一个发展阶段:在
51 成为普通的传讯令状后它没有被重新起草,但没有人会期待那前半部分的命令会被执行,因为它已完全沦为了化石。

指令令状的历史始于诺曼国王在听取原告控诉后,向各色被告发出的要求他们作为或不作为的各种强制性命令。这些令状可能涉及一整座庄园的所有权(见后),或是一部分捕鱼权的归属,[89]某些不驯服的封臣向其领主服役的义务,坎特伯雷基督教堂僧侣先于圣奥古斯丁教堂教众敲钟的权利[90]等等,不一而足,当然还包括对土地占有的回复。下面就是一些这种高度家长式的、实现正义方法的例子。亨利一世的一则令状强制命令阿尔莫德副主教(archdeacon Almod)将索布里奇庄园(manor of Sawbridge)原封不动地返还托尼修道院(abbey of Thorney)——前者可能是通过承租或是在修道院教职空缺时代表国王取得上述庄园的。[91]亨利一世统治前期,阿宾顿修道院院长法里提乌斯(abbot Faritius of Abingdon)从安斯基尔(Anskill)之子西考特的威廉(William of Seacourt)手中获得了牛津附近的兰福德磨坊(mill of Langford)。但1117年院长去世之后,实际上已经从上述磨坊交易中取得价金的威廉,却到国王面前诉称自己当时出让磨坊是出于某种压力(债务压力?)而非自己的本意,于是国王下令修道院将磨坊返还威廉。[92]第三个例子来源于斯蒂芬统治时期,1136年或1138年,国王致函雷纳德·德·马斯卡姆(Rainald de Muschamp)及其妹塞西莉(Cecily),责令他们将希瑟斯罗的土地(land of Heatherslaw)返还给达勒姆的僧侣(monks of Durham),因为他们的兄长在落发为僧时已将上述土地献给了教坛,而他们又是其兄长的继承

人。[93]这些命令一般都以如果得不到遵守王室法官或郡长将保证执行相威胁，我们就保存了许多依照国王命令作出补偿行为的记录。[94]

这里无须再次强调这种基于单方面控诉和单方证据而作出之行政指令的不合理性，这些直接救济的令状导致那些狂乱的被告们频繁地前来游说国王，以使之放弃刚刚作出的决定。再看前面提到的兰福德磨坊一案，我们被告知，很快，由威廉·德·伯克兰的小教堂教士沃尔特（Walter, the chaplain of William de Bockland）率领的僧侣代表团对国王进行了劝谏，使得后者在查清事实之后又下令磨坊必须再次易手。通过在神坛上放置一枝象征性的权标，前述威廉接受并确认了这一最终的返还命令。[95]我们听到过太多的救济命令被作出，"因为修道院院长这样或那样地说你对此土地不享有权利"。[96]同时，前手令状已经发出，后手完全相反之令状也将得到执行的规定亦并不缺乏。[97]这些不适当的措施和可笑的情势是在那个动荡的年代力图维持秩序而采取高压手段注定的 52
结局，我们无须解释造成这一切的背景所在。正如我们所看到的那样，指令令状的救济实质上是在王室行政干预之外披上了一层司法保障的外衣：既考虑到严肃的司法调查，又不失王室干预的真正优势。其实对侵害进行救济还有其他多种可能性，也曾试验过其他办法——尤其是通过地方陪审团进行调查，但最终在当时占据上风的做法是，给予被告陈述实情以证明作为令状受益方的原告作了虚假控诉的机会。其模式相当简单："我命令你返还土地，否则出庭说明你不这样做的理由。"尽管在地方法庭进行诉答的机会有时也有，[98]但最普通的做法还是在王室法庭进行诉讼。这其

中的逻辑是，国王自己应该看到被告针对他的命令提出了什么样的抗辩，并由自己就此作出判断。

亨利一世及斯蒂芬随后的令状明显依循了这一模式。1112—1121 年一则发给奥马勒的斯蒂芬(Stephen of Aumale)的令状确认，将霍恩西·米尔(Hornsea Mere)判归约克圣玛丽修道院院长(abbot of St. Mary's York)，并特地禁止杰弗里·德·斯皮内托(Geoffrey de Spineto)在那里行使捕鱼权。但王室令状又加了一句，“如果有人对上述财产提出主张，让他到我*面前进行诉答。”[99] 1101—1106 年亨利一世的另一则令状则反其道而行之，要求斯坦福德郡郡长尼古拉斯(Nicholas, the sheriff of Staffordshire)，如果他要针对伯顿的修道院院长扣留后者在埃姆斯的科通(Coton-in-the-Elms)的土地的话，就需在大斋节开庭期(春季开庭期)第一天到御前会议出庭；否则，如果他不想出庭，就不要去打扰上述修道院院长对上述土地的占有。[100] 在 1150—1154 年的一则依常规格式签发的令状中，斯蒂芬命令瓦伦尼的威廉伯爵(earl William of Warenne)保证坎特西尔(Catshill)的雷丁的僧侣们(monks of Reading)平静地保有土地，并交回他从那里取走的财物；如果他有什么请求，那么就请前往王室法庭面前，那里会为他主持公道。[101] 显然，“将在甲地的土地交还给乙，否则前来王室法庭进行诉答”的模式在以前就得到了发展，在亨利二世统治期间，它变成了普通法的一种通用格式。也正是在此期间，令状中起首的行政命令失去了意义，成为了过去遗留下来的一个无关宏旨的纯形式的

53 令失去了意义，成为了过去遗留下来的一个无关宏旨的纯形式的

---

* 指国王。——译者注

东西。[10] 我们不知道这一切发生在什么时候，它属于那种渐进的发展，而时间则很难确定。比如，有谁知道在不动产诉讼中，最终协议(final concords)究竟是什么时候不再作为当事人和解协议出现而变成了一种单纯的转让文书，而所涉诉讼成为一种纯粹的拟制诉讼的呢？但我们可以推断，总巡回审和占有诉讼令在1160年代和1170年代的成功，加上总体上的司法化倾向，共同起到了推动的作用。也可能大约同一时期，出现了某些技术上的改进，这反映在普通法令状的表述当中，即令状发给郡长，由郡长而不是原告(这一极具风险的任务从他们肩头移开对他们来说是一个不小的解放)召集被告出庭，以及郡长有义务携带令状(和传唤人)在王室法官面前出席听审。令状回呈与当时不断提高的机构官僚化进程及对令状的存档保管一道，都是非常实用的工具，它将案件听审委任令置于法官面前，并立即向法官展现了案件的实质事由。

在格兰威尔的著述中，我们发现九种指令令状。[102] 很快，后面

[10] 但这仍是一个在财政方面产生后果的遗留物，因为普通法要对在该民事诉讼中败诉的一方处以罚金，理由是他们没有遵守国王起初的行政命令。参见 Coke on Littleton，126*b*，a quotation from Coke's own report on Vaughan's case，39 & 40 Eliz.，5 Rep. 49*a*(*anno* 1597)，with reference to the Year Book of 22 Edward III, fol. 1 and A. Fitzherbert，*La Graunde Abridgement*(London，1577)，*v*° Amercement，16(fol. 36*v*) and 26(fols. 36*v*－37*r*)；也见 Beecher's case，8 Rep. 61 *b*(*anno* 1609)。我要对牛津大学麦顿学院的巴顿(J. Barton)博士深表谢意，他使我注意到了这一点，并热心地提供了一些参考资料。T. F. T. 普拉克内特简明地指出了令状诉讼的行政性质的起源，他写道："普通法是从御前会议发展出来的行政程序的产物……它围绕诉讼程序得以具体化、系统化……这些取代旧的法律程序的行政举措不断增加，直至最后才意识到自己的本质是真正的法律性质的。"参见 T. F. T. 普拉克内特(T. F. T. Plucknett："The Relations between Roman Law and English Common Law down to the sixteenth century"，*Univ. Toronto Law Journal*，3(1939—1940)，32。

就增加了契约诉讼令、账目诉讼令及非常重要的进占令状(writ of entry)。进占令状的创新在于,它不是含糊地指出原告的土地或债权受到了侵害,而是将引起所诉侵害发生的具体情势专门化、具体化了。因此,举例来说,基于侵夺土地占有的进占令状(writ of entry *sur disseisin*)就可以由甲针对乙提起,而乙是通过丙获得对土地的进占权的,而丙则未经判决且不正当地剥夺了甲的土地占有。[103]从这里我们可以看出,这一(或其他)进占令状是如何为原来
54 的新近侵占之诉提供补充的——因为后者针对的只是侵占者本人。尽管进占令这一名称(writ of entry *eo nomine*)是格兰威尔之后才出现的,其发展方向中的第一步却已经清楚地呈现在了其著述中。例如抵押令状(writ *ad terminum qui praeteriit*, writ of gage [CX,9])涉及的是债权人在债务人清偿债务之后,拒绝返还抵押土地的特定情形,此时债权人已经持有上述抵押土地超过了一定期限。[104]作为采用指令令状格式中适用范围最广的一类,进占令状极大地扩展了普通法法庭的管辖范围,并与侵权令状一起,使任何侵害都会得到救济成为可能。“如果有新的侵害发生,就会有新的令状被创制出来以应对情势。”[105]

前面我提到了指令令状和《大宪章》,M. T. 柯兰奇(M. T. Clanchy)一个极富启发性的说明使得下述发展历程显得貌似合理。毫无疑问,格兰威尔著述(Glanvill,I,6)中的返还土地指令令状(*praecipe quod reddat* for land)将本来不属于王室法庭的那些诉讼拉到了王室法庭,并使“一个自由民失去了其法庭的司法管辖权”。但如果土地是直接从国王处保有的,或土地的上级领主并不介意案件流向王室法庭,就不会有这种危险了。《大宪章》第三十

四条的适用意味着，只有争议地产属于直属保有*或其领主同意将诉讼转向王室法庭时，涉及土地的权利诉讼才可以在王室法庭启动。对于普通法令状来说，与封建法保持一致的《大宪章》第三十四条导致了格兰威尔著述(Glanvill，I，6)中指令令状的消失：当土地是直接从国王处保有时，它为直属指令令状(*praecipe in capite*)所取代；[106]当土地是从一个同意其案件转向王室法庭的普通封建领主处保有时，它为弃权指令令状(*praecipe quia dominus remisit curiam suam*)所取代。[107]其实，这两种令状都是格兰威尔著述(Glanvill I，6)中指令令状的简单翻版，只不过增加了新情势所要求的适当形式而已。而所有这一切仅适用于格兰威尔著述(Glanvill，I，6)中的指令令状，即有关土地权利诉讼的指令令状，其他适用于债务、契约、账目、返还扣留物等的指令令状，当然还有更为流行的进占令状(以指令令状开头，但包含了不通过侵占者就不可能获得占有〔*in quas non habet ingressum nisi*〕的表述)，都仍在继续使用，没有受到《大宪章》第三十四条的影响。[108]

关于13世纪的这些令状我不想再多赘述，但我很乐意推荐大家去参看霍尔(Hall)先生对《令状登录簿》所作的精深且综合性的评述，本书是他与德·哈丝小姐(Miss De Haas)共同编辑整理的，其编辑水平令人钦佩。但我曾提到过侵权令状，这使我禁不住要对它作一个简短的关注，不仅因为它与指令令状、占有诉讼令状一 55
道构成了在王室法庭启动诉讼的三大类回呈令状，还因为其“说明理由”(*ostensurus quare*)的传讯格式是指令令状发展的必然结

* held *in capite*，即直接从国王而不是其各级下属处保有。——译者注

果。在这种“说明理由”格式中（侵权令状〔writ of trespass〕是其最重要的例子），令状要求被告在王室法旅说明他为某种违法行为或疏于作出某种合法行为的理由（这与指令令状完全一致），但却缺少了构成指令令状特色的那种位于开头的纯粹拟制的行政命令：至此，形式与功用最终完全合一了。经过说明理由的格式，从纯粹的行政救济命令到纯粹的司法传讯令状的发展得以正式完成。

司法化的进程并非铁律（iron law），以至于所有的行政令状都无法逃脱司法化的命运。农奴令状（writ of naifty，*de nativis*）就是这其中的一个例外。“naifty”为古英语，意为农奴，该令状拉丁文形式为“*de nativis*”，原意为“natives”，即那些天生为奴者，也即英格兰本地人（Anglici），因为农业人口群体是英格兰而非诺曼血统。作为一个大地产所有者，如果其农奴逃散了，他本人就不会有太多作用。因此，早期的一些王室令状遂无条件命令，从主人处逃脱的农奴应被拘捕并带回到他们原来所属的庄园。农奴令状采取了一般的警察式表述：“我命令我的管家尤多（Eudo）管理德里曼（Dereman）的庄园，所有在德里曼去世后离开庄园的人应携带其财产返回庄园。”[109]或者是：“国王致郡长问候。请保证某某修道院的逃奴携带其财产返回修道院，特别是现待在某某领主土地上的那个农奴”；[110]或者是“国王致地方司法官、埃塞克斯郡郡长问候。我命令，鉴于温彻斯特主教（bishop of Winchester）的逃奴乌尔温·马德及其财产被扣留，请保证主教对其享有权利。”[111]亨利二世统治早期的许多令状，都要求王室法官、郡长、执达官返还土地所有者们的“农奴、逃奴及其财产”，后者是自亨利一世驾崩后

(换言之,即斯蒂芬那不堪提及的统治开始时起)逃跑的。[112]这时,王室命令不是止步于它那道内在的行政边界,而是超越郡长和地方法旅固有管辖权的特点就显得非常有用,因为正如我们可以想象得到的,一个逃亡的农奴会在他自己(可能的话还有他的新主人)和他曾经(或他本应该)附属的土地之间制造一道鸿沟。这些拘捕和返还农奴的初始命令必定会陷入我们所熟悉的那种困境: 56
如果受害人宣称自己根本就不是农奴该怎么办?或者他的新主人宣称其权属变更是通过正常途径完成的又该怎么办?我们可以想象又一次令状之间的小规模冲突,又是后来者的抗议导致了与初始令状截然相反的新令状。

作为令状司法化进程的结果,我们觉得,随着时间的推移,农奴令状应该被司法化为一种启动身份诉讼的令状。这种争讼可能发生在被称为农奴的人和他的主人之间,也可能发生在争执同一农奴的不同领主之间。但由于某种不甚明确的原因,这一切却没有发生。可能是因为作为一个阶层,农奴不可能像地产保有人那样抵制王室的行政命令,也可能是因为抓捕农奴事出紧急,或者发现很难将不同主人相互冲突的主张和逃奴对自由身份的主张都包括在一则起始令状中。当令状司法化的大潮过去之后,农奴令状丝毫未损地得以保留下来,并采取如下格式:强令郡长"公正且毫不迟延地使甲恢复对其逃奴乙及其财产和全部家室享有权利,无论是在你辖区内的任何地方(除非是在王室自领地)找到后者的,乙是自国王加冕后出逃的;任何非法扣留该逃奴者都会被处没收财产"。[113]但如果乙(比如是一个与我们刚才提到的乌尔温·马德同名的倒霉蛋的话)认为自己是自由人,从而反抗令状执行的话该怎么办？[114]答案是乙可以向国王诉称有人企图使自己降格为农奴，并获取自由身份调查令状（writ *de libertate probanda*）以在王室法官面前开始关于其身份问题的诉讼。[115]换言之，这里令状之间的冲突已经成了普通法的既定程序。

王室意志及其高压统治是历史上普通法诉讼的主要动力源泉，这也解释了后来其民事诉讼为什么也带有明显警察色彩的原因所在：王室法官所至，不仅是刑事诉讼中会处以大量罚金，而且民众还会被频繁地要求前来说明他们为什么为某种行为或拒绝为某种行为，并经常因各种各样的违法事由而被处罚。有人被处罚是因为他们力图避开普通法法旅（及回避出任陪审员），另一些人则因为企图获得在普通法法旅起诉的权利（力图获得自由民的专用令状），被告甚至可能因在指令令状开始的诉讼中败诉而被处罚。[116]用梅特兰的话来说，如果人们可以预知每年至少要被惩罚一次，[117]就像每年冬天我们都会至少遭受一次重感冒一样，那么这些无休止的王室处罚一定就是对民众的一大侵扰，尽管随着时间的推移其灾难性也在降低，而且一个人的社会身份是不可能被触动
57 的，再者处罚也要满足违法行为的要件，还要经过陪审团的裁定。[118]同时，如果我们没有忘记诺曼统治根植于军事强占的事实，那么民众对上述处罚忍气吞声也就不会令我们感到惊讶了。

亨利二世时期，由法院、格式诉讼和事实查证（recognition）一起，构成了作为普通法基础的复杂体系。但这并不为英格兰所特有，它同样生机勃勃地运行于诺曼底公国。在海峡两岸存在着一些基本的相似性，这些都来源于两地共处于一个伟大的政治和制度的母体之中，处于一个共同的统治者和统治阶层下的事实。当

然，它们在时间、术语和令状程序的各种次要方面存在差别，这对于保留了各自独立政治存在的两个国家来说也在预料之中。英格兰与诺曼底并没有变为一个国家，诺曼底一直保持了自己公国（公爵领地）的地位，从来没有成为英格兰王国的一个部分，并保留了一种很强的地方主义和地方自豪感。因此，如果对于英格兰王国境内令状制度的研究会得出某种结论的话，我们依然可以期待从对诺曼的同类研究中会得出其他什么东西。前面我已经引用过一个关于新近侵占诉讼令用语的例子，在那里，诺曼的情况给了我们有用的提示。现在我们再来看看从对低地国家（Lower Seine）的研究中可以获得什么更多的东西。这项工作任务一点儿也不艰巨，我们要感谢历史学家布伦纳（Brunner）、哈斯金斯（Haskins）、贝斯尼尔（Besnier）及伊韦尔（Yver）所作的研究工作。基本的事实是，亨利二世统治时期，一种新的制度得以在诺曼底建立。这一制度以起始令状、事实查证及统一的法院为基础，同英格兰类似，并大约在同一时期开始发展。这些情况在早期那些具有相当价值的法律文献中得以记述，这一点与英格兰也完全类似：《（诺曼）古习惯汇编》（*Très Ancien Coutumier*，以下简称为 *T.A.C.*）的第一部分比格兰威尔的著述晚了 15 年。当更为仔细地考察某些诺曼令状时，我们会发现它们在数量和变化的多样性方面都逊于格兰威尔所描述的那些令状。比如新近侵占诉讼令（在诺曼底称"*requenoissant*〔or recognition〕*de nouvelle dissaisine*"）在诺曼底只适用于一个非常短的时效期间，即自上一次收获以来这段时间。换句话说，只要原告没有错过两次收获季节，他就可以提起新 58
近侵占之诉：收获是占有最明显的表征。

几乎不可能确定诺曼新近侵占诉讼令出现的准确时间，以及与它的英国同伴相比孰老孰幼，[119]但 1180 年以前它肯定已经确立了，当时财政署的登录册（Exchequer Rolls）中到处可见它的影子。在《（诺曼）古习惯汇编》（*T. A. C.*，LXXIII，2）的第二部分（*c*，1220）中我们发现，新近侵占诉讼令的用语采用了古老的指令令状的格式，在《诺曼法律概要》（*Summa de Legibus*）中它是唯一采用了古老的指令令状格式的令状（XCIII，1）。收回继承地诉讼令在诺曼底被称为"*bref de saisine d'ancesseur*"，在这里它有了一些有趣的演变。有明显证据表明，诺曼底存在两种收回继承地占有的诉讼：一种（可能更为古老）供直系卑亲属对其父亲的土地提出主张，称为收回先父占有地诉讼（action *de saisina patris* 或 *de saisina orphani patris*）；[120]另一种（可能更新）适用于直系卑亲属之外的继承人收回父亲之外的其他被继承人生前占有的土地，被称为收回远亲占有地诉讼（the *bref de saisine d'ancesseur*）。在《（诺曼）古习惯汇编》（*T. A. C.*，LXXIV，2，3）中，二者都采用了指令令状的形式，一旦有人提出何为近亲属的问题，将会有一个单独的附带调查来解决，这是它与同类英国诉讼的另一区别。同时，这两种诉讼的时效期限都很短，只能追溯到上一个八月。在 13 世纪中期的《诺曼法律概要》（*Summa de legibus Normannie*，XCVIII，1）中，相关诉讼令的用语已经变成了传讯令状（不再有指令的用语），相应的诉讼时效也已消失，这一诉讼被明确地与新近侵占之诉同等对待。

关于圣职推荐之诉（action *de presentatione ad ecclesiam*）的情况，我们知之甚少。在《（诺曼）古习惯汇编》（*T. A. C.*，

LXXII，2)中，这一诺曼令状看起来是一种纯粹的司法传讯令状。早至1159年，我们在公爵领地法旅发现一起在陪审团面前进行的关于推荐科滕丁教堂(church in Cotentin)圣职的诉讼，[121] 1164年以前的另一桩有关沙普教堂(church of Sap)的案件则涉及了圣职推荐和地产属僧属俗(a question of *praesentatio ecclesiae* and of *utrum pertinet ad feodum laicum*)的问题。在《(诺曼)古习惯汇编》(*T.A.C.*，LXXVII，1，2)和《诺曼法律概要》(CXV，1)中，那一纯粹的地产性质诉讼令(在诺曼底被称为 *de feodo et elemosina*)完全采用了标准的司法性质的表述，可以由俗界人士和教士相互提起针对对方的诉讼。农奴令状和格兰威尔著述(Glanvill，I，6)中提到的返还土地占有的指令令状(*praecipe quod reddat* of Glanvill，I，6)，都不为诺曼底所知。有一些令状在公爵领

地法旅开始诉讼，但它们又是纯粹司法性的传讯令状，如侵占继承 59
地救济令状(writ *de difforciante hereditatem*，*T. A. C.*，LXXV，4)，也被称作"*bref d'etablie*"，等同于格兰威尔著述(Glanvill，II，15)中描述的令状。它允许权利诉讼中的被告在公爵领地法旅选择陪审团来取代司法决斗以查证案件事实。类似令状还有关于封地及其担保的令状(writs *de feodo et vadio*，*T.A.C.*，LXXVI，1)和侵占寡妇地产救济令(*de dote negata*，*Summa*，CI，12)及其他一些令状。前文所述英格兰的"无王室令状则无须出旅应诉"的原则也不为诺曼底所知，只因为诺曼法中不存在类似于格兰威尔著述(Glanvill，XII，3)中描述的权利令状：在公爵领地法旅实现地产权利问题的令状(writ *rectum faciendi in curia ducis*，*T.A.C.* XXX)与之颇有不同，它是命令拒绝对其

附庸实现正义的领主在公爵领地法旅保证该附庸实现其权利。13世纪晚期，我所刚刚谈及的这一诺曼令状诉答的复杂制度，渐渐让位于法国的法律观念和诉讼模式，而后者则是建立在罗马法及罗马教会的诉讼程序基础上的。[122]特别值得注意的是，在盎格鲁－诺曼令状制度在诺曼底日渐式微的情况下，它却从英格兰传到了苏格兰。然而在14世纪苏格兰逐渐背离英国法而转向欧洲大陆法之时，盎格鲁－诺曼法就仅存于英格兰一地了，从而使英格兰王国成为了西方法律世界中的一座孤岛。

众所周知，司法的统一化并非英格兰和诺曼的排他性特权，诞生亚历山大三世（Alexander III）和英诺森三世（Innocent III）的那一个世纪，见证了教純会议（papal curia）作为教会法及教会法院之中心的兴起，以及随之而来的教皇被卷入诉讼海洋的事实。[123]在这篇长文的结尾，我本不想再进入这一复杂的主题，但教皇谕令（papal rescript）的作用显示了它与王室令状如此多的相似性，以至于我感觉有必要在此对它们作出描述。另外，更多可能还是因为我们可以（片段性地）参考拉·杜伊博士（Dr. La Due）就这二者的比较所作的开创性研究。[124]12世纪时，教皇们在其所时常介入的纷争中支持那些对地方政府机构已几乎不抱什么希望的诉请人（petitioner）。尤其是1140年代以后，以上诉或初审方式提交到教皇面前的诉请迅速增长，其目的都是为了获得教皇的谕令。一些谕令指示教皇委任法官在案件发生地对案件展开调查并作出判决，另外一些案件则经常仅依原告提供的材料就在罗马被裁决。这种帮助原告实现其权利的教皇谕令马上又会转入他们对手的手中，因为后者可能携带案件的争讼点和礼物立刻起程前往罗马，以

获取完全相反的教皇谕令。我们已经遇到过这种混乱，[125]基于单 60
方陈述而签发教皇谕令最终导致了司法职位在罗马的兴起，其职责是在谕令呈递之前听取双方的陈述并对双方的争论点进行仔细考察。当然我指的是听取两造陈述（*audientia litterarum contradictarum*）的做法，它在英诺森三世时的教皇文秘署中得以成型，并由当时作为文秘署官员和教純会议法官之一的听审法官（*auditor litteraram contradictarum*）负责主持。在此，教皇谕令要在双方当事人或其代诉人（procurator）面前宣读，对于事实和法律的争锋也在此作出。有关该机构现存最早的诉讼程式（包括教皇谕令）可以追溯到1120年代及1130年代，大约也就是英格兰第一份《令状登录簿》出现的年代。[126]这一切对于一个盎格鲁－诺曼令状的学徒来说非常熟悉，但对教皇谕令的运用却从未发展出一种基于诉讼格式的法律制度。它们没有变成启动某些诉讼的格式化文件，那些委任谕令甚至没有对诉讼所采取的形式和步骤进行描述。这其中的原因较多。首先，12世纪以来，教会法院所采用的罗马－教会法程序选择了一条相当不同的发展道路，它不是罗马古老的程式诉讼或盎格鲁－诺曼的格式诉讼，而是一种程序科学，包含了适用于各类案件和所有实体法的一般概念和规则。其次，教皇声称拥有万能的权力（*plenitudo potestatis*），相反英格兰国王却从未签发过能与教皇敕令（*Dictatus papae*）相比肩的国王敕令（*Dictatus Regis*），他不得不尊重地方法庭的权利，他只能在特定狭窄的范围内扩展其直接的司法管辖权。严格地说，巡回陪审诉讼令（assize）将地产的最终权利归属问题留给了传统的法庭，指令令状也不能被用来剥夺领主法庭的管辖权。要将所有涉及教会的

争议笼括在几种诉讼程式提交教皇法旅解决的做法，因规模问题而在实践上不具有可操作性。13世纪，通过引进法旅制度（officialities）和发展上诉程序，教会建立了一套统一控制的新式法院网络体系，适用教会法并遵循罗马－教会法的诉讼程序，这使得12世纪委任法官的重要性大大下降。

同时，英国的令状制度在亨利·金雀花（Henry Plantagenet）
61 时期奠定的坚实基础上稳步发展。当然，正如斯腾顿夫人所指出的那样，“是亨利二世通过自己的才能，运用他的回呈令状及他精心建立的中央法官群体，连同他那伟大的首席政法官拉努尔夫·德·格兰威尔一道，共同启动了创制英国普通法的永不停歇的历史车轮。”[127]这一制度的成功是辉煌的，原告们的热情也是显而易见的。这一切都来源于专业王室法官的品质，只要对比格兰威尔的著述所表现出来的那种知识水平和技术标准（只是受到罗马法复兴的轻微影响），以及12世纪初所进行的那些无助的法律文献的编纂，这一切便都一目了然了。这些成就的取得还在于这种制度的内在一贯性，它将所有的自由民都置于同一王室恩惠的沐浴之下，格兰威尔对此作了清晰的阐述。另外，王室司法保障的高效也是早期普通法取得成功的原因之一。毫无疑问，这种初生的普通法之所以能够为大众所广泛接受，还在于作为其诉讼程序核心的陪审制度，这将把我们引向对于证据制度史的研究，下一章我们将关注这些内容。

第三章　王室法庭的陪审制 62

“我命令你们组织陪审查证”

(“Praecipio ut recognosci faias”)

神明裁判、共誓涤罪(compurgation)和陪审团是12世纪证据法的核心要素，一些翻阅过早期某些关于证据的著述——如W.尼尔森(W. Nelson)或杰弗里·吉尔伯特爵士(Sir Geoffrey Gilbert)，或更近一些由S.M.菲利普斯(S.M. Phillips)、詹姆斯·斯蒂芬爵士(Sir James Stephen)或J.泰耶(J. Thayer)完成的著作[1]——的读者可能会想象，描述证据问题的章节一定是充满了专业术语，即使是最勤奋的学生也会被吓得逃离这些“法律著述的贫瘠领地”。其实并不必然如此，相反，我们可以在证据制度的发展史中清晰地探索大众文化和法律观念之间的互动。这是一片属于法律史的领地，但同时也属于心理学的历史范畴。它显示了法律在特定文明大背景下所处的真实位置：法律并不是一门边缘的、只有专家才能产生兴趣的艰深的技艺，它还是任何特定时代文化的一部分，并且是其中最为重要的组成因素之一。举证方式的历史当然会表明法律思维和司法组织的状况，但它也会向我们阐释普通民众面对超自然事物时的态度和心性

(mentality),以及他们心理的其他方面——当然这是那些遥远年代一块极其珍贵的宝藏,但有关这些年代的资料是很难遇到的。我们知道很多文明都从神明裁判过渡到了理性的举证方式,但却没有哪个地方能像 12、13 世纪的欧洲那样为这一转型保留了完备的文献资料。这一领域文献资料的相对丰富也印证了这一主题的重要性。举证问题在任何时候、任何地点显然都是非常关键的,因为如果没有足够的证据,最有把握的案件也会败诉。但不幸的是,它又经常给我们的头脑带来困惑。因为人们的知识是如此地不完备,记忆是如此地不可靠,许多证人又是如此地不善表达或其表达又是如此地矛盾,以至于法庭即使有最先进的科技手段支持,也难免不知所措或者是犯下严重错误。

举证问题之所以特别重要,是因为普通法的成型和发展是围绕一种特别的举证方式——陪审制而开展的,并且陪审制为民众所带来的便利和好处,大大地扩展了普通法的适用范围。
63 在 12 世纪普通法形成的年代里采取了决定其后来命运的措施,由骑士或普通自由民组成地方陪审团在王室法官面前作出裁断成为了刑事与民事审判的核心,并得以维持许多世纪——在刑事方面则持续至今。中央王室法庭采用陪审制作为一般查证方式的事实,更提高了这些法庭的受欢迎程度,因为当时弥漫着一种对单方宣誓、神裁及决斗这些更为原始的司法手段的不满情绪。王室法庭的成功是与陪审制的胜利,以及神裁、宣誓、决斗的衰落甚至是部分消失并肩发生的,它意味着一种理性的查证方式对于那些古老的、非理性的、诉诸上帝或其他神秘自然力量的方式的胜利。

这一变化并不仅限于英格兰，它只是一场遍及西方世界各个角落的运动和西方社会基本观念变革的一部分，当然这场运动和变革在不同地方并不是以同样的方式同时展开的。法律史学者和文化人类学家很久以前就发现，对于证据问题存在两种不同的态度。在第一种较为原始和古老的制度下，人类的探索、批判性的审视以及逻辑推理扮演了非常不起眼的角色，为了弄明白罪与非罪、对与错，法庭更愿意求助于水、火、神灵等自然因素，我们可以称之为非理性的进路。"primitive"（原始）一词现已失宠，尽管它在莱维－布吕尔（Levy-Bruhl）*[1]著名的《原始社会的心理作用》（*La Mentalite Drimitive*）那里获得了神圣的光环，但正如我们所知道的那样，术语也是通过时尚得到传播的。这种非理性的、"泛神论式"的进路期望并看起来获得的是来自上天的征兆，这些征兆有时需要得到教士的权威解释，从而为法庭所接受。我们在当今的原始群落中发现了以不同形态体现出来的上述非理性进路，它同样存在于最发达文明的早期阶段，比如在早期罗马史中就发现了神明裁判的痕迹。另一种被我们称为理性进路的方式则将上述负担直接放在了人类心智的肩上，并迫使法院通过人类智识所能运用的各种探求和推理的方式来揭开谜底，如询问证人、直接的观察、间接的检举、对文字材料进

* 莱维－布吕尔（Levy-Bruhl，1857—1939），法国哲学家，他对原始氏族心理状态的研究为人类学提供了一种新方法，以理解社会思想及原始宗教与神话中的非理性因素。摘自《不列颠百科全书》。——译者注

行审查、当事人的悔过，从各种表象、痕迹和验尸结果进行推理，等等。[2]在欧洲，这两种不同的进路相继占据统治地位，12 世纪是
64 其分界线。在此之前，在古代中世纪的早期，非理性的举证方式广为流传，并为教俗两界的上层权威所支持——查理大帝就绝对禁止对神明裁判提出任何质疑。12 世纪以后，非理性举证开始衰落，并最终消失。尽管第一阶段也曾存在过某些理性的证据形式（如特许状、书面证据[instrumental witnesses]和王室的宣誓调查），古老的非理性证据形式的遗迹（如教会法旅的共誓涤罪[*purgation canonica*]和曾流行于骑士阶层封建法旅的、神圣的司法决斗）也延续到了第二阶段，但它们二者之间的区别依然泾渭分明。[3]

当我们转向英格兰就会发现，12 世纪以前古老的证据形式是法旅活动中重要却又极常规的一面。比如冷水审（ordeal of cold water），通常是不得不证明自己清白的被告人会被要求经受这一考验，他被投入水中并被仔细观察：如果他沉入水中——这意味着他为清澈的水所接受，他就是清白无罪的。这一审判可能会在某个神明裁判基地（ordeal-pit）进行，我们会在那些古老的特许状中偶然碰到这类基地，因为它们是教会的收入来源之一，并与教会财产的其他部分相提并论。我们还在 1166 年的卷筒卷宗中发现了它的踪迹，当时地方上的教士对它连同规定冷水审的《克拉伦敦法》进行了颂扬：依照第一章（第 21 页）我们提到过的王室巡回法官杰弗里·德·曼德维尔和理查德·德·卢西的命令，两名教士因为主持圣爱德蒙贝里附近的神明裁判基地而获

得了10先令的报酬。① 依照《克拉伦敦法》的规定，被陪审团提出指控的人都要经受神明裁判，我们发现，未在神裁中过关（“*qui perierunt in judicio aque*”），并由此因其重罪而被肢解的人被详细罗列了出来。正如我们在小型图画上所看到的那样，冷水神裁还可以在一座跨越小河的桥上进行。这肯定是一场给人留下深刻印象的仪式，同时伴之以教士的布道、弥撒和赞美诗颂唱。毫无疑问，这构成了当时乡村生活的重大事件，当时并没有今天这么丰富 65
的娱乐和消遣，我们可以想象前往参观神明裁判将会是怎样一个宏大的场面。另一种神裁是烙铁审，作为判决依据，嫌疑人要迅捷地操起一块烧红的烙铁，随后将受伤的手包扎好并盖上印。如果日后伤口处看起来清洁光滑，或已愈合，或正在愈合，那么这又是无罪的象征。这一神裁在英格兰的民事和刑事诉讼中得到了广泛应用。

在非理性的证据制度当中，司法决斗占据了一个特殊的位置。就我们所知，它并没有在盎格鲁-撒克逊时期被使用过，而是由诺曼人引入的，后者像欧洲大陆各地的骑士一样热爱决斗。征服者明确表示，英格兰当事人之间不被强制实行决斗，[4] 两个民族被允许保留各自的习俗。诺曼的决斗就这样与英格兰的举证方式（当然还有其他种类的非理性的诺曼举证方式）同时并存，直到陪审这

① Pipe Roll 12 Henry II, p. 18：“Et duobus presbyteris pro benedictione fossarum apud Sanctum Aedmundum 10 s. per breve comitis Gaufridi et Ricardi de Luci”。这是由诺福克郡（Norfolk）和萨福克郡（Suffolk）郡长提供的账目，如果我们知道当时一名劳动者一天的收入只是一个便士，22个先令就可以买到一个农奴和他的整个家族，我们就会感觉到10先令已经是一笔不小的数目了。（参见 Poole, *Obligations of Society*, p. 14）

种新的制度取代了两地旧的证据制度，并为所有法旅提供了一种共同的证据法。诺曼征服之前决斗在英格兰的缺席是一件令人费解的事情，考虑到这一时期（至少是盎格鲁－撒克逊后来的几个世纪）历史文献的相对丰富，在没有反证的情况下（*ex silentio*）我们似乎有理由争辩说，决斗裁判事实上根本就不为古英格兰王国所知——至少在那些文献材料丰富的时代是这样，当然我们并不能确信盎格鲁人和撒克逊人离开其大陆老家在不列颠弃舟登岸时的法律制度也是这样。令人惊异的是，正是在中世纪的早期，司法决斗这一野蛮的制度才被踏遍整个西罗马帝国的日耳曼人引入并传遍了整个欧洲大陆。法兰克被证明早在6世纪就采用了决斗，[5]加洛林王朝的法律（capitularies）强制推行这一制度，而且它也只有在12、13世纪时才开始衰落。在这里我们看到了历史上那些基于比较而得出结论的局限性。基于某些对比的依据我们就可能得出结论说，当时盎格鲁－撒克逊的法旅如同欧洲其他地方一样，一定也适用了司法决斗，因为来自大陆的入侵者将决斗引入了古罗马的领地，也因为在那个“黑暗世纪”全欧洲文化发展的总体相似性，
66 还因为其他举证方式之间的巨大相似性，以及文化人类学家已经表明决斗在人类社会的早期阶段相当普遍的事实。毕竟，决斗不过是就财产或某些被控罪行而发生争议的人之间手持木棍和盾牌所进行的简单司法化了的比划而已。

决斗在盎格鲁－撒克逊社会的这种缺席该如何解释？我可以推测，盎格鲁－撒克逊人在其尚处于更为野蛮的阶段时很可能了解决斗，但他们后来更高层次的文明消除了这一陋习。[6]英格兰王国及其法旅具备相当良好的组织，在外观上，它不像封建的欧洲那

样具有军事性(尽管斯坦福桥[Stamford]一役也证实了其军事作用),性格上也不那么暴力。国王的和平在盎格鲁-撒克逊国家是一面坚实的盾牌。尽管教士们在决斗中也扮演一定的角色,但仍有可能的是教会的行动导致了决斗的消失。[7]诺曼人来到英格兰之后,决斗便广为传播开来。它极具危险性,并且除圣人和先知外其结果是不可预知的。达勒姆的雷吉纳德(Reginald of Durham)讲述了这样一个故事:一名受指控而准备在王室法官面前进行决斗的被告人,焦急地要求修士向戈德里克的隐士芬切利(Godric of Finchale)询问决斗可能的结果,因为一旦战败,他的生命和财产都将付之东流。这位圣人安慰他并预言双方终将和解,后来的事实证实了这一预言。[8]

共誓涤罪是另一种神明裁判制度,并在很长时间里一直都是最主要的举证方式。依此,一方通过自己的宣誓来证明自己权利的正当性或自己无罪,并要得到一批助誓者(oath-helpers)的支持以增加其宣誓的份量。助誓者并非证人,并不就事实进行陈述或对他们的所见作出解释,而只是坚定地站在一边。其宣誓也是决断性的,仅仅对其邻人、亲人或朋友的权利的合法性或是品格的正直性作出肯认。可以想见,一个罪犯在其生活的社区几乎不可能找到6个或12个助誓者在众目睽睽之下宣誓说他是清白的,因为社区很小,人们彼此都很了解。况且,作假誓者将立刻因其罪恶而遭惩罚的故事也在当时广为流传。

这些原始的证据制度的价值在哪里?它们能够自足吗?如果不能,为什么又会持续如此之久?这其中最基本的条件是在他们中间广为传布的一种信念,心理上的障碍将阻止罪犯及其支持者 67

尝试神明裁判或共誓涤罪，即使他们冒此风险也会为其心理活动的外在表现所暴露。哪怕是在最后一刻，当神父以上帝震怒相威胁及圣物被带进来之时，一颗戴罪的良心及由此产生的恐惧将会击垮他们自己。即使是大恶棍狡猾者雷纳德(Reynard the Fox)对此也举棋不定，当他所依凭宣誓无罪的圣物被带进来时，立刻失去了勇气，改变主意撒腿飞奔而去。[9] 通常很难知道人们真正相信什么，中世纪的教士们则是第一批从他们所教导、传播的宗教望德*和敬畏(hopes and fears)中获益的人。但地狱对于各行各业的人来说已是足够真实，于是我们发现伊利的修道院院长及其修士拒绝接受一名邪恶骑士的寡妇提供给他们的金钱，因为这位院长在幻觉中看到那位骑士的灵魂被打入地狱，他和他的修士们便吓得不敢去碰一个遭地狱之灾者的金钱——他们一定非常清楚他们作为宗教象征的事实。②

理性推理并不是人类唯一的能力，却显然是人类高度发展(有人会说是过度发展)了的一种能力，但人类还有其他能力，这在初民时代体现得很明显。在前逻辑的时代，人们经常运用理性调查之外的方法来揭示真理。这些方法更为直觉，更类似于心理感应及其他我们现在称之为超心理(parapsychological)的现象。因

---

* 望德为基督教所宣扬的四德之一。——译者注

② 参见 E. O. Blake, *Liber Eliensis*, Camden Third Series, 92 (London, 1962), nr 119, pp. 202—203。瓦伦的威廉伯爵(Earl William of Warenne)在围攻佩文西(Pevensey)时受伤并于1080年死于刘易斯(Lewes)。在那一晚，伊利(Ely)修道院院长听到了伯爵呼救的声音，其时后者的灵魂被打入了地狱。当伯爵的寡妇拿100先令请院长为其亡夫的灵魂超渡时，院长吓得不敢接受，因为他们觉得“拥有一个被打入地狱者的钱财是危险的”。

此，在一定意义上，在特定的社会发展阶段，非理性的审判方式就足够了。我们几乎不了解这些早期做法的统计资料，因为它们正好兴盛于书面材料缺失或非常稀有的时代。我们所拥有的是一些规范性的文本，或规定，或取消，或指示神明裁判如何进行；而记录法旅诉讼的文献则鲜有流传至今者，因为法旅卷宗出现之时正是神明裁判消失之日。所幸的是尚有例外，当神明裁判依然通行之时，卷筒卷宗已经在得到很好的保存。正如我们所看到的那样，其中包括了很多被送往进行神裁且未顺利过关者的名单。很自然地，其中并没有提到那些成功通过冷水审（*examen frigidae aquae*）的人，因为此处没有王室收入可供记录。要想获得关于某
地神裁总数及成功与失败比例的统计材料，我们必须转向另外一 68
处更引人注目的文献。这是安德鲁二世（King Andrew II，1205—1235）时期由匈牙利瑙杰瓦拉德教堂（Hungarian basilica of Nagyvarad，即今天罗马尼亚的奥拉迪亚〔Oradea in Rumania〕）一名教士保存的司法登记簿。匈牙利法旅的习惯是将经受烙铁审的人送往瑙杰瓦拉德，或埃斯泰尔戈姆（Esztergom）、阿拉德（Arad）、布达（Buda）、埃格尔（Eger）及考洛乔（Kalocsa），在这些地方由其他教堂实施这种考验。除了许多关于司法实践具体安排方面的附带信息外，这一《瓦底昂斯登录册》（*Registrum Vardiense*）还包括了一些罕见的数字上的细节。[10] 1208—1235 年间我们发现了 389 例登录的案件，其中包含有犯罪嫌疑人的姓名、犯罪细节及法官的姓名。案件的数目每年都有不小的变化，从 1208 年和 1235 年的 4 件和 7 件，到 1219 年和 1213 年的 60 件和 63 件不等。案件涉及刑事和民事，很多是对投毒和盗窃的指控。在这 389 件案

件中（更准确说是 308 件，因为有相当一部分模糊不清或记录不完整）：裁断无罪 130 件，罪名成立 78 件，当事人和解 75 件，撤诉 25 件。[11]

教士在神明裁判的执行甚至是在司法决斗中都扮演了相当重要的角色，决斗的武器需要经过教士的祝福，他还要向上帝企求宽恕。[12]许多有关神裁的礼书（*ordines*）都流传至今，在英格兰最早可追溯至 9 世纪，其中一些是用当地方言写成的。它们通常冠以如下称谓：*Exorcismus aquae ad judicium Dei demonstrandum*，*Adiuratio ferri vel aquae ferventis*，*Benedictio quando judicium exituri sunt homines*，*Benedictio ferri ab episcopo danda*，或 *Ordo judicii quo rei aut innoxii probantur ferro candenti*。[13]许多欧洲大陆的仪式也流传了下来，并与英国的仪式之间通常存在一种字面上的相应性。这些神裁文献包含了对于《圣经》典故的恰当引用，比如从尼布甲尼撒（Nebuchadnezzar）* 的大火中拯救三个男童的故事。[14]教会将蛮族人引入的神明裁判神圣化了，正如它将那些自己实际上并不赞同却发现无法根绝的蛮族习惯、节庆和古代朝圣之地予以神圣化一样。

神明证据制度在 12 世纪招致了来自欧洲许多国家和地区的批评和毁灭性打击，潜在的原因可能是对于其实效和正当性所产生的广泛的信任危机。同样是基督教会保佑和执行了数世纪之久
69 的同一神明裁判，现在则被神学家们揭批为极端邪恶的做法。他

* 古巴比伦王国的国王尼布甲尼撒二世曾于公元前 586 年攻占并焚毁了耶路撒冷。——译者注

们说，要求不断显灵实际上是在试探上帝，即使是为了拯救无辜的嫌疑犯。他们猛烈抨击这些魔鬼的诱惑（*tentamenta diabolica*），决定应该由教会将之予以根除。他们还引用了圣奥古斯丁的话："如果可以通过人类的理性识别真相，就不应诉诸神明裁判"，以及《圣经》中的句子，"你们不可欺瞒或试探主上帝"。[15] 以前曾为神明裁判写下华美篇章的学者和教士，现在则转而嘲讽它。12 世纪晚期巴黎学派（Parisian schools）的知名人士唱圣诗者彼得（Peter the Chanter）在神明裁判中发现的只是欺骗和诡计：他所知道的一个人，在经受冷水审考验之前通过耐心地练习学会控制呼吸，以求顺利通过神裁。至于烙铁审，很显然"无辜是与胼胝紧密联系在一起的"。[16] 教会法学家们在整个 12 世纪都处于踌躇和彷徨之中，直到第四次拉特兰公会（the Fourth Lateran Council）给出一个明确、权威的结论。而罗马法学家则几乎没有提到过这些旧的证据制度，他们对于蛮族人的这些制度抱一种冷漠和平静的鄙视，《国法大全》（*Corpus Juris Civilis*）中也从未记载这些制度。[17] 国王及其他统治者也反对这些制度，因为在国王已开始实施对犯罪的国家公诉之时（此前是私人对犯罪提出指控），它们却可以使罪犯逍遥法外。伊德梅尔（Eadmer）告诉我们，1100 年之前不久，还在红脸威廉（William Rufus）统治之时，50 个人被指控违反森林法而被送去经受烙铁审，结果全部安然过关而不得不无罪释放。很难推测这一令人惊讶的集体成功的背后究竟隐藏着什么人或什么事，但烙铁审在很大程度上取决于教士，当涉及森林犯罪时，他们可能会倾向于不太严厉（12 世纪有著述者将被公认为罪犯者却成功通过神裁的现象解释为一种有限度的恩典：上帝想再给罪犯一

次机会，或奖赏那些就其罪行向教士作出忏悔的人，于是“通过真心忏悔而获得拯救”。[18]无论伊达梅尔故事中的原因是什么，国王远不能相信这 50 个人的清白，他怀疑是组织这次神裁的教士在这次胜利大逃亡中搞了鬼，遂发誓不再吸收该教士参与此类活动。[19]在 1166 年的《克拉伦敦法》和 1176 年的《北安普顿法》中，亨利二
70 世规定，那些被指控犯有严重罪行[20]并成功通过冷水神裁(因而应被认为是清白的)者，[21]如果许多守法民众[22]曾公开表示其名誉不佳，则他们依然会被逐出英格兰——亨利二世对神裁之证明无罪的效能竟表现出了如此的信念！显然这些国王不准备允许在他们和惩罚罪犯之间存在这样一种不靠谱的做法。城镇的民众也有他们自己的理由不信任甚至是讨厌神裁和决斗，并力图取消它们。神明裁判可能会带来痛苦，但更主要的是它对于市民来说又带有一丝奴役的味道；司法决斗又明显有利于骑士和那些雇佣得起最出色决斗替手(champions)的富人。11 世纪末，位于阿尔河(river Aa)河口的圣·欧麦尔——佛兰德尔郡(county of Flanders)南部的一个繁荣的港口——商人行会(merchant gild of Saint-Omer)，在其内部形成了一种相互援助的制度，在其成员卷入司法决斗之时允许其雇佣最好的决斗替手。[23]1166 年，另一个重要的佛兰芒城镇伊普雷斯自治市(burgess of Ypres)从鲍德温七世伯爵(Count Baldwin VII)那里获得一纸特许状，在其自治市范围内取消了神明裁判和决斗，而代之以宣誓断讼(wager of law)。这是书面文字流传至今最早的佛兰芒自治市特许状(区别于对于口头授权事后进行的书面承认)，也是将城镇从神明裁判中“解放”出来较早的一例。[24]于是，与日俱增的不信任和批评及完全敌对的态度导致了

这些旧有证据制度的逐渐消失。第四次拉特兰公会发出的禁止教士参与旧证据制度执行的禁令则是其衰落的因素之一，尽管该禁令并不是在所有的地方都立即得到了执行。一般而言，意大利、英格兰、诺曼底、佛兰德尔、法兰西这些西欧国家是这场运动中的先头力量，中欧则相对缓慢，东欧则迟至 14 世纪才开始效仿。[25]

现在的问题是，旧制度衰败后留下的空缺该如何填补。特许状作为证据虽然可靠，但却无法弥补上述文献资料上的空缺，因为无论重要与否都要为每一宗交易制作文书契据的时代还没有到来。况且，当涉及侵占土地和其他更为严重的侵占、犯罪时，这种文书证据也基本上无用武之地，必须寻找其他的方式。通常来说，欧洲国家采用了两种方法来完成这一任务。其一是采用由罗马法学家和教会法学家们创制的关于证据的规则和方法。这些法学家 71
在 12 世纪后半期和 13 世纪创设的精深的罗马－教会法程序征服了欧洲大陆的法院，并为其民事诉讼和刑事诉讼程序打上了深刻的烙印。其主要因素是，一名独任法官或几名法官组成的合议旅，同时决定事实问题与法律问题，他们亲自或通过委任他人主导询问、展开调查，并作出最终的判决。在证据领域则使用一方当事人的证据、招供、秘密听审、刑讯逼供等。

在其他一些国家则发展出另外一种制度，它与旧的非理性的证据制度彻底决裂，并诉诸人的知识、洞察力和调查，但却建立在一种不同的进路基础上，采取了另外一种运行方式。当然，我们指的是各种各样的陪审制。在这里，审判以两个截然不同的实体为基础：法官引导审判进程，并最终作出判决；陪审团则对关键的正当与非正当、罪与非罪的问题作出裁断。邻里社区民众的声音，即

“当地的真相”(truth of the land),要在法官的指导下被听取,但这一意见对法官也是有拘束力的。实际上,它的拘束力同神明裁判是一样的,只是“民众的声音”(*vox populi*)取代了那终局性的为普通人所无法理解的神的声音(*vox Dei*)。陪审团可以听审证据,并依据其自身关于事实的一手知识作出判断;后来就发展成对事实问题进行审理的听审陪审团,仅依摆在他们面前的证据作出判断。12 世纪及后来的世纪里,陪审程序的一些变体还曾运用于诸如瑞典、低地国家和法国北部等地,但在欧洲大陆,它迟早要让位于学理型的罗马 - 教会法诉讼程序,在此陪审并无立足之地。欧洲大陆那些博学的法律学家们对于所谓的“民众的声音”只有鄙视。他们觉得——引用茹翁·德斯·隆格雷教授(Professor Joüon des Longrais)生动的描述——“从来没有听说过有人会将那些无知者与另外一些终身经受学院精深研讨训练的人相提并论,哪怕只是短暂的一瞬,而且这种说法也是极其可耻的,同时显然也是愚昧未开化的。”[26] 正如我们从 13 世纪的习惯法汇编(*coutumiers*)中所看到的那样,在此诺曼底当然是陪审制在法国根基最坚实的省份,陪审查证经受了基于罗马 - 教会法模式的法国王室诉讼程序的进攻而得以幸存,直至 13 世纪末。迟至 16 世纪我们还发现了它的一些痕迹:来自于盎格鲁 - 诺曼王室的支持被切断后,就沦为了地方变异一类的东西,最终自然消失。[27]

在英格兰,陪审制从一开始就是普通法的核心,这一地位还在
72 那里得以延续。陪审员由郡、百户区或庄园民众组成的事实久已为人所知,人们不用那些旧的、不具有确定性的审判而要享用陪审查证的特权是要支付费用的。卷筒卷宗通常会告诉我们一些令人

震惊的故事。为采用陪审而支付的费用(无论有无进一步的清单)首次但却以很小的数目出现在1168—1170年的卷筒卷宗中,随后就消失了,直到1175—1177年才大量恢复,1179年以后就持续存在。我们所发现的第一批清单相当模糊,如关于寡妇地产的(*de dote*),关于其祖父遗产的(*de mort avie sue*),关于其父亲遗产的(*de morte patris*);后来则采用了一些标准的名称,如收回继承地陪审诉讼令(*de morte antecessoris*)、新近侵占陪审诉讼令(*de nova dissaisina*)等。显然这些费用是为在王室法官面前举行陪审查证而支付的,因为其数目与总巡回审(即1166年、1168—1170年、1175年以后)相对应,也与实施巡回审判的亨利二世的立法相应,即1166年及此后实施的《克拉伦敦法》、1176年的《北安普顿法》《温莎法》(Assize of Windsor)及新近侵占诉讼令——其结果我们已经在卷筒卷宗记载的两次浪潮中见到了。随着陪审频繁地被采用,其费用也在不断地降低。1179年就已经达到了最低的半马克(在1180年的记录中,我们发现亨利二世统治时期该项费用的最高额是27马克),到1181年,1马克的银币是主流价格,而1175年时则依然高至10马克。[28]带有"举行陪审查证"(*recognosci facias*; hold a recognition)字样的王室令状已是非常常见的文献了。[29]

1160年代,当亨利二世及其谘议会成员不得不决定在其全面改革中采用何种证据制度时,他们选择了陪审。在随后的王室法旅的扩张过程中,这一证据制度得以保留并得到了发展。在早期的巡回审卷宗中,巡回陪审(*assisa venit recognitura*)是反复出现的字眼。[30]我们在前一章已经看到,陪审团的裁断在巡回审占有之诉(petty assizes)中是决定性的，而在权利诉讼中在被告基于大陪审巡回诉讼令主张陪审裁决时同样如此，* 这一点我们稍后还要谈到。陪审团在刑事诉讼及其他许多场合下被召来进行指控，后来是确证嫌疑犯。亨利二世时期采取这一重要决定是可以理解的，陪审团比神明裁判更可靠，更容易被接受，也更理性，同时又不像决斗那样会伤害英国民众的感情。另一方面，陪审查证的成功大大降低了诺曼决斗的作用，但却并没有因此而支持任何一种典
73 型的英国证据制度，因为陪审制既不是纯粹的诺曼产物，也不是完全的英国产物。于是，偏爱不同证据制度的这两个种族团体也都不会感到受到了贬抑。陪审制的优势之一在于它是一种广为人知(尽管还未普及)的制度，而且我们也没有发现其他选择。罗马-教会法程序依然处于襁褓之中，甚至还没有征服教会法庭，尽管诸如对一方证人的询问偶尔也会被运用到。于是陪审成为显而易见的选择，并作为新式和定型化的制度而被永久采用。

陪审制是被采纳而非被创制出来的，因为在亨利·金雀花(Henry Plantagenet)时代它就已经是一种古老的制度了，而且是如此古老以致其起源成了一个备受争论的历史话题。有关于此，我们可以从“布伦纳论题”(Brunner thesis)开始。发表于一个世纪以前的海因里希·布伦纳(Heinrich Brunner)的论文“宣誓裁判的起源”(*Entstehung der Schwurgerichte*)，对后世产生了持久

---

* 依据《温莎大陪审巡回诉讼法》(Grand Assize of Windsor)，在封建法庭进行土地权利诉讼的被告有权在决斗和陪审诉讼之间作出选择；若选择后者，则首先在当地选出4名骑士，然后再由他们挑选12名陪审员对土地的最终权利归属问题作出决定。——译者注

的影响，并与以前的一些相关著作处于了完全不同的档次。后者持有一种相当含糊的观点认为，陪审可能起源于条顿人待过的原始森林。布伦纳的著述饱含19世纪德国学术的精华（这是一个可怕的、欧洲大陆的怪物），却从英国人那里掠走了最正宗的英国宝藏——陪审制，并将其渊源追溯到了加洛林王朝的咨审调查（*inquisitio*）。* 说布伦纳的结论属于猜想尚未得到确证，[31]但它确实不是唯一在此问题上对英国人"怀有敌意"的例子。陪审这一最正宗英国式的、已被时间神化了的自由的堡垒（palladium of freedom）被追溯为王室进行财政调查的工具，它由诺曼征服者从法国引入。于是，陪审被视为起源于欧洲大陆的一种极具权威性且并不广为使用的行政调查手段，源出于专制，而且主要用于财政目的，后重又通过王室决定扩展到某些特定种类的诉讼，并最终适用于一切自由民。

关于法兰克王国王室的咨审调查技术，有着丰富的文献记载。它出现于查理大帝（Charlemagne）时期，但却在其子虔诚者路易（Louis the Pious）时最为知名。它主要是作为王室的一种调查方式，用以确证国王对于土地的权利，但国王也将此技术授予其他人和教会。它不仅适用于设在王室的法庭，或为钦差（*missi dominici*）所使用，也为遍布全国的地方法庭中的王室官员在涉及享有使用此调查之特权者的案件中运用。但它从来没有成为一种通行

* 这一术语虽然原义应为调查、询问，但事实上正如下文所描述的那样，这一制度同时还包括了审判的因素。但所谓的陪审员其实并不像后来那样需要在审查证据的基础上作出裁断，而仅仅是就自己所知向主持审判、调查的法官回答询问，因此此处并没有翻译为"陪审"，而是译为了"咨审"。意为在咨询后进行审判。——译者注

74 或正规的程序，而是严重偏离了既有的实践。当然它与各种形式的神明裁判颇为不同，也区别于共誓涤罪和对支持一方主张的证人、证据的使用。在咨审调查中，国王及其钦差、教区（*pagus*）的伯爵或其他官员，将从邻里中选出一定数目的人，经过宣誓，然后就某些特定问题向其展开询问、调查，有时候这些被召来的人还会被要求亲自前往争议土地来标明土地的界限。法兰克王国也知道在刑事案件中与咨审调查相应的地方控诉陪审团，后者同样出现在教会法中。[32]在后来的一些世纪里，咨审调查作为一种调查技术在曾作为法兰克王国一部分的领地上也被发现过，为那些步加洛林王朝后尘的统治者所掌握。我们有充分的理由相信，在取得塞纳河低地（Lower Seine area）之后，诺曼人在那里发现了它，并毫不犹豫地将之用于对自己权利的确证。另一个事实是，诺曼人一征服英格兰就在那里开始使用咨审调查来完成上述事务——诺曼人到来之前，在法律文献非常丰富的英格兰，并没有迹象表明存在任何类似于此种王室咨审调查的东西。同样，关于确定土地边界的宣誓咨审（sworn inquest），也是由诺曼人很早就引入了不属于古老的法兰克领地的西西里（Sicily）。[33]因此，我们理所当然地有足够理由相信，是诺曼人将这一有用的王室技术引进了他们新征服的土地。然而这些却并不绝对肯定，因为我们缺乏1066年以前的文献以证明在诺曼底曾使用过咨审调查，当然最早的诺曼文献也不早于诺曼征服之后的头十年。[34]这一点已经被一些历史学家转化为了反驳布伦纳的论据，但实际上其意义甚微。当然，早期诺曼史材料的贫乏（因为，比如与英格兰相比，诺曼底更少书写记录，也因为更多的破坏）导致了如此的状况，以至于希望从并不明了的

证据推出结论（*argumentum a silentio*）已是根本不可能。与英国丰富的文献资料（特许状、令状、遗嘱及法典）相比，1066 年之前诺曼文献不仅少得可怜，而且相当晚近：在米·法罗克斯（Mme Fauroux）收集的 234 则特许状中，只有 7 则早于 11 世纪，这些公爵特许状中的第一件原始文本始于 1006 年，而其中近一半属于诺曼征服之前的 20 年内。[35]然而我们却不可能指望这些文献，这些严肃、正式的权利证书（title deeds）——主要是教会的特许状——会提
到王室的调查。伊韦尔教授（Professor Yver）的一次发现则令人 75
震惊地揭示出，以某种文献的缺乏推断出相关制度的缺乏将会是多么危险！他发现，尽管 1180 年的诺曼财政署卷宗独自记录了大约 100 起陪审查证（*recognitiones*），但在亨利二世统治诺曼的全部时期中却仅存一则要求举行陪审查证的令状的文本，这还幸亏是有著名的《贝叶黑皮书》（Black Book of Bayeux）的记录。[36]*

在指出作为王室特权的咨审调查得以例行使用后，布伦纳的论文继续展开。盎格鲁－诺曼的这一制度偶尔也被作为特权授予一方使用，并最终由亨利二世在诺曼底和英格兰的法令转变为一种普通当事人也可在王室法旅使用的证据制度。同许多其他历史学家一样，我也深信，尽管并非“没有问题”，[37]然而就宣誓咨审的历史而言，布伦纳是对的。不过，王室的宣誓咨审并非陪审制兴起的唯一因素，自由民陪审的传统可能加速了亨利二世及其后继者

* 作者的意思可能是，不能因为仅存一则（数量较少）要求举行陪审查证的令状，就否定陪审制在亨利二世统治诺曼底时存在的事实。——译者注

普通法陪审查证制度的成功。现在我们就来讨论这一点。布伦纳对于英国材料的关注远逊于他对大陆的关注，且对某些干扰性因素未给予足够的注意。比如一俟有了足够丰富的证据出现，我们就在斯堪的纳维亚诸国发现了由邻人宣誓组成的陪审团，它们在诉讼中也起着决定性的作用。在 1200 年左右，瑞典的纳姆登(*nämnden*)及冰岛、挪威的早期陪审员同样如此——当然这些地方我们都不能说存在什么法兰克或诺曼的影响。在 978—1008 年间(可能是 997 年)，艾塞尔雷德旺蒂奇法典(Wantage Code of Aethelred)的第三章清晰地记录了如下内容：各百户区 12 名乡绅(thegn)在郡长率领下前往法庭，手持圣物宣誓，保证既不指控任何无辜者，也不隐匿任何有罪者。[38]这一我们在其他丹麦法制度中发现的原则适用于五大自治市(Five boroughs)*，也更属于上述同一个斯堪的纳维亚世界。要不是缺乏一个王室命令，它就与法兰克的刑事咨审调查非常相似了，并显然是一个控诉陪审团。毫无疑问，对于那些坚持认为加洛林宣誓咨审是陪审制唯一渊源的人来说，上述法典的文本是一个严重的障碍，而布伦纳力图将之解释开去的做法也无法令人信服。但另一方面，我们也应保持足够
76 的谨慎，以免从这一法典中推出太多：它不意味着起诉陪审团存在于英国法中。上述法典第三章中的规定显然不存在于英国的艾塞尔雷德法典中。某些历史学家对于确立陪审制英国起源的热衷倒是提醒我注意，盎格鲁－诺曼百户区中的居民竭力想证明其辖区内的某具无名尸体属于“英国人”身份，以避免可能招致的无头案

* 位于英格兰北部，临近海峡海岸。——译者注

处罚金(murdrum fine)。* 于是,理查森先生(Mr. Richardson)和塞莱斯教授(Professor Sayles)争辩说,该第三章确为被引入丹麦法中的英国法。[39]这一点并无证据支持,对此恐怕还得如大多数历史学家那样,我们必须简单接受这样的结论:英国法典描述的是英国的制度,旺蒂奇法典描述的是丹麦制度,这其中当然不排除后者传播到英国法区域的可能性。

为布伦纳所忽视,但却同样给我们带来困扰的是这样一个事实:我们在英格兰发现,在亨利的法令明确将陪审查证赋予普通民众自由使用前,地方法庭已经采用了陪审制,但它却不以王室的令状为前提,而是纯粹建立在双方同意诉诸这种特殊证据制度的协议上。我们甚至在教会法庭也发现了这种做法。相关案件都很清楚,表明陪审团是在王室调查框架之外的普通民事诉讼中运行。大约1103年(?),亨利一世下令,达勒姆的修士(monks of Durham)应该享有他们在王室法庭通过民众陪审团的裁断:从富尔科·德·卢萨斯(Fulco de Lusora)那里获得的土地。[40]1133年,在赫里福德教堂会堂法庭(chapter court of Hereford Cathedral)进行的一起土地诉讼中,“12个诚实邻人的宣誓和法庭的判决”介入并使一位名叫伯纳德(Bernard)的人获得了布莱克马斯顿(Blackmarston)的土地。[41]1150年,休·菲茨·理查德(Hugh fitz Richard)向雷丁的修士、罗英顿的管家英格尔夫(Ingulf, a monk of Reading and *custos* of Rowington)针对罗英顿的部分土地和森

* 作者此处的意思可能是,某些人争辩说陪审制是英国起源的是有目的的,正如古代居民非要把无名尸体的身份说成是英国人一样,其目的是为了免遭罚金。——译者注

林主张权利。后者认为应由双方共同选择一些人宣誓来确定地界,后来果然这样做了,休放弃了对土地权利的要求。[42]大约同一时间发生了在一座城镇法庭(hallmoot)进行陪审查证的故事,戈德斯多的修女们(nuns of Godstow)在此获得了某些土地。[43]晚至1161—1162年,索斯威克或普切斯特的奥古斯丁隐修院院长沃尔特(Walter, prior of the Augustinian priory of Southwick or Porchester)与赫伯特·德·伯亨特(Herbert de Burhunt)之间,就一块已经交换并可能是后者不正当圈占的土地发生了争执。普切斯特领主的法官、邻人及朋友许多人聚在一起(这一切很容易使人回想起下面将要谈到的拉姆齐诉托尼案[Ramsey versus Thor-
77 ney]),赫伯特建议地界应该由12个守法的邻人宣誓后加以确认。最后组成了一个陪审团,隐修院院长从赫伯特(此时他正好去世)之子亚历山大(Alexander)的人中选了四人,亚历山大从院长的人中选了四人,双方又共同选了另外二人。这十人“作为陪审员经过庄严的宣誓来查证并确定事实”,我们的文献接下来继续对边界确认进行了详细描述(“查证是通过守法的邻人和陪审员进行的”)。[44]所有这些资料都表明,存在一种通过地方陪审团的裁断来解决土地纠纷、确定地界的传统,而这都是由当事人自主诉诸的解决方式。此外,它也表明这一传统要早于诺曼人的到来。

若干年前我注意到发生在拉姆齐和托尼两个修道院之间的一场诉讼,它大约发生在忏悔者爱德华统治时的1053—1055年,也就是它们成立之后大约三代左右。[45]文献来源于双方的财产登记册(cartulary)及一部拉姆齐方面的编年史材料。这场纠纷起源于两个修道院对被称为国王的德尔弗(King's Delph)的沼泽地各自份额的争执，该地块位于拉姆齐与维特西的托尼庄园（the Thorney manor of Whittlesey）之间。当事双方主动提出由当地居民组成陪审团来解决。拉姆齐修道院院长艾尔弗温（Abbot Aelfwine）陈述其主张之后，由五位年长的俗界人士组成的陪审团（其姓名均有详细记载，两人由托尼方选出，三人由拉姆齐方选出）作出宣誓裁断（sworn verdict）：争议土地的三分之二属拉姆齐方，三分之一属托尼方，并确定了边界，这一切都详细记录在卷。通过宣誓裁断解决纠纷，给予每一方其所应得份额，并标明精确边界的陪审员，并不是一方当事人的宣誓助讼者（oath-helpers），也不是在裁判官面前进行作证的证人。这些文献已由哈默女士（Miss Harmer）认真仔细地审查过，并被接受为有效，[46]我关于它对陪审制历史重要性的解释也获得了广泛（但并非一致——这在学术著述中是罕见的）的赞同，尤其是斯滕顿夫人。[47]

霍尔（G. D. G. Hall）争辩说，“after Abbot Aelfwine *betold* the boundary, against the abbey of Thorney”一句应译为“修道院院长证明其主张之后”（after the Abbot proved his claim）——这一译法为哈默女士所采用——而且那五名陪审员也不能被视为解决争端的陪审团。[48]我们很难赞同霍尔先生的观点，“*betellan*” 78
一词通常并不指“to prove a claim to something”（证明对……的要求、主张）——正如哈默女士自己所指出的那样，[49]而且留给我们的问题将是，院长证明其主张后陪审团将会做什么？随后的两种证据制度是否还需要？如果院长确实证明了某片土地属于他们（如何证明的？），那么除了将这片土地判归他并出于安全起见请国王对整个诉讼程序进行确证外，又还有什么事情可做呢？但如果

是他仅仅陈述了自己的请求和主张，提出了自己的论据——“*betellan*”当下的意思是“to justify(one's position)”(确证其地位)，“to excuse or to plead excuse for”(为……找借口)，“to defend or exculpate oneself”(为自己辩护开脱)[50]——很自然地便可依此召集陪审团来决定财产的归属，这也的确是陪审团做了的事情。“他们宣誓查证后认为，沼泽地的三分之二归拉姆齐方，三分之一归托尼方”，[51]并标示了地界，而不是像霍尔所暗示的那样，“仅仅是在问题已以某种方式解决后标明地区”。“*betold*”一词后来被表述为“dirationavit”无关紧要，后者的意思不是证实某人的情况，而是通过司法程序获得某人主张的东西，而无论采用的是什么证据制度。[52]既然拉姆齐修道院院长赢得了三分之二的土地，人们就很可能说，他对其主张论辩得如此之好(*betellan*)，以至于他通过陪审团的裁断获得了土地。③ 我也没有看出这一奇数组合的陪审团(这是双方都同意的，拉姆齐方三人，托尼方二人)产生了什么问题：如果这五人碰巧因某种原因最了解情况，也最值得信赖，他们为什么不应组成一个有效的陪审团？于是结论看起来是，在诺曼征服之前的英格兰的丹麦法区，存在着一种解决土地纠纷的地方陪审团，它由争议双方自由选取并同意采用。这一程序截然区别于后来的王室陪审查证，后者依据的是王室命令，并带有行政或财政的色彩。[53]但我们是不是因此就必须得出结论说布伦纳错了，说我们可以忘记前面提到的那些法兰克和诺曼的东西，而认为普通法

③ 如果他对其案件诉答得如此精彩以致陪审团判给他三分之二的土地，我们很自然地就可以认为他证实了自己的主张，尽管陪审团的裁断显然才是法律上具有决定性的因素。

的陪审制纯粹起源于英国呢？肯定不是，因为布伦纳强力论证的许多东西依然有效。无论如何我们应该意识到，地方陪审团可能不止一种运用，官方调查过程中使用的陪审团与用作解决纠纷的 79
陪审团（由当事人自由选取以取代神明裁判和共誓涤罪）也并不完全是一回事。

于是在若干年前我提出了有关陪审制的下述发展脉络，并已获得了一些赞同：出于行政，附带也出于司法目的，基于王室命令、由王室官员挑选、在王室调查中使用陪审团的制度，是由在大陆上了解法兰克这一制度的诺曼人引入英格兰的。1066 年之后的头 100 年里，我们时而也发现基于王室命令的宣誓调查以不同的方式用于维护各种各样的利益。接下来，亨利二世采取了两个重要的步骤：首先，鉴于以前由邻人组成的陪审团只是依据地方长官、王室管家（royal *familiaris*）或王室官员（尤其是郡长）之命在地方法庭或法庭之外地方性地召集，基于王室权威所进行的陪审查证被赋予了确定和统一的模式，自此它们总是在王室法官面前举行，而后者的兴起则是亨利统治时期的一大特色。其次，这一高效的王室调查方法，曾经只是用于保护王室或其他特权利益的专门工具，现在则理所当然地向特定民事诉讼（其范围在不断扩大）中的普通自由民原告和涉及土地保有诉讼中的所有被告广泛开放。这一在其他证据制度处于危机关头时作出的重要决定很容易就得到了推行，因为在地方层次上自由运用陪审团来解决争端的做法早已为人所知，并在英国人（甚至是在丹麦法区之外）的生活中扎下了根。我感觉王室宣誓调查制度的历史（这正是布伦纳描述的）是陪审制最为重要的因素，但忽视其中的某些本土习惯背景也将是

错误的，而这些习惯又需要回溯到盎格鲁－撒克逊时期。如果不是因为起源于欧洲大陆的王室调查制度，英格兰本地的陪审制则可能会沿着瑞典纳姆登的道路发展下去，而后者是一种完全融入了地方法庭的证据制度，而不是一个在王室特派员（royal emissary）面前作出裁断的地方团体。

尽管特纳教授（Professor Turner）[54]明智地区分了对于刑事和民事陪审团的研究，在这里简单提一下控诉陪审团（jury of presentment）还是有用的。我并不是要提出什么详尽或严密论证的观点，相反只是对这一至为复杂的问题谈一点不成熟的意见。
80 我的感觉是，尽管何娜德女士（Miss Hurnard）对于从旺蒂奇法典（Code of Wantage）到《克拉伦敦法》之间连续性的论证给人留下了深刻印象，但却并未完全证实。[55]亨利一世在位第 31 年（即 1131 年）卷筒卷宗中记载的"*juratores*"是否一定形成了控诉陪审团也不确定。有明显证据表明，控诉陪审团是在地方法庭一级运作，但在许多方面它们都不同于亨利二世系统引进的控诉陪审团。这位国王的功绩在于，他使王室法官面前的控诉陪审团成为了依职权（*ex officio*）起诉罪犯的正式制度，而不是由地方法官来起诉（以前很可能就像这样）。认为他只是简单地接过了一种旧的英国制度的观点在我看来值得怀疑，但某种原有的传统则可能为其制度创新作了很好的铺垫。

我们已经多次见到过以下的这种情况：随着亨利二世的革新，面对各种不同技术之间相互竞争而产生狐疑和犹豫的时代已经结束，果敢的决定已经作出，现存若干方法或方案中的一种被一劳永逸地采用。在法庭建制、救济令状问题上我们已经看到了同样的

犹豫和不确定，现在又轮到了证据制度——在每一种情况下亨利二世都作出了开放明智的决定。在证据法领域，他使现有的陪审查证制度更为合理化，并通过选择它作为地产占有之诉和后来普通法诉讼的唯一举证方式，而使其在刑事和民事诉讼中都成为了普通法重要的证据制度。他还通过在《克拉伦敦法》中采用控诉陪审团来完成上述转变，这是刑法领域一项深远持久的变革，从此在神明裁判消失后裁断陪审团得以兴起。此外，亨利二世还通过温莎的大巡回陪审诉讼令完成了在地产权利诉讼中采用陪审的任务，现在我们就来关注这一问题。

诺曼人将司法决斗作为一种诉讼证据制度甚至引入了英格兰的民事诉讼，这是由权利令状开始的地产诉讼中的传统做法。但亨利二世在很大程度上削弱了它的应用。在涉及那些与日俱增且与土地所有附属权益有关的普通法诉讼中，显然就没有采用决斗；再加上指令令状，结果无情地使在封建法旅进行的地产权利诉讼成为了过去的一种遗迹。更有甚者，一则失传的亨利二世的立法，大约是 1179 年在温莎召开大谘议会时颁布的有关巡回陪审诉讼的立法，授权被告可以在司法决斗和由郡骑士组成的陪审团之间进行选择。被告有权要求陪审查证的事实，构成了它与早期类似实践的第一个差别。后者的陪审查证，或者是当事人同意，或者是由基于特别恩惠之王室令状所要求。第二个区别是，该项立法引 81
入的对于骑士陪审团的选择，导致了案件向王室法旅的自动转移：骑士陪审团是要在王室法官面前被召集的。当然，将自己的命运交于陪审团的被告首先要做的是购买一则维持和平令状（*breve de pace habenda*），以阻止另一方在封建法旅开始的诉讼继续下

去。令状将面呈郡长，其中说："除非决斗已经举行，否则以我的令状禁止甲在其法旅处理乙和丙之间的争讼：该诉讼涉及某某村庄的一海德土地，其中乙针对丙对该土地提出权利主张。因作为被告的丙求助于我的诉讼令，现特寻求陪审查证来决定他们之间究竟谁的权利更优先。"

从卷筒卷宗记载的各种因陪审而支付的费用（见前文第72页）来看，上述《温莎法》相当受欢迎。陪审查证，尤其是在王室法官面前举行时，它是一种恩惠，因为它比当时流行的其他证据制度更理性，而王室法官在引导案件的审判和判决的执行方面都比大部分地方法旅更有强制力，也更有效，因此，普通人便能得到更好的保护。大约在《温莎法》颁布十年之后，格兰威尔并不夸张地写道：

> 这一诉讼令是仁慈的国王在其贵族建议下授予民众的一种王室恩惠，它如此有效地考虑到了人的生活和人身份的统一性，以致所有的人都可以在避免司法决斗不确定性的同时，保护自己在自由保有地产上的权利。同样他们还可以避免各种严重惩罚中最重的也是无法预料的且可能是提前到来的死亡，或者至少是避免被告因求饶而不得不说出低三下四之言所造成的长久的羞辱感。但首要的是，这一普通法的架构建立在公平和正义的基础之上，这是决斗即使在经历无数的拖沓和冗长之后（这是对封建法赎的一个常见批评）也很少能够达到的，而运用陪审则可以很轻易并迅速地达到这一目的。陪审诉讼不像决斗那样允许那么多的合法缺席出赎事由（es-

soin)，这样民众就可总体上免去许多麻烦，贫穷者也可省下一些费用。再者，因为司法程序中几个适格证人的口供要比 82
一个证人的分量更重(通过法律拟制，决斗替手被认为是证明其雇主权利正当性的证人)，所以陪审诉讼比决斗更能体现正义，决斗是基于一个证人的证言而战，而陪审则需要十二个人的宣誓。[56]

格兰威尔的评论浅显易懂却发人深省。大陪审诉讼更为人道，它出于对普通人的考虑且以公平为基础，避免了人身伤亡。其程序便捷、廉价，十二名骑士的宣誓证明要比一名通常是雇来而并非证人的决斗替手的话更有分量。它同样更为有效，因为正如格兰威尔所不屑一顾地指出的那样，旧证据制度所得到的结果是令人怀疑的，“正义很少能够通过决斗来达到”，依照这种证据制度证明孰对孰错是毁灭性的，尤其是当它出自于一个已历经多年司法程序考验因而能够做到临阵不乱者之时。

诺曼底公爵领地经历了类似的发展模式，在这里，我们也发现了旧证据制度的衰落及它们被公爵陪审查证制度(*requenoissants*)所取代的事实。后者是与我们在前章所碰到的新近侵占诉讼令一起引入的，极有可能的是它也是通过一项类似于英国大陪审诉讼法的立法得以引进的。[57]司法组织的模式也非常相似，我们发现那些传统的地方法旅——无论是封建法旅还是子爵法旅——都在衰落，而我们在亨利一世时偶尔碰到、亨利二世时则处于上升阶段的公爵巡回法官则开始巡游整个公爵领地，举行地方陪审查证，实施公国的法律——这被称为大巡回审(*Magna Assisia*)。而公

爵及其总管(seneschal)或首席法官(*capitalis justiciarius*)坐堂问
83 案的诺曼财政署,则一直都是司法的中心。④ 如同在英格兰一样,在这里,陪审查证起初也是一种特别的调查方法,由公爵用于维护自己的权利或授予那些有特权的原告使用。

历史学家力图确定,究竟是在什么时间公爵及其法官所运用的陪审查证成为了"施于民众的恩泽"(格兰威尔语)。尽管文献资料非常缺乏,哈斯金斯(Haskins)还是作出了极大的努力来阐明这一问题。与布伦纳不同,哈斯金斯相当正确地指出,从杰弗里·金雀花(Geoffrey Plantagenet)时期的两则文献和亨利二世时期的一则文献(源自于1156年)中的"依据我的法令"(*secundum assisiam meam*),并不足以推出陪审查证在当时就已被普通民众所广泛使用,因为我们可以很容易说它是从个别案件的判决中得出的。[58]* 然而他又认为,1159年特琼·德·方特之子威廉(William, son of Thetion de Fonte)诉卡昂圣斯蒂芬的僧侣们(monks of St Stephen in Caen)一案(本案中前者向后者索要巴波姆草地[meadow of Bapeaume]未遂),能够证明在那个时期诺曼底的民

④ 参见R. Besnier,"Action et juridiction à l'époque des coutumiers normands", *Tijdschr. v. Rechtsgeschiedenis*, 17 (1941), 1—18。法国国王对诺曼底公爵领地的征服导致了巨大的变化,管家和巡回法官消失了,后者为地方上大庄园(*grands baillis*)的普通法官所取代。诺曼的举证制度(领地的令状制度同样如此)也在13世纪遭到了侵蚀,并为罗马-教会法的制度所代替。陪审员被认为是一种地位很低的证人,即传信证人(*de credentia*——相信别人告诉他的信息,相对于直接证人[witness *de scientia*——就其亲眼所见作证]),他们被视作一方的证人而受到法官个人的盘问。参见Besnier,"La dégénérescence", pp. 48—61, and Strayer, "The Writ of Novel disseisin in Normandy", pp. 3—12。

* 即所使用的文献依然有可能是涉及陪审特权者的,从而不能证明陪审查证制在当时已广为流传。——译者注

众可以请求使用宣誓调查。他将"defecit se de iure et de consideratione recti coram Roberto et coram baronibus Normannie in curia regis et de assisia quam inde requisierat"解释为:"向被告提出权利主张的威廉输在了以下方面:他的权利主张;在罗伯特和国王御前会议中的诺曼底贵族面前作出的关于权利问题的决定;及为此他所要求的陪审查证。"[59]这一解释是不能接受的。"*Se deficere*"并不指"to fail"(失败、败诉),而是指"to give up a claim, to quit claim"(放弃权利主张,弃权),"*requirere*"也不必然意味着"to demand"(要求),它也可以指"to ask"(请求),于是威廉可能只是请求享有使用陪审查证的特权。最后但却并非最不重要的是,"*assisia*"有许多含义,我们不能肯定它就是指"sworn inquest"(宣誓调查),而不是指——比如——开庭(sitting of a court),依后者我们可将其译为"William … gave up his claim … and the meeting of the court which he had asked"(威廉……放弃了其权利主张……及他所请求的法庭庭审)。[60]

亨利二世早期在诺曼底的统治情况很不明朗,我们也遗失了同一时期相对丰富的英国文献。我们已知诺曼公爵的立法是在诺曼底制定的,但从未有类似于亨利二世时英国的宪章及法律文本那样的文献得以保存下来。[61]至于诺曼的法律著述,我们必须要等到13世纪的头一年了。诺曼底也从未出现过类似于英国那样的、给人深刻印象的卷筒卷宗,我们从12世纪的诺曼财政署所得到的全部东西就是1184年卷宗的残片,以及1180年和1195年的卷宗。[62]唯一可以确定的是,到1180年时,陪审查证已经被广泛使用了,因为当年的财政署卷宗充斥着这些内容。然而,亨利二世统治 84

早期究竟是什么时间引入了这一制度的问题，对我们来说可能将永远是一个谜，并使得英格兰和诺曼究竟是谁先建立了以令状和陪审为普通诉讼程序的新制度的争论成为徒劳。

显而易见的是，亨利二世在证据制度领域里的革新给英格兰和诺曼带来了一种远远领先于欧洲大陆的先进制度。当后来大多数欧洲国家(包括诺曼底)采纳了罗马－教会法诉讼制度时，英国的制度开始显得古怪和陈旧。再后来，当欧洲大陆的制度因专制及缺乏民众参与而招致批评和反对时，陪审又被视为是抵御非正义的堡垒和与自由民相称的一种制度，于是它又被引进或重新引进这片许多世纪以前就与它有着许多渊源的大陆的土地。这里我们又碰到了历史学家通常饶有兴味发现的那种轮回，总有这样一些时刻，几近腐朽的东西突然显现出某种人们从未察觉到的价值，并为我们奉献出某些久已尘封的优点。随着这一思想(我们将称之为“古董的意义”)的展开，我将结束这一章的内容。

第四章　英国法与欧洲大陆 85

“我们拒绝改变英国的法律”（“Nolumus leges Angliae mutari”）

尽管事实上，“严肃的历史并没有为对悖论（paradox）的喜好留出空间”，[1]这一章我们仍要从一个似是而非的结论出发。这就是，英格兰和欧洲大陆的法律在12世纪这一特殊时期不可逆转地走上了不同的道路，而也正是在这一世纪，英国的文明比其他时期更接近于欧洲大陆，也更少一些孤立性。普通法与“罗马－日耳曼法系”（Romano-Germanic family）这两支在达维的《当代世界主要法律体系》（*Grands systèmes de droit contemporains*）一书中被视为具有广泛意义的法律体系，[2]其实都起源于欧洲，但同时二者却颇为不同。对于盎格鲁－撒克逊国土之外的法律家来说，传统的普通法简直让人无法把握——边沁称它为“无法辨识”，因为不存在将其包容在一起的法典。正是这种情势，使得伟大的现代化设计者明治时期的日本转而投向了欧洲大陆的法典。但就“国外民法典的杂乱丛林”而言，英国人同样感到惘然，同时夹杂着些许厌恶——上述引文出自于一名英国广播公司记者之口，他在一道关于不列颠加入欧洲统一大市场之法律后果的节目中作了上述评价。

为什么普通法与欧洲大陆的法律如此不同？首要的是，英格兰这一王国的法律为什么正好在 12 世纪踏上了与欧洲大陆不同的道路？当时英国的学者在欧洲大陆的大学中学习，索尔兹伯里的约翰（John of Salisbury）是查特莱斯主教（Bishop of Chartres），尼古拉斯·布雷克斯皮尔（Nicholas Breakspear）变成了教皇安德良四世（Pope Adrian IV），英国的教会是由欧洲大陆血统的教士统治着，并对教皇的指令唯命是从。[3]对英格兰实行殖民统治的骑士阶层也是欧洲大陆血统，并在海峡两岸都拥有土地，国王、高级教士和骑士都说法语，英格兰王国本身只不过是一件战利品，先由诺曼人所有，后又转入安茹家族手中。与金雀花王朝的其他意外收获相比，英格兰尽管辉煌（这一点无可置疑），但其光芒却盖不过诺曼底、阿奎坦（Aquitaine）等地。英格兰王国与安茹王朝在欧洲大陆上的其他土地同生共处，但却并非这一庞然王国的中
86 心：我们只要回想一下理查一世在其 10 年统治期间仅在英格兰待过不超过 6 个月的事实就可明白这一点。而且，他所属的那一法国家系最终失去了其原来的家园，而不得不满足于英格兰和对不列颠某些岛屿的征服，但这一切却并非出于他自己的选择。①

① 参见 J. Le Patourel，"The Plantagenet Dominions"，*History*，50（1965），289—308。安茹王朝的继承是沿着男性序列进行的，从父亲到当时在世的年纪最长的儿子，从富尔克四世（Fulk 'le Réchin'）到理查一世（Richard I），家族的主要经营都在英格兰和阿奎坦。J. Le Patourel，"The Norman Succession，996—1135"，*Eng. Hist. Rev.* 86（1971），其第 225—250 页显示，征服者威廉其实并不希望英格兰和诺曼底像在他身后那样分离开来，一种确实的（相对于单纯人身性质的）一体化将会是非常正常的；同一个一般的主题又由同一个作者在 1970 年的一次演讲中得到了发展，参见 Stenton Lecture 1970，*Normandy and England 1066 - 1144*（Reading，1971）。

对于"为什么英国法如此不同"这样简单的问题,一些人给出了同样简单且乍看上去是显而易见的答案:"因为英国人本身就是如此不同!"这种答案对于19世纪的浪漫主义学者——尤其是德国那些看到民族精神(*Volksgeist*)在人类文化各个方面都在起作用的学者——来说,有着一种特殊的吸引力。我们在这里也可以触摸到黑格尔那只沉重的手。这里没有必要详述这位伟大德国哲学家的那些概念,但下面的一段文字里,冈布里奇教授(Professor Gombrich)对黑格尔关于"民族精神"的看法做了极富吸引力和想象力的描述:

> "我很乐意将这些重要的段落——在《哲学史讲演录》(*Vorlesungen über die Philosophie der Geschichte*)[4]一书中——的内容形象地描述为一只轮子,从轮毂中央发射出八根辐条,这些辐条代表了民族精神的各种具体体现……它们是民族的宗教、社会结构(constitution)、道德、法律、习俗、科学、艺术和技术。这些具体体现在我轮子的周边都可以看到,从其各自的特性来说必须被理解为民族精神的现实表现:它们都指向一个共同的中心。换言之,从轮子周边外围任何一点开始向里探求其实质,你最终都必定会来到同一个中心点。如果结果不是这样,如果一个民族的科学所显示的原则与其法律制度所显示的对你来说截然不同,那你一定是在什么地方迷失了自己的道路。"[5]

87 于是，一个民族的法律制度必定是某种共同原则的体现，而这些原则你同样也会在科学、宗教等当中发现。[6]这些观念非常有趣，但它们对历史学家来说有用吗？难道我们真的能够通过指责或赞扬民族精神（这样一个模糊而脆弱的东西[7]）产生了一种法律制度来解释历史的发展吗？或者说我们仅仅是在玩文字游戏？梅特兰说，“民族精神，一个民族的天赋，是一种能够创造奇迹的精神，却又为每一位历史学家随心所欲地使用着。”[8]阿伦（C. K. Allen）已经提醒过我们，“法律的血统很少能够做到单一纯正”，“民族”这样的词汇如果未经验证而用于任何一种法律制度都是很危险的。[9]极有可能的是，正相反，民族精神这样一种模糊但却真实的东西——诺曼人在类型上与英国人非常不同就足以说明这一点——可能恰恰是法律制度的产物。几乎不用怀疑，在普通法之下生活几个世纪一定会产生一种“盎格鲁－撒克逊的气质”。事实上，英格兰可以被视为法律制度在型塑民族性格方面颇为重要的教科书式的范例。[10]再者，如果民族精神是普通法的源泉，为什么后者又会在英国历史上最不具备英国特性的时期踏上历史道路？为什么，正如我们所看到的，同时又会在诺曼底产生了另一个类似的制度？

如果民族性格不能为我们提供帮助（后面还会谈到这一点），气候因素也许能提供某种解释。但充分考虑到英国冬夏的特殊性及其对于英国民众生活影响的严酷性，我觉得这一旧的社会解释方法可以简单地为黑格尔发人深省且令人无法辩驳的说法所驳倒：“鲜有璀璨文化的土耳其人，却占据了创造了辉煌文明的古希腊的地盘”（wo einst die Griechen waren, sind jetzt die Türken）。* 古希腊壮美的天空和神奇的海岸线，也没有在居住于这片神圣海岸上的后世居民中重复古代的那些奇迹。

在探索“法律史的解释”[11]过程中，求助于强有力的经济因素会不会给我们带来好运气呢？看起来也不可能，因为12世纪诞生普通法的英格兰（和诺曼底）并非显著不同，无论是它的农业经济——一些地方以庄园制为主，另一些地方则以小自由土地保有人保有土地为主；还是它发展中的城镇和不断拓展的货币经济，在 88
欧洲都并非独一无二。因此，还是让我们放弃这一社会主义者为寻求某种一般性因素而进行的探求来做一些历史学家应该做的工作吧：研究普通法兴起时的特定情形，同时不要忘记不能因为偶然就将某些因素视为不重要。

英格兰的普通法（区别于欧洲大学中的“共同法”[*jus commune*]或共同的学术法）是欧洲最早的国家法，它最早共同适用于整个王国，并由一个在全国范围内拥有初审管辖权的统一法旅予以实施。在欧洲其他地方，法律或者是全欧洲性的，或者是地方性的，而不是国家性的、民族性的。结果是，许多国家都非常悖谬地采纳了那种超越地域的“共同法”来为自己提供一种全国性的法律制度，而这是为纷繁复杂的地方习惯所无法提供的，因为它们不够精致，地方的自豪感也阻碍了将一地的习惯向其

* 这是为了反驳地理环境决定论：同为希腊那一片土地，为不同的人所占据时却产生了不同的文明，因此那里的地理环境并不导致文明上的差别，而必须寻找其他原因。——译者注

他地方强制推行（比如当今欧洲的法律和语言就是许多非洲国家本地习俗和方言之外共同的、国家性的工具）。在德国，通过引入“共同法”来实现法律统一并非完全成功；在法国，法律的统一要直到1804年《法国民法典》颁布才得以实现。

数世纪以来——事实上直至1873年和1875年的《司法法》(Judicature Acts)之前，这种英格兰的普通法都是由一系列的诉讼或法律救济方式构成的，每一种诉讼和救济方式都有自己特定的程序；相反，欧洲大陆的程序规则是一般性的，适用于所有或大部分的诉讼。[12]英国法将先例视为判决的基础，经验性地从一个案件到另一个案件，从一个事实到另一个事实；大陆法则倾向于进行理论性的演绎推理，将判决建立在抽象的原则基础之上。因此大陆法更为概念化、学术化，更多使用概念、定义、特征等加以运行，换言之，它是由中世纪大学中的罗马法型塑而成的。正是这种以对经典文本的注释和评述为特征的教授法，使得大陆法区别于日耳曼和封建的习惯法及英格兰的法律。除了布拉克顿的巨著之外，我们在普通法中没有发现上述东西，而作为对法旅判案记录的《年鉴》(*Year Books*)则典型地且完全不同于威廉·杜兰德(William Durand)的系统性的《法律明鉴》(*Speculum Judiciale*)。在
89 英格兰，法律家们在律师公会(Inns of Court)中接受训练，这是一种培训技艺的学院，在此他们和每一位中世纪的工匠一样，都要在与操持实务的师傅的交往中习得技艺，而不是在大学里拜倒在那些很容易陷入争论的学者脚下。英国法实质上是在既存的封建架构中运作，相反大陆法吸收了大量的外来因素（主要源于罗马法），结果是封建的“关系”观念成为了英国法的核心，而罗马的“意志”

观念则主宰了大陆法。[13]最后一个区别是英格兰缺乏法典编纂，判例法传统和经验主义没有为法典编纂提供良好的基础，而作为最早法律实务家的罗马人也从来没有进行法典编纂，但随着理论的系统化和从一般前提开始的演绎逻辑推理的进行，法典就自然而然地在欧洲大陆上出现了。[14]

这些及其他一些区别，对于每一位对比较研究感兴趣的法律家来说都再清楚和熟悉不过了。那么，英格兰和大陆之间的这种区别是不是自从盎格鲁部落（*gens Anglorum*）登上历史舞台以来就已经存在了呢？如果不是，又是在什么关节点上发生了这种道路上的分野？我们可以立即作出回答，这种区别并非与生俱来并存在于英国法与大陆法各自所有的时期，而是仅存在于中世纪后期的这两种法律中，并从12世纪开始各自走上了截然不同的发展道路。而在其开始阶段是不存在什么实质性、内在性的区别的，这一切发生在后来的阶段，此时英格兰与欧洲大陆都进入了一个完全崭新的阶段，但进入的方式却截然相反。在古老的“早期封建年代”，两地习惯法的景致并无实质区别，大部分都是不成文的，具有浓厚的日耳曼色彩，以一种令我们吃惊的、原始的、非理性的方式在地方法旅得以实施——甚至1066年后封建主义遍及英格兰和欧洲大陆时依然如此。

伴随着12、13世纪（这是一个极具重要性的分水岭）欧洲社会总体上（在法律领域则是具体和特定的）重要的现代化进程，上述一切被打破了。在整个欧洲出现了与旧的后加洛林世界（post-Carolingian world）的决裂，一种最终导致现代民族主权国家产生的进程开始出现，这种国家拥有一个统一的官僚机构，一

种理性的进路和现代化的法律。许多地方的城镇与旧的秩序分道扬镳，大学开始兴起并致力于对优士丁尼《国法大全》(*Corpus Juris Civilis*)的研究。集权制的政府也得到长足发展，法国的统
90 治者开始了统一王国的行动。他们创建了一个由在大学接受过教育的专业法律家占据的中央高等法院——巴黎高等法院(Parliament of Paris)。从政治的角度看，封建主义已经耗尽了自己的精力，巨大的财税来源允许国家雇佣某种类型的非封建官员，而这一种类型自罗马和法兰克帝国灭亡之后就完全消失了。

尽管这一滚滚向前的浪潮席卷了各地，但这一切却并非在各地同时发生着，另外，这场洪流的强度和重点在各地也并不相同。于是，在某些国家中，在罗马法产生任何显著影响之前就已经采取了某些果敢的措施；而在另一些国家，法律生活中的革新则与罗马法的复兴完全同步；还有一些国家则是在罗马法已经成为了一种成熟的制度并得以确立后才采取了法律变革的措施。编年史材料在此具有异乎寻常的重要性——强调历史的这一基本要素并非多余。作为例外，统一化和现代化法律制度的突破早早地就在英格兰(和诺曼底)发生了，此时罗马法还立足未稳，来不及产生任何显著的影响。在欧洲其他地方，没有哪一家王室法庭能够在12世纪向全体自由民开放；巴黎高等法院迟至13世纪中期才出现，而当时就普通民众而言，它只是一个上诉法院。在1188年的欧洲，还没有什么著述可与格兰威尔的书相匹敌，我们不得不一直等到13世纪早期才能在法国，而且是在诺曼底这一盎格鲁-诺曼传统勃发之地，找到一些与之类似的东西。[15]在西西里王国，除了12世纪

某些重要的立法议案外，[16]第一部综合的法律著述要归于弗雷德里克二世（Frederic II）时期，而他1231年的《奥古斯都法典》（*Libri Angustales*，1231）则充斥着罗马法的内容。在大约同一时期的萨克森（Saxony），艾克·冯·雷普高的《萨克森明镜》（*Sachsenspiegel* of Eike von Repgau，c.1224—1227）与格兰威尔更为古老的著述相比，给我们留下了陈旧的印记。在欧洲，没有哪一个国家的法律制度比英格兰更早在实质上取消了旧的证据制度，我们也没有在别的地方发现与英格兰一样早的法旅卷宗记录。

如果法律的现代化在英格兰来得格外早的话，它的系统化同时也非常显著。威斯敏斯特及外出巡回的法官的活动及他们处理的各种案件构成了一个有内在联系的整体，并为人们以同样的方式*所把握和描述。这一新的法律及其司法机构是民族性、国家性的，是属于王室的；不是地方官员，而是国王及其中央法官才是 91
整个制度的承载者，其适用也是全国范围的。这与欧洲大陆非常不同：在欧洲大陆，地方和地区的习惯是最高的，甚至中央法旅在审理上诉案件时也需依习惯法作出判决。这一现代化的英格兰法律实质上还是本土的，它建立在众所周知的规则和习俗基础之上，而很少有罗马法的内容。格兰威尔暴露了自己对优士丁尼《法学阶梯》这一初学者教科书某种程度的熟悉，[17]写作于格兰威尔两代之后的布拉克顿则对罗马法了解甚多，这种了解既来源于《国法大全》本身——大约引用了《学说汇纂》和《法典》不同章节五百处之

* 即将其作为有内在联系的整体进行把握和描述。——译者注

多，也来源于其注疏者——阿佐(Azo)、唐克莱德(Tancred)和贝纳法特的雷蒙德(Raymond of Peňafort)。[18]但真正懂得罗马法的布拉克顿只不过是普通法风景中一块飘忽不定的浮子，不具有代表性，他没有形成学派，其著述所确立的范例也无人追随。

而欧洲大陆则完全不是这样。自12世纪以降，针对《国法大全》所作的精深的评注和关于程序问题的罗马-教会法的著述出现了；更为重要的是，我们发现自13世纪以来产生了一个连续不断的著述系列，它们对不同程度吸收了罗马法的习惯法和重要的王室立法进行了评述。但此时普通法及普通法法旅已经坚定地并且是不可动摇地予以确立了，它们在亨利二世时期就已经深深地扎下了根基，并形成了其本质性的技艺和外观。而这一切又发生在罗马法影响欧洲各地世俗法旅法律实务的前夜，发生在像阿佐《法典概要》(*Summa Codicis*, A.D. 1208—1210)这样的鸿篇巨制出现之前，甚至发生在英格兰的教会法旅转而采用罗马-教会法程序之前——我们在12世纪的正规程序(*ordines judiciorum*)及13世纪那些伟大的程序法著述中发现了这一点。[19]这种普通法兴起的早熟是至关重要的，我们不要忘记那一最基本的新近侵占诉讼令最晚也不超过1166年。

那么，在当时欧洲对于新的罗马-教会法程序的评注和适用方面又出现了什么著述呢？迟至1141年写于意大利的、非常简短的、布尔加鲁斯的《司法概要》(*Summa de judiciis* of Bulgarus)，写于1162—1165年、由另一位伦波伦亚学者普拉森提努斯完成的《诉讼大全概要》(*Summa de actionum varietatibus* of Placentinus, c. 1162—1165)，[20]以及一本无法确定年代的盎格鲁-诺曼

著述《乌尔比安论程序》*（*Ulpianus de edendo*）：[21]这三本价值不 92
大的开创性著作是后世那些伟大经典著述的先驱。[22]而且新的时尚**也并不是普遍都受到欢迎，教士圈子对于新潮流有明显的保留，他们感觉到有太多的革新命令，太多向罗马提起的上诉都损害了常规教会法院（Ordinary）的利益，也有对于罗马法的强烈反对。[23]对于教会法院而言，它们的司法实践在 12 世纪后半期才开始慢慢受到新的罗马－教会学术的影响。② 教会文献显示，在英格兰，新程序及其专门术语的突破 1180 年代以前并没有发生，[24]值得注意的是，这正好与主教委任的宗教法官（bishops' officials）这一新兴司法官员的兴起形成了巧合。[25]对于教皇立法的收集是对新的法律发展表示出兴趣的一个良好征兆。英国现存最早的教皇敕令汇编是《威格尼恩斯教令集》（Wigorniensis Altera），而它肯定是英格兰最早的此种汇编之一。它可能早至 1173—1174 年，但它其中包含的最近的教皇敕令则可能在 1179 年或 1181 年。[26]然而在 1180 年代，普通法已经开始了其发展历程，而这一年代末期格兰威尔的著述将大大加强这一发展。换言之，当在 12 世纪那个转折的关头，罗马－教会法学术开始征服欧洲教会法院的司法实践并在 13 世纪影响世俗法旅和论述习惯法的著述者

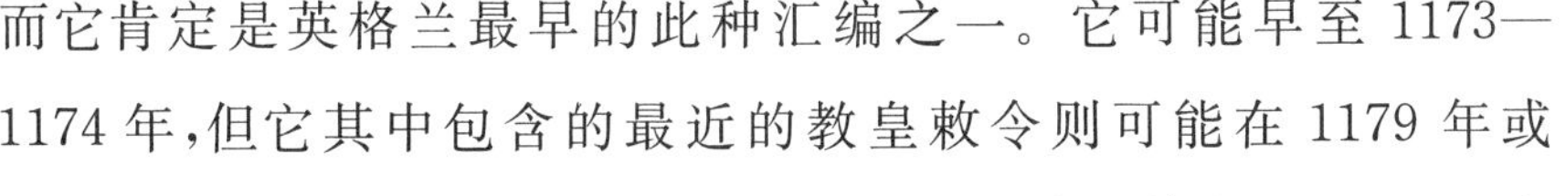

* 这是中世纪一本有关罗马法的论著，写于 1168—1185 年间，内容主要是关于程序方面的，作者为一名苏格兰教士。本书从普拉森提努斯的《诉讼大全概要》中有所借鉴，但不是机械式的；其风格明快，逻辑清晰，采用了格言式体例，与波伦亚风格大相径旅。显示了乌尔比安对英国著述的影响。——译者注

** 指新的罗马教会诉讼程序。——译者注

② 在第 82 页注释中我们已经看到，在它们传统的诉讼程序中甚至像陪审这样的司法习俗也得到了使用，对于教会法诉讼程序中的新制度取代旧的做法则尚需时间。

之时，它要从任何实质意义上来影响普通法已经为时太晚了！甚至是布拉克顿这样随时准备从罗马法有所借鉴的人，也无法改变“英格兰的法律与习惯”的性质。普通法被嵌入了其自身的技术、实践和制度中，已经创制了它自己的框架，并产生了一种技术性很强、具有相当复杂性和精确性的术语，能够持续许多世纪，从而构成对罗马法影响的一道屏障。它足以满足当时的需求，并深深植根于当时的社会现实，以致任何改变它的企图都会碰到那一著名的说法“没有人能够改变英国的法律”（nolumus leges Angliae mutari）——这一说法是1236年《默顿法》（Statute of Merton）颁布时贵族为反对教士改变英国婚姻法的请求而提出来的。

通过关注英国现代化的早熟，我们还没有回答完一个问题，另
93 一个问题又出现了：为什么这种早熟的发展在众多欧洲国家中唯独出现在英格兰？历史学家们明确意识到了相对于其他欧洲王国（尤其是法国的卡佩王朝）的这种英格兰的早熟及其被基纳斯特（W. Kienast）称之为“王国集权化”的特征在中世纪晚期的先锋作用。[27]没有人会头脑简单到将这一复杂现象归结为某种单一的原因。这其中必定有很多缘由，而其中的一些又比另外一些更为重要，我们所肯定不能忽视的一点就是古英国王权的成就对于建立一个统一王国的意义。当在那些特定的世纪里法兰克帝国及其继承者们分崩离析、统一的行政瓦解之时，英格兰已经学会了在一个国家、一个政府、一套全国性的制度、官员和法院之下生活。10、11世纪统一和巩固的古英格兰王国为后代建立普通法提供了政治基础，这些后代又碰巧处于诺曼和安茹血统的国王及其欧洲大陆的追随者统治之下，于是他们又在上述基础之上加上了自己作为统

治者、管理者和法律与秩序的维护者的天赋，这些天赋同样显示在和英格兰一样被他们征服的西西里。他们还带来了属于他们自己的那种有节制的和建设性的封建主义，这种封建主义一定还为其加洛林开创者了然于心，对于它有人正确评价道，“封建主义运行得越好，一个不再是完全封建主义的政治框架就会产生得越快”。[28]英格兰的诺曼主人是贪婪残暴的，但他们以一种无与伦比的方式系统地处理了自己的事务，并使现存的财税制度几近完备。在法律制度现代化早熟的英格兰，在财税行政方面也走在了欧洲的前列。[29]再者，诺曼人的确知道如何统治多种族的地区，在西西里，拉丁－诺曼人统治着希腊人和阿拉伯人，在英格兰则统治着本土的英国人和丹麦人——后者在政治上已被同化，但在法律与社会方面还保留显著特色。

12 世纪的英格兰明确意识到自己拥有一个混杂的人口——法兰克人和盎格鲁人的融合直至这一世纪末才发生，这又重新提出了“民族精神”在普通法创立过程中的作用问题。我已经描述过“民族精神”的作用，但在这里我愿意作一个更深入的探讨，因为在这个问题上关于这一立场有一些观念术语需要“去魅”（demythologizing）。许多年来一直作为法律史领域执牛耳者的已故普林谢 94
姆教授（Professor Pringsheim），对于英国法及其与古典罗马法之间的相似性怀有浓厚兴趣。[30]1933 年他在剑桥和牛津就这一主题作过演讲，并以“英国法与罗马法的内在关系”为题予以出版。[31]这位博学的著述者坚持认为，古典时期的罗马法和后来优士丁尼时期的罗马法及拜占庭法律存在差别，通过研究古典罗马法和英国

普通法之间的相似性，他认为这二者都深刻地区别于拜占旅罗马法及以之为基础的中世纪罗马法。于是这一区别的一边是古典罗马法和普通法，另一边是后来的罗马法和欧洲大陆的学术法。

> “通常被拿来与英国普通法作对比的大陆法受到的是优士丁尼法律的影响，而古典罗马法对它的影响只是间接的。罗马法在其古典时代的精神是与英国法的精神息息相关的，而优士丁尼时代的罗马法精神则几乎是与英国法相对的。这两套法律体系是相对的，一方是《国法大全》的法律及受它影响的欧陆制度，另一方是古典罗马法及很少受它影响却与之有着内在联系的英国法。”

于是普林谢姆教授接下来（第 78 页）引用了许多例子——比如罗马的程式诉讼（formulae-process）与英国的令状制度（writ-process），[32] 并指出其中的某些不同点——比如先例在英国法中具有异乎寻常的重要性，而在罗马法中则是敕令、法律解答和法律著述占据主导地位。这一切都颇具启发性，历史上几乎没有什么比波伦亚的注释家们的努力能给人以更深刻的印象、也更为古怪离奇的了，他们重又捡起了六个世纪以前就已失落了的罗马法律史的线索，并在中世纪意大利的大学中完成了对罗马共和国和帝国法律的理论化和逻辑化。然而，“当西欧的其他国家开始采纳罗马法律史的最终结果时，英格兰则在无意识中重复着这段历史。”[33]
95 正是从普林谢姆教授力图解释这一内在联系的地方——用自孟德

斯鸠《论法的精神》和耶林《罗马法的精神》(*Geist des romischen Rechts*)以来流行的术语,即这种类似的"精神"——我们开始感到了怀疑,因为他在两个民族的相似性格中找到了解释。秉承黑格尔的血脉,普林谢姆教授写道,英格兰和古典罗马法律制度的相似性"建立在这两个民族中所存在的那种不可否认的相似性基础上,这是一种它们在其漫长的历史当中已经显现出来了的民族性格上的相似性"(第 77 页)。"英国法和罗马法都是在没有受到外来影响的情况下发展起来的,这是这些民族强烈的民族性格所导致的。"那么欧洲还有没有其他民族同样带有强烈的民族性格,而其法律制度又不同于古典罗马和英格兰呢?这难道不是在将比较的欲望推得更远而认为,"在艺术领域这两个民族(即罗马和英格兰)也会显示出相似的倾向和才能吗?"(第 85 页)尽管我没有特别的欲望来攻击民族精神,尽管普林谢姆发出警告说,"这种精神,这种一个民族的基本性格将永远是一个秘密,一个根本不可能用理性考虑予以攻击的秘密"(第 90 页),我还是觉得这一主题是如此地重要,以致不能不予以考虑。

普林谢姆理论建构中的麻烦问题是,在 12 世纪这一关键时期英格兰同时并存着好几个民族团体:有诺曼人,文献中通称法国人;英国人;还有佛兰芒人和威尔士人(特许状中有时会特别提到他们),以及丹麦人的后裔。法兰克人和盎格鲁人是形成两个截然不同社会阶层的两个重要民族,他们在 11、12 世纪王室和私人的令状和特许状中经常出现。[34]这两个民族(如果在英格兰的确有两个民族的话,那也是在普通法奠基的世纪里)为一道宽阔的鸿沟所分离。那些法国人的源头在欧洲大陆，他们统治着这个国家及其教会，控制着财富，并通过盎格鲁-诺曼的封建主义连结在一起，在英格兰和诺曼底都保有土地。他们说法语③（甚至理查一世的
96 御前大臣〔chancellor〕也不懂英语，普通的民众更是不懂[35]），非常接近于欧洲大陆的文明，并过着一种军事性、骑士般的生活。他们很少对被征服的英国的传统价值表示尊敬，直到亨利二世统治时才开始和英国人通婚——理查德·菲茨·尼尔于 1179 年[36]（乐观地？）写道，在他那个年代，法国人与英国人之间的通婚已经变得非常常见，以致很难将他们予以区分，至少，他补充说，当他们是自由人时是这样[37]——但全部的问题都在于，大部分英国人都是不自由的土著人（*nativi*），因此“naif”（土著居民）、“rutic”（乡下人）、“villein”（农奴）以及“Englishman”（英国人）这些术语是可以互换的。④ 这就是另外的一个民族，主要是不自由的、说英语的农民，他们被排斥在高官显爵之外，过着一种卑微的地方农业生活，艰难地尽其所能保存着其历史宝库中的某些因素，比如他们的国王、神明和语言。[38]

③ 这种语言和社会方面的障碍是一个非常严重的麻烦，请参看布里克奇克(Brictric)的故事。布里克奇克是一个教区的教士，他对圣伍尔弗里克(St Wulfric)非常生气，因为作为亨利一世和斯蒂芬时期能够创造奇迹的隐士，后者治好了一个哑巴，并使他能够开口说英语和法语。看到这些，布里克奇克指责了这位隐士，因为作为他的老朋友，后者从来没有教给过自己法语，结果使得“自己来到主教和副主教面前时不得不像哑巴一样保持沉默”(Stenton, *English Society*, pp. 211—212)。正如温菲尔德(Winfield, *Chief sources*, p.8)令人印象深刻地指出的那样：“只会说英语的人就像媚臣一样粗俗，像小吏一样缺乏教养。”

④ 正如在遥远的过去英吉利(盎格鲁)人征服不列颠时“*wealas*”(日耳曼人对不列颠人的称呼)逐渐被用来指“slaves”(奴隶)一样，现在对于征服英国的诺曼人来说，“*Anglicus*”也逐渐被用来指农奴。

那么普通法究竟反映的是谁的民族性格？诺曼人的还是英国人的？其中的某些因素毫无疑问源于英国（及丹麦？）：比如，某些土地保有方式、庄园组织形式以及体现在庄园法庭（hallmoot）、百户区法庭及郡法庭的乡村生活——但这些地方又不是普通法的寄居之所；还有一些陪审程序，当然还有令状（但很难说是普通法所采取的令状形式）的因素。但更多的则来源于诺曼人，属于一种诺曼的生活方式。普通法实质上是封建地产法，[39]而封建主义又来源于欧洲大陆。宣誓调查也来自诺曼底，是诺曼和安茹王朝发展了典型的行政令状及后来司法化了的令状。那些在其形成年代型塑和规制普通法的王室官员和封建大员们也主要是法兰克民族的成员，正如普通法的奠基者金雀花亨利二世一样，他本人就是一个古老法国王朝的真正法国后裔。[40]还有，不管普林谢姆教授怎么说（第 80 页），这一普通法还只是“一个阶层的法律”，“不属于整个王国及生活于其中的全部民众”。普通法对于不自由的农民不感兴趣，他们被苛刻地排除在普通法之外，试图僭越而用之者甚至会被 97
处以罚金。[41]普通法的创制者是一小部分占主导地位的贵族成员，普通法对他们及一小部分自由的当地居民（英国人中的上层俗界人士）是开放的，之所以如此是为了保持拥有土地的上层自由人之间的和睦。于是，这种英国的普通法采用了法语作为其术语，并一直延续到 17、18 世纪（尽管它越来越不能为法国人理解了）也就不足为奇了。[42]毕竟，当普通法的基础得以奠定之时，它还不能与生长于诺曼底，同时服务于同一统治者、同一阶级[43]的令状、宣誓调查和土地保有的制度截然区别开来，而后者则肯定不能

说是英国的。⑤ 普通法成立于这样一个时期，“从智识的角度——如同从贵族生活的习俗看一样，当时英格兰是法国文化帝国的一块殖民地。”[44]这一盎格鲁-诺曼法律只有在诺曼底失落之后才变成了英国的，并得到了一个已从盎格鲁-诺曼性质变为英吉利性质的国家的滋养(而同时它在诺曼底则枯萎了)，在这一国家中英国国王取代了法国国王，英国血统的法官占据了审判席位，[45]贵族也变得非常英国化，以致“诺曼征服会为讲法语、遵循法国习惯的人及应将其全部家产归功于威廉一世及其继承者的人所深恶痛绝”。[46]是13世纪诺曼人和英国人才融合为了一个民族，将各血统的自由民联结在一起的普通法才真正变成了英国法(截然区别于大陆法)，并成为这个国家特性的一部分。⑥ 这样看来，普通法提

⑤ 几乎没有什么“反诺曼”的历史学家准备走极端并将亨利统治时期的诺曼法律(包括宣誓调查)视作是从英格兰引进的，就我所知，也还没有人自称封建主义是从英格兰引入诺曼的。普通法诉讼程序及其整个氛围的精确、活跃和鲜明与盎格鲁-撒克逊时期英国的传统品质非常不同，后者被描述为温和、优雅(Knowles，“Archbishop Thomas Becket”，p. 101)，并时刻准备“抓住每一个机会通过双方和解来结束民事诉讼”，其法律观念是“更加推崇在法院的权威之下和平解决，而不是追求法旅的直接判决”(Stenton，*English Justice*，p. 7)。如果普通法在地域上是作为一种盎格鲁-诺曼现象起源的，那么其基调在其初始阶段则压倒性地属于诺曼性质，尽管后来无数代的英国法律家们又的确将之变成了一座英国味很浓的丰碑。

⑥ G.迪策认为(G. Dietze，*Magna Carta and Property*〔Charlottesville，va.，1965〕，p. 63)：“诺曼底陷落之后，英国人对于民族共同性的认可越来越强烈……《大宪章》起初主要针对的是封建体系中的人，而现在则不断地适用于所有自由民。整个13世纪，人们不断强烈地感受到《大宪章》是为了保障所有人的自由。”从诺曼底和诺曼底土地保有中脱离出来，对于在英国的诺曼人来说是一种痛楚的经历，这最终使他们从英国的诺曼人变成了英国人，但这只是一种负面的经历；《大宪章》(其中并没有说什么法国人或诺曼人)和普通法则是正面积极的因素。而诺曼征服者什么时候不再觉得自己像诺曼人的问题在历史上也存在可类比的东西，什么时候新大陆的英国定居者不再觉得自己像英国人而变成美国人了呢？又是什么时候南非的荷兰定居者觉得自己不
98 再是欧洲人了呢？

供了一条超越英国人和诺曼人差别的途径，将他们联结在了一起，并用于解决现存的纷争。

于是我们得出了一个反对普林谢姆的结论，我们发现13世纪的普通法当然只是一个特定阶层的法律，是自由土地保有者的法律。这是一个其清晰的盎格鲁－撒克逊或诺曼意识正在失落从而需要一种新的民族身份的阶层，而一个共同的法律和法院系统则有助于提供这种身份。[47]因此在13世纪，英国人的名字是某种可引以为骄傲的东西，[48]而在一个世纪以前它还意味着某种受奴役的地位。一种在法国实施、以法国封建法为基础的制度反倒成为了英吉利民族的骄傲！普通法有助于在中世纪晚期的英格兰引发一种民族感和伟大感，它能使民众意识到自己不同于不列颠岛屿和欧洲大陆其他民族的独特之处。它鼓舞了许多事情的发生，如约翰·福蒂斯丘爵士（Sir John Fortescue）为教导年轻的爱德华王子而于1470年或1471年完成的、标题骄傲地确定为《英国法礼赞》（*De Laudibus Legum Angliae*）的著作；又如威克里夫（Wycliff）攻击罗马法为“异教徒的法律”，以及他“从罗马法和教皇外在施加的规则转而诉诸英国人通过日常行为为他们自己制定的规则”，等等。[49]我想把普林谢姆的结论倒过来提出——略有夸张但并非没有论证：普通法并非英吉利民族性格的一个结果，而毋宁说是其形成因素之一。

普林谢姆既不是第一个也不是最后一个主张英国的民族性格为普通法原动力的人。⑦ 1904年，弗雷德里克·波洛克爵士（Sir 99

⑦　17、18世纪当专制主义在欧洲大陆甚嚣尘上之时，议会则在英格兰取得了胜利，

Frederic Pollock）提出了类似的主张，更富戏剧性的是，他诉诸的是神明，将一个神明注定的国王取而代之以神明注定的普通法。相对于普林谢姆的“民族精神”而言，他更是将普通法置于了不可批评的地位，大概没有什么能比神性看起来更足以解释这一伟大的事情了。[50]当然，在令人印象深刻并准确地指出在中世纪晚期“对于饱学之士来说一定有一种诱惑要将任何特别英国的观念和习俗都视为一种偏狭的、地方性的异端邪说”（第 57 页）之后，在谈到普通法“外在的野蛮风格”之后，他接着解释到，甚至像爱德华一世这样伟大的立法者，也不能改变英国法的独特品质。他这样解释其中的原因，“我决不会认为，如果爱德华一世愿意的话，他真的就能改变英国法律的品格，我所坚信的是‘型塑我们终极目标的那种神性’。我们的制度应运而来，看起来是如此的浑然天成，但即使这样的事实也不能证明到民族感情和传统的深度，这是一个蕴藏在很难为有意识努力就可以掀起的表皮之下的深度”（第 58 页）——这就是波洛克爵士玄妙高深的话语，[51]他可能是从罗马法学家的著述中抽取了一页，因为后者也把自己的法律视为“天国的赐礼”。[52]

这一法律史上的浪漫主义血脉还没有完全干涸，它还会以一种在“法律著述的贫瘠领域”中极为少见的绚丽灿烂的风格出现在

（接上页注）
在解释这一现象时就有人特别提到了英国人的民族特性，说他们是“自由的自然维护者”。参见 C. Robbins，“Why the English Parliament survived the Age of Absolutism. Some explanations offered by writers of the 17th and 18th centuries”，*Studies presented to the Internat. Comm. for the Hist. of Represent. and Parl. Insit.*，18（Louvain，1958），199—213（= Xth Internat. Cong. of Hist. Sc.，Rome，1955）。

下述文字中："正如其历史所显示的那样，英国法是由英国人为自己所创制的，表达了英格兰的精神。"然而必须承认的是，某些因素则来自于别的地方："英国法像一条河，随着岁月的流逝，河床渐宽渐深，时而有支流加入进来。首先流入的是普通法的源泉，但衡平法的清泉和商人法、教会法的眼泉增加了当时的流量，而在这河流的浪尖之上航行着的却是英格兰的灵魂之船。"[53]我不知道所有这一切是否是一首美妙的诗篇，但在我看来它却是一段错误的历史。100
无论如何我要建议，我们先将这些灵魂、精神，这些河流、河床、源泉、清泉、浪头及其他很容易为浪漫主义者们所着迷的东西放到一边，来看一看普通法奠基年代的另一关键因素：亨利二世的人格魅力。这是一个"新司法形式的精心设计者"，[54]一个天才（这词并不过分），一个"凭本能就可成为法律家的人"，[55]其司法感觉如此发达，以致卡斯蒂尔（Castile）和纳瓦尔（Navarre）两王 1177 年竟将一起领土争端交由他来裁决。

亨利二世时期，盎格鲁－诺曼情结（complex）达到了它的顶峰，很可能是在他统治的最后几年，"英格兰的王权达到了都铎时代（Tudor period）以前的最高峰"。[56]当时，普通法的总体框架不可动摇地确定了，显然他的个人魅力是其中最重要的因素。现代化的进程在许多国家都在进行，但无论其君主是一个富于创造力的亨利二世，还是一个如同时期执掌法国王位的路易七世那样优柔寡断、孱弱的人，[57]都产生了非常大的差别。英格兰和诺曼底的多项试验已经持续了很长时间，在亨利的时代并没有创制什么普通法的实质因素，但他最终决定了选择哪些要素以及如何协调它们，他使得这一切能够系统地工作。

我们也不应该忘记，正是这位国王妥善地安排和利用了当时那些不可或缺的人员和资源。英格兰和诺曼底都是当时知识非常活跃的地区，遍布着位列欧洲发展前沿的有识之士，这是众所周知的事情，[58]并且不止法律领域，其他领域同样如此。正如我们所看到的那样，当时存在一个盎格鲁－诺曼的教会法学家派别：塞埃的阿努尔夫(Arnulf of Séez)是我们所记载的早在1130年代第一个在意大利研习罗马法的盎格鲁－诺曼教士，[59]直至13世纪的上半期依然从者如云。[60]关于他们这种国际事业的一个很好例子可在蒂尔贝里的吉瓦斯(Gervase of Tilbury)的一生中找到，后者是《帝王休闲》* 一书的作者。[61]意大利的罗马法学家瓦卡里乌斯(Vacarius)在斯蒂芬时期来到英格兰从事教学并开展法律事务：他为那些无力购买整部《国法大全》的贫困学生编写了一部罗马法的简编本《保罗论法》(*Liber Pauperum*)，他的学派——保罗派(*pauperistae*)——12世纪后期在牛津非常兴盛。当时英国图书馆中收藏了大量带有波伦亚学者印记的图书，[62]它们为当时的民
101 众所广泛使用。[63]如果英格兰并没有获得特别多的教皇敕令，那么它们在施法者教皇亚历山大三世(lawgiver-pope Alexander III)时收集这些敕令方面则表现出了特别的热情，以致在有关教皇敕令的经典汇编中有相当大的部分是涉及英国事务的。[64]俗界民众的普及教育也获得了长足进展，[65]这为王室法旅招募大量法官才

* *Otia Imperialia*，作者用拉丁文写成，该书包含了地理、历史等三部分，在后来的三个世纪中为许多人争相阅读。——译者注

俊提供了可能。很少有人接受过罗马法或教会法方面的正规教育，⑧但由于这些基本知识在教士中广为传播，而且教俗两界的纠纷通常也由他们来处理，因此许多人对罗马法和教会法也偶有了解。这些出身教俗两界的法官变成了真正的专家，没有他们，就不会有普通法的发展。[66]

但不是因为他们知道或了解罗马法，亨利二世的臣民们就会自动赞同它*，或想适用它。他们能作出具有批判性的决断，拒绝罗马法，尽管对其正面的价值仍心怀崇敬。有时他们更推崇他们本国的习惯，尤其是当这些习惯适用于其王室主子的法旅时——也并不是每一个教士都热衷于教皇的新法律。因此，在亨利二世统治后期，拉尔夫·奈杰尔（Ralph Nigel）针对罗马法学家的攻击挺身而出为本地法及现行法旅的判决作辩护。他承认罗马法具有伟大的品性，比如它有助于取消司法的过分形式化（*pravus ritus judiciorum*），即对于神明裁判的滥用，这是好事。但它被一些别有用心的人给滥用了，他们为了自己的目的而曲解法律，力图打破现有的习俗，“诱惑以色列子民们的心”。这一企图的最高层次已在意大利进行着，但后来这一觊觎王权及其主导地位的潜在暗流又侵蚀了西欧诸国，并像押沙龙的起义**一样成为遍及欧洲的灾难。[67]作为“中世纪反法律主义思想的一个部分”***，[68]对新的学术

⑧　在13世纪的法国形势则大为不同，许多法律专业的毕业生足以为巴黎高等法院和其他法院配备人员，这也使得罗马－教会法诉讼程序的整体引进成为可能；而普通法的兴起相对于这一切来说又来得太早了。

*　指罗马法。——译者注

**　revolt of Absalom，《圣经》中的故事。——译者注

***　这里可能是指针对评论法学派对罗马法“过度”解释的反感。——译者注

法及法律家的批评并不只是一种英国现象，而是广布欧洲，尤其是在德国，在这里爆发了针对罗马法继受的“律师都是黑心基督徒！”(Juristen, böse Christen)[69]* 的呐喊。然而我们在英格兰发现它
102 则是在一个非常早的时期，在这里，民族法的辩护者们毫不犹豫地炮制出带有明显政治意涵的教皇公文，来支持他们对由罗马法激发之革新的反对。这里有一封 1206—1210 年间的伪造书信为证，始作俑者可能是一名伦敦人，这封长信据称是由教皇伊勒留(Pope Eleutherius)发给不列颠王卢修斯(British King Lucius)的。教皇在信中写道：“我们总是可以非难罗马和恺撒的法律，但对上帝之法却从不能这样。”随即他禁止卢修斯国王使用罗马法，并告诉“你应该在王国谘议会的协助下(*per consilium regni vestri*)制定法律”。[70]这并不是一场理论上假设的谈话或一种这样的威胁，在 13 世纪早期，西西里王国就被奉为是以帝国时期的罗马法而非王室谘议会(*consilium regni*)为原动力的典范国家。在这里，“皇帝自己制定和解释法律”(conditor et interpres legum solus est imperator)的罗马格言占主导地位，而并不信奉以民众同意为必要及国王要在其贵族谘议会下进行立法和管理的日耳曼和封建观念。在英格兰，同样有明显的专制主义倾向在起作用。[71]

对于王国习俗的信心及因高效实施这些习惯法的王室法旅而产生的骄傲，[72]构成了防御第一次罗马法浪潮的坚固堤坝，当然这第一次浪潮在这一早期阶段的力量还无法与后世罗马法的成熟与荣耀相提并论。在英国司法中所发现的罗马法碎片可能起到了一

* 这是马丁·路德的一句话，表明他对法律家们的痛恨。——译者注

种解放的功效，并给人一种智识上的刺激来翻过过去的一页，用一种系统的方法来掌握和解释这一成功的中央法旅的司法实践。这就是格兰威尔的著述，其成就之伟大是显而易见的；其实质根本不是罗马的，但其中的某些波伦亚灵感则是显而易见的。这样的著述虽然不是很多，但却可能足以抑制王室司法全身心地陷入到“押沙龙的起义”之中，从而从整体上采用罗马法。

如果说亨利二世能够号召那些智慧的头脑，他同时还有足够的财富来雇佣他们。自盎格鲁－撒克逊时期以来，英格兰就已经富庶了起来，[73]这一点私生子威廉（William the Bastard，即征服者威廉、威廉一世）也注意到了。12 世纪经济的扩展将相当数量的新资源置于了国王的任意支配之下，他们用各种新旧方法来开发这些资源。不断增长的城镇财富，如同乡村地产所有者的财富一样都成为了王室征税的对象。此外，庄园经济的收入也有普遍的增加。亨利二世可能是欧洲最富有的统治者了，其财政运行无疑是最高效的，在最好的年份里，他在英格兰的收入一定与整个英国 103
贵族领地的收入大致持平。[74]无论如何，沿着更为现代化的路径运行一个王国被证明是非常昂贵的。他所建立的司法机构处于以前从未见识过的层次上，巡回全国各地及坐堂威斯敏斯特的数以百计的王室法官和其他人员，一定会带来相当大的开支：这笔开支并不能全部都通过雇佣可从教会圣俸中获得收入的教士来涵盖！

的确不错，司法会产生收益，[75]但这一点又很容易被夸大而不负责任地说什么“财政方面很有收益”的总巡回审[76]（却没有计算其支出），甚至认为收益是亨利二世司法政策背后的终极动机，所谓“对秩序的维护，普通法的发展，播撒正义，都只不过是附属的东

西，是一个更为卑鄙的动机下的壮美结果”，“并引用中世纪的格言‘司法是最大的财富’（justitia est magnum emolumentum）来作为其基本认识”[77]。但这并不是亨利的同时代人布鲁瓦的彼得（Peter of Blois）所看到的情况，在描述国王的巨大财富时他写道：“这些巨额财富是用来维持社会良好秩序的（*ad pacem populi spectat immensitas illa pecuniarum*）。”[78]从搜刮财富方面来描述法律改革并不难，因为正如卷筒卷宗所显示的那样，金钱在其中扮演了重要角色——但哪里又不是这样的呢？可以肯定的是，几乎没有什么领域在需要人们付出努力的同时又可以完全不需要金钱的。我们能否引用贝多芬写给布莱特科普夫与哈特（Breitkopf & Härtel）或彼得斯（Peters）、绍特与桑斯（Schott & Sons）等出版社关于王室特权的书信，以及他对于汇票时间的关注，来得出结论说他的交响乐是挣钱的复杂方法呢？[79]我们又能否从议员对高薪的经常渴求方面来写议会的历史，或者将中世纪的修道院描述成为只对地产权益和货币借贷利息感兴趣的财政团体呢？你可以这样做，但却可能错过了问题的关键。说亨利的司法举措实际上是众多生财的机器并不能说明什么问题。[80]依据《克拉伦敦法》进行刑事处罚和对不法侵入土地之行为进行惩治所获得的收入已经有人计算出来了，1166—1171年从那些被惩罚者的动产所获得的王室收入（其土地已被收归其领主）达312英镑，[81]因非法入侵而处的罚金达200英镑。我们并不知道总巡回审的费用，因此无法在这些费用与上述收入之间作出对比（而且总巡回审还处理其他可能带来收益的事务），但如果我们将这点司法收入与亨利二世一年在全英国将近35000英镑的收入作对比的话，[82]就会立刻清晰地显

示出前者是多么地微不足道！当国王可以并且的确运用了一些简 104
单的方法——如武断地征收巨额森林罚金，[83]或者是将某些主教职位的空缺再闲置得稍长一点以获得超过1000英镑的额外年收入，这都不会招来麻烦[84]——来创收时，我们会发现前述司法的方法对于填补王室金库就显得多么复杂、繁琐，而说它出于金钱考虑的说法显然就是牵强附会了！

生活在12世纪的每一个人都知道，你不可能无所付出就获得正义，就像购买任何其他东西必须付款一样，这一点无论是在教会法庭还是在国王的法庭上都是一样的。教会的下级职员也知道在审判前向当事人征收两个半先令，并把它优雅地称为"正义便士"(the penny of justice)。⑨ 这并不新鲜，即使在诺曼人到来之前，正义的车轮也需要向国王贡奉的财物来润滑，同时也不要忘记正惦记着她那一份的王后。[85]在许多世纪里，当事人都要在事后向为他们作出裁决的人支付费用，正如学生要向不得不考他们并确实客观、自由地(我们自信地希望是这样)这样做了的教授支付费用一样。正因为一定是看到过财政署中某些阴暗的交易，理查德·菲茨·尼尔才用了下述高尚的语言来粉饰它们：

"我们当然知道王国的统治和法律的维持主要有赖于睿

⑨ 唱圣诗者彼得(Peter the Chanter)不知道这是不是圣职寻租，他告诉我们，法官习惯上也会在争端解决之后从当事人那里收取两先令或三先令。他还拿证人询问官(examiners of witnesses)来举例，后者对记录证言，甚至是加快工作的请求也要索取费用。通过提及罗马法和奥古斯丁的禁令，教皇禁止教会委任法官强征争议标的的十分之一来作为其工资担保的习惯做法(Baldwin, *Masters*, *Princes and Merchants*, I, 191)。

> 智、刚毅、节制、公正及其他一些品质，基于此，这个世界的统治者必须尽其所能来实践它们，但在某些情况下合理和明智的决策通过金钱的媒介会更早地生效，那些明显的困难也会因金钱而一扫而光，就如同运用高超的谈判技巧一样。”[86]

新的盎格鲁－诺曼法律制度和诉讼程序就是在这样一种情境下诞生的，政治史告诉我们它为什么会在诺曼底衰亡，班诺克本（Bannockburn）之后它为什么又会在苏格兰止步（13 世纪已渗透于此地），从而将英格兰及其普通法孤独地撂在一边。在诺曼底和苏格
105 兰，亨利二世的创造最终让位于征服了整个欧洲的罗马法。于是，因为普通法已经成为了其政治架构的一部分，其民族意识和社会秩序基础的一种因素，英格兰就变成了罗马海洋中的一座孤岛。她那半封建、半现代，又是欧洲最具日耳曼色彩的普通法简直就是一个怪物，一个西方文明史上的畸形儿。它不够现代化因为它现代化得过早——在科学技术史上这是一种普遍的现象，[87]这其中时间因素具有极端重要性。[88]在欧洲的其他地方，法律的现代化是在罗马法及罗马法激发的理论影响下后来才发生的，此时，罗马法在科学上已达到成熟，并如每一个人所见已在教会法旅得以实施。[89]在罗马法及其诉讼程序来得及为现代化提供一个精心设计的模式以前，在大学所培养的人员参与司法的现实可行性出现以前，因为存在某种需要填补的法律空白，英格兰的国王们在好几代以前就完成了一种并不激进的现代化，其结果对于当时的需要来说自然已经足够，普通法这种年代学上的例外现象，也就沿着自己独特的道路延续了下来。[90]

对于一位16世纪早期的欧洲大陆观察家来说，普通法看上去一定是一种古怪陈旧的东西，毫无希望并属于中世纪，充满着古代的因素，而这些东西在别的地方早被罗马法理论像蛛网一样清除了：这是一块西方封建主义时代留下的化石，基于此，盎格鲁－诺曼人可以隐藏普通法根源于古代法国地方法的事实——在所有中世纪习俗中诺曼法是最具封建性的[91]——正如其术语是已遭废弃的地方法语一样。它深深地刺痛了在欧洲大陆巡访的英国人。托马斯·斯塔基（Thomas Starkey，卒于1538年），这位来自一所意大利大学——可能是帕多亚（Padua）——的法学博士（*legum doctor*），在1534年准备返回英格兰时“将其本国民众适用的习俗和生活方式与这里我们国家采用的政策作了考虑、权衡”。他批评了英国法，说它“缺乏秩序和目标”，法典化在英国很必要。所有的法律家都应该接受罗马法的指导，当然最好的补救措施是一股脑儿地将英国法抛弃，“接受这样一个现在几乎已成为基督教世界共同法的罗马市民法”。他尤其对“由像诺曼这样一个野蛮民族带来的法律来统治我们，以及由此所带给我们的耻辱及至今仍残留在我们中间的不名誉和死板僵硬感到愤愤不平”。[92]他的这一彻底的改革计划并没有带来任何东西，最先得以现代化的英国法成为了最 106
后一个去除那些诉讼制度陈迹的法律制度。[93]普通法的一些明显的不足自中世纪后期以来得到了衡平法庭（Court of Chancery）衡平管辖权的弥补，而后者在外表上则带有浓厚的罗马－教会法色彩——这也是普通法早熟付出的代价。16世纪见证了那些特权法庭不断增长的重要性，甚至是亨利八世引进罗马法的某些努力；但17世纪却看到了普通法的胜利，由此它保留了其实质性的

诉讼制度直至19世纪的大变革，而实体法中的许多内容则一直持续到了今天。

喜欢某种哲学及其历史的人将会在这里找到进行反思的资源，普通法在几大洲许多国家中的作用和影响已经是持久和深入的了，然而其成立的主要时间却非常短暂：还不到两代。在从新近侵占诉讼令状到诺曼底失落这一期间，一些具有决定性的措施得以出台，它们最终导致了“盎格鲁－撒克逊法系”的兴起，成为真正具有世界意义的四五个法律体系中的一个。同时，我们也不能不为在这一欧洲“异物”诞生过程中那些“纯粹的巧合”所起到的作用所触动。“机遇”或“巧合”是一个困难的哲学概念，使用它的历史学家是要冒风险的，但如果他相信偶然性有助于理解历史事件的话，又有什么会阻止对它的使用呢？因此当我们说起普通法诞生的偶然因素时，应该意识到自己正处于一条变化莫测的河流之中，也应该意识到自己处理的是历史研究中的某些基本问题。许多历史学家觉得，如果历史就是对于过去的解释，那么我们应该寻找规律，寻找那些反复出现的现象，[94]寻找那些重要因素的决定性，以及那些潜在的大众运动及与此类似的东西。我们应该像绕开一个败兴者那样回避意外和历史的偶然，如果历史应被视为一种赋予了普世性的严肃的艺术形式——因而避开了亚里士多德的责难——我们就必须对历史事件进行分类和解释，这样其中那些明显的混乱就可以变成一种呈现和谐图景的组织化的体系，由我们的智识加以排列和把握，而无论它与事实上的情况多么地不相关联。[95]

从这一角度看，意外和偶然性这一极端非理性的因素，就是不

可外扬的家丑，就像一个不名誉的搅事者应被掩藏起来不可让人看见，要是偶尔提到，当然也只会遭到冷遇。将重要的历史发展 107
（比如现代科学的起源）完全归因于偶然，就是——正如我们所读到的——“宣告作为一种人类心智启蒙形式的历史的破产”。[96]但为什么历史上的一切就都应该用规律和逻辑来阐明呢？它是不是会给我们一种确定性及对过去事件的主宰感（尽管我们现在还不能控制它们）以及对“单纯的经验主义者”的优越感呢——后者“持有一些收集到的实证材料及在此基础上得出的仍属试验性的近似结论”？[97]一些历史学家显然觉得，对于偶然因素的诉诸是一个学者颓废的明显征兆。于是我们读到，皮雷纳（Pirenne）在其“伟大的时期”（great years）主要因兰普雷克特（K. Lamprecht）的影响而具备了决定论者的观点，并秉承黑格尔的血脉而相信，历史是可以通过常规性和反复性予以解释的。同时，他还相信实质上带有经济特性的那些“潜在力量”和大众运动的决定性作用，感觉与历史唯物主义非常接近。他还写了《贝尔吉克的历史》（*Histoire de Belgique*）的头两卷，“好像是被历史唯物主义说服了”。的确，在其晚年他有了不同的想法，并就历史中偶然因素的重要性做了演讲，“我们被告知这一事实是用来否定他对决定论的信仰的，然而这也会让人忘记，人类的智识是在不断发展的，尽管不必然朝着更为完美的方向。”[98]不过，受到一个意想不到的援助的鼓舞——我指的是著名生物化学家 J. 莫诺（J. Monod）那篇关于在生物圈起源和演化过程中偶然性所起作用的文章，[99]我觉得无论是就一般而言的总体历史发展，还是具体到普通法的确立过程，偶然因素的作用是如此地显著，以致我们不能对它充耳不闻。

首先，在那些关键的年代里，英吉利王国那种异乎寻常的力量是两种并不具有内在联系的现象共同作用的结果：盎格鲁－撒克逊时期一个统一王国的兴起和它被诺曼人的征服。当法兰克人因过于贪心追寻“古老帝国及其幽灵”而不得不自食分裂之苦时，英国的国王则成功地将自己定位于对统一民族国家的巩固方面。他们的国家最终为一个强力系列的封建征服者所占据，当然这是由另一完全不同系列的事件导致的，但它却赋予了中央政府额外的权力，并昭示着作为最高封建领主的英国国王可以很容易变成全
108 体自由封臣的中心，其法旅也可以发展出一套适用于他们的共同的法律。这种特别的力量将英格兰在追逐发达的政治制度和确立现代化的法律和法院体系的竞争中前置了好几代。它在罗马法达到足够成熟并成为一个严肃的竞争者以前就有效地排挤了它，无论如何，在波伦亚和英国王室法旅各自取得成功的时间安排上并不存在因果关系。封建国王在英格兰的所作所为对意大利南部的注释法学家和教会法学家们并不重要，他们的教学活动及罗马法在欧洲传播的时机与英格兰的发展也没有因果联系——除非是在一种最模糊的意义上谈论欧洲文明的总体进程。普通法确立之后罗马法与教会法才达到成熟并在欧洲得以适用，只能被说成是一种年代上的偶然、一种巧合而已。同样，当路易四世决定将法国法院现代化时，罗马法和教会法正好就在手边；在轮到德国人“继受”罗马法时，罗马法也正好完成了其中世纪的使命[100]，这些也都是巧合。那些法学的流派、罗马的教廷会议和教会的裁判官（officialities），也并没有依据欧洲诸王国的内在方针来为自己的发展制定时间表。

它们的日程与英国历史舞台上各种偶然情势之间甚至更少联系，比如在学术法达到相当力量大约两代之前，一个对司法现代化怀有浓厚兴趣和勃勃野心的统治者登上了英国的王位——而这又不是所有国王都具备的特质。接下来又是一个巧合，亨利二世正好是在斯蒂芬和玛蒂尔达(Matilda)带来混乱之后登基的，这种混乱为推行强硬的、全国范围的和大清洗性的法律，及通过王室法旅的一体化来实现对司法中出现的矛盾、不确定性进行清除提供了成熟的时机[101]——当时间至关重要之时，它是加速改革运动的重要因素。无论罗马法将为中世纪晚期半科层制国家的现代化法律提供实质性内容，还是只限于为一国发展提供一个文化上的刺激，在很大程度上都只是一个时机问题。

时机的重要性可以沿着英格兰和欧洲大陆之间的历史差异看得很清楚。它们发展中的巨大差异并不是因为英国文明中的基本
因素不同——我们都分享着这一切，地中海与日耳曼传统，以天主 109
教及新教为体现形式的基督教，城镇的生活，君主制与议会，大学与科学，艺术与农业，商业与工业——而是因为它们出现和产生影响的时机不同。其构成元素是相同的，但其产生影响的节律、其沉浮的先后继起则是不同的。从一开始就是这样的，如果再与距离最近的欧陆大国高卢或法国作对比，这一点将更为显著。8 世纪时，高卢与法兰克的教会文明达到了最低点，而英格兰的比德(Bede)、圣卜尼法斯(Boniface)和阿尔昆(Alcuin)则是黑夜里的明灯，并通过一个巨大的援助计划拯救了法兰克王国。当欧洲大陆在加洛林和后加洛林时代实现封建化后，英格兰此时并没有分享这一发展。直到 1066 年后，封建主义才到达了英格兰的海岸，

而颇具讽刺意味的是，此时正是封建主义作为一种政治和军事力量在欧陆衰落的前夜。12 世纪英吉利王国是最先进的典范，并为卡佩王朝所效仿。封建主义在英格兰并没有被允许实现其破坏性的潜能，它甚至加强了王权。但当安茹王权开始越过这一界线，当王室的武力（*vis et voluntas*），甚至仅仅是王室的不悦（*ira et malevolentia*）变得无法忍受，及君主个人的统治破坏了法律的统治时，封建主义又为反抗提供了建构性的框架。抗争的贵族站在了封建法这一边，并依循了其形式架构。因为，如果国王是其神圣注定的统治者，他同时也是他们的封建领主，因此对他们负有义务；国王和贵族之间已经达成了一种契约，中世纪封建主义的这种契约性质渲染了当时整个的政治建构景观。[102] 因此，当封建主义（因其分裂特性）可能会削弱王国基础之时，英格兰没有注意到封建主义；而当它可以被用来制约王室权利（并没有威胁到国家的统一）时，英格兰又将它置于了手边。[103] 这看起来是封建主义的最佳组合了，同时也构成了历史上的悖论之一：法国血统的国王和领主，在英格兰建立了一个比在他们老家更好的封建制度。这一为欧洲大陆的建构者们在他们转向罗马法时舍弃的封建法，变成了普通法
110 的基石，⑩在 17 世纪它又扮演了更重要、更令人无法预料的角色。当王室的专制主义在大陆取得胜利之时，英国的议会却站稳了脚跟并战胜了王权，因此在许多人看来，这是一场中世纪古董对现代、先进政府架构的可悲的胜利。[104] 普通法及议会中普通法法律家

⑩ 具有讽刺意味的是，8 世纪以前为英格兰所采纳的那种起源于欧洲大陆的制度后来却为其发源地所抛弃，而今天则又会成为欧洲法律一体化的主要障碍。

们的强大集团在这场胜利中起了很大作用,[105]在这里我发现了一道奇异的景观:12世纪由法国国王和一个法国封建贵族集团发起的一种法律制度,在17世纪却支撑起了英国的议会。[106]但在一个世纪里属于落后并遭到蔑视的东西,在下一个世纪里却成了现代化的东西并为人们所渴望:18、19世纪英格兰的制度受到了极大的推崇,其日耳曼式的议会(Gothic Parliament)成为了自由革命者的梦想和欧洲大陆现代文明国家的要旨,而无论其起源和结构多么地属于中世纪。

毫无疑问,关于这一漫长的探索(long *chassé-croisé*)还会找到更多的解释,而普通法的运用仅仅是众多其他因素中的一段插曲,但我们必须得出结论。是谁与谁步调不一致?英格兰与欧洲大陆,还是欧洲大陆与英格兰?答案取决于你的出发点。正如在大雾弥漫海峡的情况下是不列颠被割离了欧洲大陆,还是欧洲大陆被割离了不列颠的问题一样。我不准备冒险给出自己的答案,[107]但只想提出如下悖论:已经成为英国生活真正标志的普通法起初根本不是英国的,它是一种由具有欧洲大陆血统的国王和法官发展成为英国制度的欧洲大陆封建法。几代人之后,这一外来的革新披上了一层彻底本土的保护色,[108]但透过这层薄纱指出普通法的真正起源则是历史学家们的责任。

111 # 本书第一版注释[*]

第一章

1 比如，请参见 *Leges Henric Primi*，ed. F. Liebermann，*Die Gesetze der Angelsachsen*，I (Halle，1903)，pp. 547—611。这是一本来自亨利一世统治中期的私人法律汇编。关于最近的评论，请参看 H. G. Richardson and G. O. Sayles，*Law and Legislation from Æthelberht to Magna Carta*(Edinburgh，1966)，pp. 43—45。

2 See the lists in R. V. Turner，*The King and His Courts. The role of John and Henry III in the administration of justice，1199—1240*(Ithaca，N. Y.，1968)，pp. 280—285.

3 参见 M. M. Bigelow，*Placita Anglo-Normannica. Law cases from William I to Richard I*(Boston，1879)。在阐明普通法程序的众多文献中，这是最有用的一个本子。它由美国法学家比奇洛(M. M. Bigelow)编辑出版，然而并没有使用相关的手稿材料，当然他当时所使用的许多文献现在都有了更好的版本。

4 W. Ullmann，*The Individual and Society in the Middle Ages*(Baltimore，1966 and London，1967)，p. 96.

5 C. Johnson，*The Course of the Exchequer by Richard，son of Nigel*，Medieval Classics(London，1950)，p. 53.

6 C. W. Hollister，*Anglo-Saxon Military Institutions* (Oxford，1962) and *The Military Organization of Norman England*(Oxford，1965).

---

[*] 这是本书 1973 年第一版正文中的注释。为与第二版注释相区别，统一放在书后作为尾注。而第二版的正文注释则以页下注的形式在正文标出。——译者注

7 参见 F. L. Ganshof, *Feudalism*, trans. Ph. Grierson(3rd Eng. ed., London, 1964), p. 165。关于封建主义在征服之前英格兰的缺席,请参见 R. A. Brown,"The Norman Conquest", *Transactions of the Royal Historical Society*, 5th ser., 17(1967), 120—127。

8 F. Barlow, *The Feudal Kingdom of England*(London, 1963), p. 437.

9 H.G. Richardson and G.O. Sayles, *The Governance of mediaeval England from the Conquest to Manga Carta*(Edinburgh, 1963), pp. 27, 33 and 118.

10 See M.W. Bean, *The Decline of English Feudalism 1215—1540*(Manchester and New York, 1968) and J.J.N. Palmer, "The last summons of the feudal army in England(1385)", *Eng. Hist. Rev.*, 83(1968), 771—776.

11 Thus H. Parker, *Observations upon some of his Majesties late Answers and Expresses* (1642), p. 3, quoted in C. Hill, *Puritanism and Revolution. Studies in Interpretations of the English Revolution of the 17th Century* (London, 1958), p. 77.

12 转引自 H.M. Cam, *Law-Finders and Law-Makers in medieval England. Collected studies in legal and constitutional history* (London, 1962), p. 224。F.M.斯滕顿(F.M. Stenton)的 *The first century of English feudalism* (2nd edn., Oxford, 1961)一书保持了经典著述的地位。有关"朗德-弗里曼之争"(Round-Freeman controversy)我们要进一步指出如下新近的研究成果:E. John,"English Feudalism and the Structure of Anglo-Saxon Society", *Bulletin of the John Rylands Library*, 46(1963—1964), 14—41 (repr. in his *Orbis Britanniae and other Studies*, Leicester, 1966, pp. 128—153)[这是对于"连续性"主题的一个极端表述]; "Two Comments on the Problem of Continuity in Anglo-Norman Feudalism", I by C.W. Hollister, II by J.C. Holt, *Economic History Review*, 2nd ser., 16(1963—1964), 104—113, 114—118, and C.W. Hol- 112
lister,"1066, The 'fedudal revolution'", *American Historical Review*, 73(1967—1968), 708—723; J. Beeler, "The composition of Anglo-Norman armies", *Speculum*, 40(1965), 398—414[都反对连续性的观点]; R.A. Brown,"The Norman Conquest", pp. 109—130,包含了对

封建主义在盎格鲁-撒克逊社会和王国缺席现象的说明;类似观点还请参见 D.C. Douglas, *William the Conqueror. The Norman impact upon England* (London,1964), pp. 265—288。

13 Cam, *Law-Finders*, p. 58.

14 D. Knowles,"Archbishop Thomas Becket: a Character Study", *Proceedings of the British Academy*, 35(1949) (= *The Historian and Character* (Cambridge, 1963), p.101).

15 Douglas, *William the Conqueror*, pp. 60 and 379.

16 F. Pollock and F.W. Maitland, *The History of English Law before the time of Edward I* (2nd edn, Cambridge, 1898), II p. 459.

17 See *Studi Medievali*, 3rd ser., 6(1965), 307—308.

18 有关新近的批判性观点,请参见 P. Chaplais,"The Anglo-Saxon Chancery: from the diploma to the writ", *Journal of the Society of Archivists*, 3(1966), 160—176。作者认为,忏悔者爱德华(及其前任们)的所有王室公文(royal diplomas),甚至包括一些令状,都是由教会文书办公室(ecclesiastical scriptoria)制作或者由受领人书写的,于是征服者(在其老家既没有玉玺也没有文秘署)在英格兰所继承的文秘机构,并不如想象的那么高度发达。然而,众多现存令状的统一性表明在征服之前的英格兰存在一个稳定的、组织良好的王室文书办公室,并为征服者加以维持和发展。要谈起一个文秘署或者是文书办公室,或是王室的文秘机构,没有什么比一枚玉玺、一位照看玉玺的官员及一些起草国王信函和行政命令的王室刀笔吏更为必要或更为众望所归的了(毕竟,加洛林王朝的文秘署由一位长官和平均大约三个文吏〔*notarii*〕组成)。请参见如下尝试性的评论:F. Barlow, *The English Church 1000—1066. A Constitutional History* (London, 1963), pp. 120—128: 并不存在什么"正式的文书办公室"(proper writing-office),而只是一个"非正式的秘书机构"(formless secretatiat);当然也请参见如下基本论述:F.E. Harmer, *Anglo-Saxon writs* (Manchester, 1952), pp. 57—61。

19 H.M. Cam,"The Evolution of the mediaeval English franchise", *Speculum*, 32(1957), 427—442.

20 Barlow, *The English Church*, p. 300. See also H.R. Loyn,"The King and the structure of Society in Late Anglo-Saxon England", *History*, 42

(1957), 87—100.

21 J.-F. Lemarignier, *Le gouvernement royal aux premiers temps capétiens* (Paris, 1965), pp. 159—163.

22 M. Prou, *Recueil des actes de Philippe Ier roi de France* (Paris, 1908), nr 84, p. 220; cf. K. F. Werner, "Königtum und Fürstentum im französischen 12. Jahrhundert", *Probleme des 12. Jahrhunderts*, *Vorträge und Forschungen*, 12 (Konstanz/Stuttgart, 1968), 179. See also W. Kienast, "Der Wirkungsbereich des französischen Königtums von Odo bis Ludwig VI (888—1137) in Südfrankreich", *Historische Zeitschrift*, 209(1970), 529—565.

23 参见 F. Barlow, *Edward the Confessor* (London, 1970), p. 186。作者并不认为存在什么“建构精细”的东西,而只是相信王室的财政署“比 11
世纪欧洲通常的相应机构要更为复杂一些”。也见 B. Lyon and A. 113
Verhulst, *Medieval Finance. A Comparison of Financial Institutions in North-western Europe*, Rijksuniversiteit Gent. Werken Fac. Letteren, 143 (Bruges, 1967), pp. 56—60。

24 Richardson and Sayles, *Law and Legislation*, p. 30.

25 Richardson and Sayles, *Governance*, p. 27.

26 See J. Boussard, "La notion de royauté sous Guillaume le Conquérant. Ses origines et ses prolongements", *Annali della Fondazione Italiana per la Storia Amministrativa*, 4(1967), 47—77.

27 F. W. Maitland, *Domesday Book and Beyond* (Cambridge, 1897), p. 103.

28 C. Morris, "William I and the church courts", *Eng. Hist. Rev.*, 82 (1967), 449—463:郡法旅继续处理教会事务持续了相当长的一段时间,一个由其自身人员组成和适用自己程序的完备的教会法院体系的兴起,同样经历了一个很长的时期。关于此文献请参见 W. Stubbs, *Select Charters* (9th edn, Oxford, 1913), pp. 99—100。

29 参见 Richardson and Sayles, *Governance*, pp. 156—166。本书的这一部分内容开创了一个“摄政官的时代”(Age of Justiciars)——1109 年索尔兹伯里主教罗杰·勒·波尔(Roger le Poer, bishop of Salisbury)被任命为首席摄政官,并将这一官职制度与诺曼征服(conquest of Norman-

dy，1106）以及欧洲大陆随之缺乏类似英国王权的事实联系了起来。韦斯特（F. West）的 *The Justiciarship in England 1066—1232*（Cambridge，1966）一书尽管承认（第 18 页）罗杰的职位在两个方面与摄政官非常相似，但还是感觉这一官职只有到了亨利二世时才最终明确地出现，当时占据这一职位的是莱斯特的罗伯特伯爵（Earl Robert of Leicester）和理查德·德·卢西（Richard de Lucy）。该职位消失于 13 世纪中期以前，它作为“实质上的第二号国王”（viceregal raison d'être）随 1204 年诺曼底的陷落而一去不复返。

30 关于奥德里克·维塔利斯（Orderic Vitalis）充满偏见的评论，请参看 Orderic Vitalis，ed. A. Le Prévost（5 vols. Paris，1838—1855），IV，164。

31 H.A. Cronne，“the Office of Local Justiciar in England under the Norman Kings”，*University of Birmingham Historical Journal*，6（1957），18—38。该文将郡司法官的职位追溯到了亨利一世以前，但却缺乏相应的证据；参见 Richardson and Sayles，*Governance*，pp. 173—174，194—195。D. M. Stenton，*English Justice between the Norman Conquest and the Great Charter 1066—1215*，Jayne Lectures for 1963（Philadelphia，1964），pp. 65—68。该书强调有必要“打破某种职能的集中——这种职能涉及行政、司法、军事、财政等方面，它使得艾塞尔雷德国王（King Æthelræd）时期的郡长官变成了一个比任何其他职位都更具权力（艾塞尔雷德时期的地方伯爵除外）的王国官员”，随之发生了“国王之诉（pleas of the crown）从郡长管辖区的转移，在每郡或被认可为郡的组织中创制地方司法官，并赋予其听审这些国王之诉的特别职责”。该书还认为，尽管地方司法官可能就在原来的郡法庭开庭，但它并不是郡法庭。参见 H.A. Cronne，*The Reign of Stephen 1135—1154. Anarchy in England*（London，1970），pp. 257—259。

32 S. Painter，*Studies in the history of the English feudal barony*，The Johns Hopkins University Studies in Historical and Political Science，LXI，3（Baltimore，1943），111—112：“就由这些普通法新令状开始的诉讼而言，郡长不过是一个受差遣的童仆而已。”这一术语的运用已倍受某些历史学家们的批评，他们感觉到郡长这一职位被低估了。就执行与
114 普通法令状有关的各种任务——召集当事人和陪审员、回呈令状、执行回复土地占有的判决等——而言，这是对郡长作用的一个很好描述。密

尔松教授在描述时采用了一种更为委婉的方式："从主持当地最重要的法旅（从一般的意义上来说）开始，他（指郡长）慢慢变成了高级中央法旅命令的具体执行者。"参见 S. F. C. Milsom, *Historical Foundations of the Common Law* (London, 1969), p. 4。

33 C. 31, 7, ed. Liebermann, *Gesetze der Angelsachsen*, I, 564.

34 Stubbs, *Select Charters*, p. 122; *Regesta Regum Angol-Normannorum*, II, nr 892, p. 82, dated [1108, May-July].

35 C. 25, 2, ed. Liebermann, *Gesetze*, I, 562.

36 C.7, 1—7, 3, *ibid*., p. 553: "Intersint autem episcopi, comites, vicedomini... agantur itaque primo debita vere christianitatis iura; secundo Regis placita, postremo cause singulorum dignis satisfaccionibus expleantur"——这一段文字与克努特的法律相吻合；但"18 and 18, 1"(*ibid*., p. 320)，远不是原文版本，而是相当精细。

37 既然主教作为高级教士在其教士谘议会的帮助下可以审理宗教案件，那么他也可以作为封建领主在其附庸的协助下处理封建事务（像在其他封建谘议会一样），而且这两者的区别并不总是容易作出的。

38 Constitution of Clarendon, 1164, c. 9, ed. Stubbs, *Select Charters*, pp. 165—166.

39 C. 1, *ibid*., p. 164; see Richardson and Sayles, *Governance*, pp. 314—316.

40 R. C. van Caenegem, *Royal Writs in England from the Conquest to Glanvill. Studies in the Early History of the Common Law*, Selden Soc. Vol. 77 (London, 1959), pp.25 and 41ff.

41 N. D. Hurnard, *The King's Pardon for Homicide before A. D. 1307* (Oxford, 1969), pp. viii—ix; cf. our remarks in *Studi Medievali*, ser. 3, 11(1970), 996—997.

42 Liebermann, *Gesetze*, I, 552—553.

43 Richardson and Sayles, *Law and Legislation*, p. 96.

44 *Ibid*., p. 98.

45 Cronne, *Stephen*, p. 253.

46 John of Salisbury, quoted in Turner, *The King and His Courts*, p. 185.

47 C. 6, 2, ed. Liebermann, *Gesetze*, I, 552.

48 参见 Johnson，*Course of the Exchequer*，p. 1。这一对话录的作者理查德是亨利一世的财政大臣、艾里主教奈杰尔（Nigel）之子，以及颇有权势的索尔兹伯里的罗杰的侄子。

49 同上。

50 See the chapter（III）of that title in J.E.A. Jolliffe，*Angevin Kinship*（2nd edn，London，1963），pp. 50—86.

51 D.M. Stenton，*English Society in the Early Middle Ages*（*1066—1307*）（2nd edn，Harmondsworth，1952），p. 162：“1125 年的圣诞节，那些伪造货币者被召至温切斯特，然后一个一个地被斩下右手，处以宫刑。盎格鲁－撒克逊的编年史则说，这一严酷的事务是在主显节之夜（Twelfth Night）之前完成的。”参见 the remarks of Richardson and Sayles，*Law and Legislation*，p. 34。

52 A.L. Poole，*From Domesday Book to Magna Carta 1087—1216*，Oxford History of England（Oxford，1951），p. 389：大部分原来的郡长都被撤职，取而代之的是已受雇就职于财政署的一些人，他们是专职的管理者，而非有影响的权贵。

115 53 比如，请参见亨利二世发给塞西莉・德・马斯卡姆（Cecily de Muschamp）和其子托马斯（Thomas）的一则令状（公元 1157 年?），其内容如下：“Miror et displicet mihi multum quod ... nonfecistis quod vobis precepi per alia brevia mea. Nunc autem precipio firmiter ...”。参见 Ed. Van Caenegem，*Writs*，p. 435，nr 47a. Cf. the *contradictio precepti mei* in M. Gibbs，*Early charters of the cathedral church of St. Paul*，Camden Soc.，3rd ser.，vol. 58（London，1939），nr 24，p. 21——*Regesta Regum Anglo-Normannorum*，II，nr 605，p. 25，A. D. 1101—1102。

54 Pollock and Maitland，*History of English Law*，II，666—668.

55 例如 1101 年复活节亨利一世发给约克郡郡长奥斯伯特（Osbert）及戈特西（Gotse）之子理查德（Richard）的一则令状，其中特别（*inter alia*）指示，约克大主教杰拉德（Gerard，archbishop of York）将可以在其法旅审理那些违反我某些新法律的犯罪，“我的这些新法律涉及对盗窃犯和伪造货币者的审判”，他“不会因为这些新法律而损失司法方面的收入，但正如我所指出的，他必须依照我的制定法在其法旅由其自己的法官将这些法律付诸实施”。参见 W. Farrer，*Early Yorkshire Charters*，I (Edinburgh，1914)，nr 14，p. 31，*Regesta Regum Anglo-Normannorum*，II，nr 518，pp. 7—8；cf. Richardson and Sayles，*Law and Legislation*，p. 34。

56 “*curia regis*”和“*curia regis ad scaccarium*”并不是一回事，这一点可以从亨利二世在位第 34 年的卷筒卷宗第 155 页(Pipe Roll 34 Henry II，p. 155)中的一条看得非常清楚，在这里我们发现梅尼之子理卡多斯(Ricardus filius Meini)花了 3 马克将其案件移至“*curia regis*”，又花了另外一马克将同一案件移至“*curia regis apud scaccarium*”。

57 Richardson and Sayles，*Governance*，p. 175.

58 参见 the note on“The Eyre of 1166” in J.C. Holt，“The Assizes of Henry II：the Texts”，*The Study of Medieval Records. Essays in honour of Kathleen Major*，ed. By D. A. Bullough and R. L. Storey (Oxford，1971)，pp. 101—106。即使在巡回法官没有光顾的郡，《克拉伦敦法》也可能由郡长及地方法官付诸实施。

59 Turner，*The King and His Courts*，pp. 34ff.

60 See R. W. Eyton，*Court*，*household*，*and itinerary of King Henry II* (Cornhill，1878)；H. G. Richardson，“Richard fitz Neal and the Dialougus de Scaccario”，*Eng. Hist. Rev*. 43(1928)，167—171；J. Boussard，*Le Gouvernement d' Henri II Plantagenêt* (Paris，1956)，pp. 494—518 and *passim*；Van Caenegem，*Writs*，pp. 16—34；Richardson and Sayles，*Governance*，pp. 173—215；Stenton，*English Justice*，pp. 54—87；W.T. Reedy，“The origins of the general eyre in the reign of Henry I”，*Speculum*，41(1966)，688—724；Richardson and Sayles，*Law and Legislation*，pp. 88—90 and *passim*；D. M. Stenton，*Pleas before the King or his Justices 1198—1212*，III，Selden Soc.，vol. 83 (London，1967)，vlvii-ccxciv (fundamental)；Turner，*The King and His Courts*；Milsom，*Historical Foundations*，pp. 16—22.

61 通过参阅斯特林格(K.J. Stringer)未出版的论文我获益匪浅，1968 年时作者允许我参考他的成果，对此深表谢意。参见 K.J. Stringer，“The General Eyres in the Reign of Henry II”(Newcastle，s.d.)。关于学习的标准，请参见 Richardson and Sayles，*Governance*，pp. 265—284 中

那些有趣的内容。

62 斯滕顿(Stenton, *English Justice*, p. 84)开始注意到“那些出身并不显赫的俗界人士……他们一般是其家族中首先从偏僻的乡村氛围中脱离
116 出来的成员。有时他们是那些温和的有产族的青年子弟……而下一代中的某一知名法官就肯定是英国血统了……但关于威尔特郡波特恩的詹姆斯(Wiltshire James of Potterne)、苏塞克斯盖斯特林的约翰(the Sussex John of Guestling)、汉普郡何利亚德的理查德(the Hampshire Richard of Herriard)的起源就一无所知了”。而切尼(C. R. Cheney, *From Becket to Langton. English Church Government 1170—1213*, The Ford Lectures 1955 [Manchester, 1956], p. 24)指出在它所考察的那个年代,17 位主教集主教与王室法官之职于一身。

63 参见 Glanvill, XII, 25. ed. Hall, p. 148。正如霍尔(Hall)所评论的那样,权利令状中包含了将案件移至郡法旅的威胁。于是,在实效上如果不是在意图上,这一规则有助于案件从封建法旅转向王室法旅。另见 Glanvill, XII, 2. p. 137。在 XII,, 25 这一部分,格兰威尔特别提到了领主法旅;在 XII,, 2 这一部分他则没有作此限定,只是非常概括地说,“如果任何人想声称他以履行自由义务为条件从别人那里保有自由地产,那么没有国王或其法官的令状,他不得对被告提起这方面的诉讼”——最经常的情况可能就是适用于封建法旅了。

64 Glanvill, XII, 3. p. 137.

65 第一步花费了半马克。参见 the text in P. M. Barnes, “The Anesty Case”, *A Medieval Miscellany for Doris Mary Stenton*, ed. P.M. Barnes and C.F. Slade, Pipe Roll Soc., LXXVI (London, 1962), 17—23。关于这一起始令状的准确性质,请参看巴恩斯女士(Miss Barnes)的评论,同前文,第 3—4 页。

66 Painter, *English feudal barony*, p. 39.

67 教会法学家和罗马法学家就确立或使一项习惯得到明示所需举措之数量展开了热烈的讨论。参见 Le Bras. Lefebvre and Rambaud. *L' âge classique*, pp. 542—550, and the classical work of S. Brie, *Die Lehre vom Gewohnheitsrecht. Eine historisch-dogmatische Untersuchung, I: Geschichtliche Grundlegung* (Breslau, 1899), 104ff., 134ff。

68 Stenton, *English Justice*, pp. 27—30.

69 例如，参见 Edward Grim's Life of Becket, c. 56. ed. J.C. Robertson, *Materials for the History of Thomas Becket*, Rolls Series, II (London, 1876), 406："Clamatum est ex ore Regis quod si quis pro quocumque negotio sedem apostolicam appellasset, omnia quae illius essent scriberentur ad opus Regis, et ipse truderetur in carcerem."法兰克的法律也只是简单地以口头形式公布的，参见 F.L. Ganshof, *Was waren die Kapitularien*? (Weimar, 1961), pp. 36—40。

70 Glanvill, XII, 25. p. 148："secundum consuetudinem regni".

71 以温莎诉讼令为基础，被告可以选择陪审，显然是有着立法基础的："这一诉讼令是由于仁慈的国王在其贵族的建议下授予民众的一种王室恩赐"。(II, 7, p. 28)

72 在哈默女士(Miss Harmer's *Anglo-Saxon Writs*)一书所记载的 deperdita 中，我们发现了 990—992 年间艾塞尔雷德二世的一则命令，作者翻译如下："于是，国王通过修道院院长阿尔夫(Abbot Ælfhere)将其玉玺送至在库克安姆斯莱(Cuckamsley)召开的大会，并向所有到场的贤人贵族致意，包括舍本的埃塞尔西吉主教(Bishop Æthelsige)、埃希威格主教(Bishop Æscwig)和马姆斯修道院院长艾尔弗里克(Abbot Ælfric)及全体郡的臣民，祝愿并命令他们尽其所能公平地解决温弗雷德(Wynflæd)和利奥弗温(Leofwine)之间的纠纷。"(p. 541, Appendix IV, nr 1)不能肯定这其中就涉及到了令状，一个口信，加上王室玉玺同样可能起到作用。毫无疑问，艾塞尔雷德二世时期的斯诺德兰(Snodland)一案中用到了令状，国王将其命令和玉玺(*gewrit and his insegel*)送到了坎特伯雷大主教那里，指令他与东肯特他的那些乡绅们(thegns)处理罗切斯特主教(bishop of Rochester)提出的有争议的主张(A.D. c. 995)。关于通过王室令状指令法旅诉讼程序的这一早期的例子，请参见：Harmer, *An-* 117
glo-Saxon Writs, pp. 46—47 and Stenton, *English Justice*, pp. 8—10。我们还注意到了忏悔者爱德华的遗孀伊迪丝王后(Queen Edith, the Confessor's widow)发给韦德摩尔百户区(hundred of Wedmore)的英文令状，指示这是对韦尔斯教士们(canons of Wells)的授权(这也是为什么这一令状会在此被保留下来的原因)，但要求"你们必须为我就伍多曼(Wudumann)作出一个公正的判决，我将马匹托付给了后者而他却六年没向我交租"。参见 Harmer, *Writs*, nr 72, pp. 285—286, 6 Jan.

1066—1019 Dec. 1075, cf. D. Whitelock, "The Anglo-Saxon Achievement", *The Norman Conquest* (London, 1966), p. 30:有充分的理由相信,还存在其他发给百户区法旅的盎格鲁－撒克逊令状,但它们属于临时性文书而非权利证书,因此,如果仅仅包含对于法旅的规诫,就没有太多理由来保存它们。

73 Painter, *English feudal barony*, pp. 170—173.

74 参见 A.L. Poole, *Obligations of Society in the XII and XIII centuries*, The Ford Lectures 1944 (Oxford, 1946), p. 77。另外,前文第 77—79 页中包含了对于在 12 世纪和 13 世纪"金钱的相对价值"问题的讨论。

75 See on all this Van Caenegem, *Writs*, pp. 212—234.

第二章

1 *Curia Regis Rolls*, II(London, 1925), 217,237, 280,cf. E. De Haas and G.D.G. Hall, *Early Registers of Writs*, Selden Soc., vol. 87(London, 1970), p. xi.

2 See H. Peter, *Actio und Writ. Eine vergleichende Darstellung römischer und englischer Rechtsbehelfe*, Untersuchungen zur vergleichenden allgemeinen Rechtslehre und zur Methodik der Rechtsvergleichung, vol. 2 (Tübingen, 1957).

3 T.F.T. Plucknett, *A Concise History of the Common Law*, 5th edn(London, 1956), p. 164:令状在文秘署的签发并不能保证它本身在普通法中的有效性,因为法官也宣称他们有权封杀那些他们认为不合适的令状。

4 请参见梅特兰的经典研究:F.W. Maitland,"History of the register of original writs", *Harvard Law Review*, 3(1889), 97—115(= *Collected Papers*, II[Cambridge, 1911],110—173)。所谓的 1227 年的爱尔兰登录簿(Irish Register of 1227)只有 9 页,共 56 个条目。在印刷出版的 1531 年《令状登录簿》(*Registrum Brevium* of 1227)中,共有起始令状 321 页、司法令状 85 页。起始令状是登录簿的核心内容,因此有时它又被称为起始令状登录簿。相关权威版本和评论请参看 De Haas and Hall, *Early Registers of Writs*。印刷出版的"起始令状登录簿"不仅包括了常规的对

起始令状的收集，还在后一部分收录了司法令状，甚至还包括了相当数量的其他性质的公文。参见 P. H. Winfield, *The chief sources of English legal history*(Cambridge, Mass., 1925), p. 301。

5 De Haas and Hall, *op. cit.*, pp. cxvi—cxxiii.

6 *Ibid.*, p. cxxi.

7 Van Caenegem, *Writs*, pp. 113—120.

8 Harmer, *Writs*, nr 33. p. 186; nr 55, pp. 244—245(A. D. 1053—1057); nr 96, pp. 360—361(A. D. 1065—1066); nr 115, pp. 410—411(A. D. 1062) and possibly nr 11, p. 156(A. D. 1044—1065).

9 See the remarks of G. Barraclough, "The Anglo-Saxon Writ", *History*, New Series, 39(1954), p. 206 and V. H. Galbraith, *Studies in the public records*(London, 1948), pp. 35ff. 118

10 Harmer, *Writs*, pp. 10—13.

11 参见 Chaplais, "The Anglo-Saxon Chancery", pp. 167—170。当作者声称玉玺被送出并不意味着——如哈默女士(Miss Harmer)所认为的那样——一份书面的盖印公文也同样送了出去时，无疑他是正确的。

12 同上书，第 170 页；也见第 166—167 页，他对于公文的衰落和令状的相应兴起的评论。

13 同上书，第 171—172 页；我们在前　章已经看到了这一文献，(第一章第 27 页注释 72)，同时还有伊迪丝王后命令要为她"作出一个关于伍多曼(Wudumann)公正判决的"令状，参见 Harmer, *Writs*, nr 72, pp. 285—286。

14 Van Caenegem, *Writs*, pp. 113—20.

15 Harmer, *Writs*, pp. 32, 93; Lemarignier, *Gouvernement royal*, pp. 159—162.

16 唱圣诗者彼得(Peter the Chanter)报告说，"哪里没有国王，哪里就没有法律(Ubi rex ibi lex.)"。参见 J. W. Baldwin, "Critics of the legal profession: Peter the Chanter and his Circle", *Proceedings of the Second International Congress of Medieval Canon Law*, Boston, 1963(Vatican, 1965), p. 250(Monumenta Iuris Canonici Series C: Subsidia, 1)。他又

加了一句:“ergo canones et iura humana nil habent vigoris”。

17 *Chronicon de Abingdon*, ed. J. Stevenson, Rolls Series, II(London, 1858), 184。它解释了亨利二世如何指令他的郡长沿着纯粹的行政路径来采取反对修道院的措施,其用语如下:“praecepit ut. ablato omni dilationis scrupulo, causam utramque secundum jus regium tractaret”,后代将会称之为王室专横。

18 R. W. Souther, *Western Society and the Church in the Middle Ages*, The Pelican History of the Church ,II(Harmondsworth, 1970), 109.

19 *Ibid.*, p. 110.

20 1159—1181年间教皇亚历山大三世(Alexander III)的一封公函中包含了一个对于暴力侵夺土地占有的图表式的描述,其中沃顿的西斯特先修道院(the Cistercian Abbey of Wardon)是受害者,而加害人则“domos illorum violenter infringunt, monacos, converses, familiars et servientes eorum furis verberibus et conviciis afficiunt, animalia eorum rapiunt, annonam de grangiis illorum et alia bona distrahunt, ferramenta et carrucas eorum in campis furtive subtrahunt, segetes et alia hunusmodi vi, fraude et furto sepius auferre presumunt ...”参见W. Holtzmann, *Papsturkunden in England*, III(Göttingen, 1952), nr 308, pp. 426—427。教会组织当然可以像求助于国王那样求助于教皇,霍茨曼(Holtzmann)的数卷本的 *Papsturkunden* 包含了许多教皇对于英国教会组织的救济命令,有的带有司法程序,有的则没有。

21 关于行政令状的例子,尤其是涉及占有方面的,请参看 Van Caenegem, *Writs*, pp. 189ff. and 267ff.。农奴令状(writ of naifty)是普通法中行政令状的化石(Glanvill, XII, 11),详见下文第55—56页。

22 Ed. Stevenson, pp. 183ff.,Bigelow, *Placita*, pp. 167ff.; see the comments in Cronne, *Stephen*, pp. 261—262.

23 Cronne, *Stephen*, pp. 248.

24 Jolliffe, *Angevin Kingship*, p. 40.

25 参见路维特的罗杰(Roger of Luvetot)的案件。他在布劳顿(Broughton)土地问题上向国王撒了谎,土地后来被证实并被判归拉姆齐修道院

(Ramsey Abbey),所有的争端就此停止。参见 W. D Macray, *Chronicon abbatiae Rameseiensis*, Rolls Series(London, 1886), nr 236, p.232。 119

26 参见伍德的威廉(William of Wood)的案件。他从约翰王那里获得了在肯特郡的芒克顿(Monkton)修建风车的权利,但这一权利对坎特伯雷的圣三一修道院不利。威廉获得此恩准,是通过隐瞒此前在理查一世时就此问题已经发生过一场诉讼并最终得到和解的事实而得逞的。当这一切被曝光之后,1204 年的王座法庭(court *coram rege*)认定威廉欺骗了国王,决定取消原来签发的特许状,风车也随之被拆除。参见 Turner, *The King and His Courts*, pp. 241—242。

27 斯蒂芬国王在 1144—1152 年间的一则令状中未经查证就将伍尔弗汉普顿(Wolverhampton)教堂给予了切斯特的主教罗杰(Bishop Roger of Chester),而事实上这一教堂属于伍斯特(Worcester)教堂的修士和教士们。在了解了真实的情况之后,国王收回了他的错误决定,并确认了后者的权利:他们将不会受到"切斯特主教出示的任何令状"的干扰!(*Regesta Regum Anglo-Normannorum*, III, nr 969, p. 359; R.R. Darlington, *The Cartulary of Worcester Cathedral Priory*(*Register I*), Pipe Roll Soc., 76(London, 1968), nr 263, p. 139, with the date"1148—1153")。因此,人们很容易认为,王室令状是通过"向国王的耳朵狡诈地灌输某种东西"而获得的。参见 T. Hearne, *Adami de Domerham Historia de Rebus Gestis Glastoniensibus*, I(Oxford, 1727), 306, A. D. 1126—1135:"precepto Regis cujus auribus predictus Odo aliqua callide instilaverat"。

28 Van Caenegem, *Writs*, nr 16, p. 420, A.D. 1100—1130.

29 W.H. Hart, *Historia ed Cartularium monasterii Si Petri Gloucestriae*, Rolls Series, II(London, 1865), nr DXCIX, P. 108(*Regesta Regum Anglo-Normannorum*, II, nr 1305, p. 167, A.D. 1120—1121).

30 Barnes,"The Anestey Case", p. 18(A.D. 1159).

31 参见 J.G. Jenkins, *The Cartulary of Missenden Abbey*, Historical Mss. Comm. J.P. 1, III(London, 1962), nr 818, pp. 188—189(A. D.

1179—1185) and G.H. Fowler, *Records of Harrold Priory*, Beds. Rec. Soc.(1935), nr 69*, pp. 55—56;cf. L. Milis, *L'Ordre des chanoines réguliers d'Arrouaise. Son histoire et son organisation, de la fondation de l'abbaye-mère(vers* 1090) *à la fin des chapitres annuels*(1471), Rijksuniversiteit Gent. Werken Fac. Letteren, 147, I(Bruges, 1969), 290—292。米利斯博士(Dr Milis)正在准备一篇有关 1136—1188 年间哈罗德小修道院(Harrold Priory)的论文。

32 L. Voss, *Heinrich von Blois, Bischof von Winchester*(*1129—1171*), Historische Studien, 210(Berlin, 1932), IV d, 162—163(A.D. 1169—1171).

33 有关为救济英国圣俸而签发的纯行政性质的教皇回复令状,请参见 Holtzmann, *Papsturkunden*, III, nr 39, pp. 162—163. A.D. 1142: "Significatum nobis est quod Guilelmus filius Guarini ... ecclesiam ... biolenter detineat. Quocirca mandamus quatinus eundem Guilelmum ecclesiam ... dimittere commoneas, quod si facere contempserit ... coherceas."(英诺森二世为塞伦塞斯特修道院〔Cirencester Abbey〕发给巴斯主教罗伯特〔Bishop Robert of Bath〕)。于是,1156—1157 年间,特奥巴德(Theobald)大主教写信给教皇阿德里安四世(Pope Adrian IV),基于教皇的命令,他已命令多佛的休(Hugh of Dover)将奇勒姆(Chilham)教堂返还圣贝尔纬(St Bertin)的教士们。根据后者的说法,他们是被武力侵夺占有的,而且未经判决。尽管休答应遵守这一命令,他还是为自己的合法权利进行了争辩。他说——根据特奥巴尔德尽可能详细的报道——"那些教士们呈递给教皇的申诉材料在很多方面都是错误虚假
120 的。"参见 W.J. Millor, H.E. Butler and C.N.L. Brooke, *The Letters of John of Salisbury*(London, 1955), I, nr 23, pp. 37—38。

34 C.R. Cheney, "England and the Roman Curia under Innocent III", *Journal of Ecclesiastical History*, 18(1967), 184。切尼教授(Professor Cheney)指出(同上书,第 18 页),在一些教皇敕令中,英诺森三世承认自己被狡猾的当事人给误导了。参见 the Decretals of Gregory IX(I, III, 16, 17, 20, 22, 24, 37, 43); title III of Book I devoted to papal re-

scripts。

35 Holtzmann，*Papsturkunden*，I，nr 242，p. 531，A.D. 1186—1187（“a sede apostolica veritate tacita impetratas”）.

36 同上书，II，nr. 445，pp. 538—539，A.D. 1193（“per litteras apostolicas fraudulenter tacita veritate obtentas”）；参见同一教皇1197年在一封公函中所提到的一个类似案件，同上书，II，nr. 283，p. 477。

37 同上书，II，nr. 214，pp. 407—408。这一公函涉及圣托马斯·贝克特（St Thomas Becket）的债权人，他要求其债务应该从贝克特坟墓所得收入中偿还。

38 同上书，nr 233，p. 363。1175—1185年间另一起著名的案件涉及佛兰芒的雷纳（Reiner the Fleming），后者被提名就任于沃德姆教堂（church of Wodeham），但遭到约克大主教罗杰（Archbishop Roger of York）的拒绝，于是他来到罗马获取了一则他应该被认可的强制命令；如果必要，达勒姆主教休·杜·皮塞（Bishop Hugh du Puiset of Durham）在确认佛兰芒的雷纳适格且起初的推荐是为了填补教职空缺之后，将驱逐入侵者，使得被提名者得到认可（G. V. Scammell，*Hugh du Puiset*，*bishop of Durham*[Cambridge，1956]，p. 83）。亚历山大在一封信中不得不承认他已经记不起有这么一码事了，他补充说，“如果我们的确这样做了，那也是因为劳累过度所致。”克莱门特三世也承认，“因为我们不能把什么东西都记住，所以以前委任给某些法官的案件后来依据其他人的申请又直接委任给了另外的法官，于是出现了委任状之间的相互冲突，罗马库里亚（Roman Curia，指前面提到的教廷会议——译者注）也被指责为轻浮”。参见 Cheney，*From Becket to Langton*，p. 65。在坎特伯雷大主教和他的教士们之间发生的纠纷中，英诺森三世采取了强硬措施，签发了强制命令，结果发现其中包含了五处错误陈述和两处对事实的隐瞒，因为这一命令是建立在教士们单方陈述的基础之上的（*op. cit.*，pp. 73—74）。

39 这一短语出现在公元477年芝诺皇帝（Emperor Zeno）的一则谕令中（C. I，23，7）。

40 A. van Hove，*De Rescriptis*，Commentarium Lovaniense in Codicem

Juris Canonici, I, IV(Malines, 1936), 132:"In omnibus rescriptis subintelligenda est, etsi non expressa, conditio 'si preces veritate nitantur'?"格拉提安也早就说过,"mendax enim precator debet career impetratis"(dictum Gratiani post c. 16, C. xxv, q. ii)。有关"si preces ..."一句和关于罗马诉讼程序的谕令,请参看 M. Kaser, *Das römische Zivilprozessrecht*(Munich, 1966), pp. 520—524。这一晚近的罗马程序因存在类似我们所考察的这一时期的陷阱而被弄得一团糟,而且也是由类似的条件引起的(还存在一种专门为此种程序下败诉一方使用的特别程序——恶意时效〔*praescriptio mendaciorum*〕)。

41 Van Caenegem, *Writs*, nr 86, pp. 456—457; *Regesta Regum Anglo-Normannorum*, III, nr 545, p. 201, with the date 1143—1147.

42 *Regesta Regum Anglo-Normannorum*, III, nr 546, p. 202, A. D. 1147—1152. 克朗教授(Professor Cronne)正确地强调了斯蒂芬统治时期对于法律发展的重要性(*Stephen*, pp. 219—220)。

121 43 See Van Caenegem, *Writs*, nr 18(*anno* 1155), 152(*anno* 1155?), 91(*anno* 1156 or 1158), 92(*anno* 1158), 96(*anno* 1155—1166), 98(*anno* 1166) and 94(early Henry II).

44 A. Harding, *A Social History of English Law*, Penguin (Harmondsworth, 1966), p. 41.

45 Cam, *Law-Finders*, p. 213:"通过使自己成为大大小小合法占有者的保护人,国王将统治者与臣民的权利联系在了一起。"卷筒卷宗中包含了那些因企图提起未被授权之诉讼而受到惩罚者的名单(15 Henry II, 149: quia petierunt assisam sicut liberi et fuerunt rustici)。

46 依据《克拉伦敦法》,通过控诉陪审团对罪犯提出控诉是公众的一项义务,对于非法侵夺土地占有的控诉同样如此:我们发现许多百户区和村落因为隐匿了这种侵夺行为而被处以罚金(Pipe Roll 14 Henry II, 133, 164ff)。关于因未依《克拉伦敦法》对谋杀者提出控告而被处以类似罚金的情况,请参看 12 Henry II, 65. 76。新近侵占诉讼令的起源是否属刑事性质是一个有争议的问题,然而因未对其辖区内的非法侵夺行为提出控诉而招致罚金的事实表明这属于刑事镇压的范畴,而不只是涉及私人的纯民事诉讼。关于新近侵占之诉起源上属于刑事范畴的进一步争论，请参看 Milsom, *Historical Foundations*, pp. 117—118。

47 最近对于《克拉伦敦法》的文本产生了一些疑问，但霍尔特(Holt)提出了坚实的论据来证实这一文本。参见 Holt,"The Assizes of Henry II: the Texts", pp. 85—100。

48 它们在卷筒卷宗(Pipe Roll 12 Henry II)中被描述为 *dissaisina injusta* (p. 4), *d. super breve Regis* (7, 10), *d. super Assisam Regis* (65), *quia dissaisivit ... injuste* (98) or just *dissaisina* (14)。它们来自林肯郡、白金汉郡、拉特兰(Rutland)、多塞特(Dorset)和萨默塞特郡。正如霍尔(G.D.G. Hall)所评论的那样(*Eng. Hist. Rev.*, 76[1961], 318), "*pro dissaisina super assisam*"条目出现在账目的早期部分，而不是在"*Nova Placita et Nove Conventiones*"条目下。然而斯滕顿夫人(*Pleas before the King*, III, p. cix)指出，在 Pipe Roll 13 Henry II(1167)中我们发现，有关由杰弗里·德·曼德维尔(Geoffrey de Mandeville)和理查德·德·卢西(Richard de Lucy)伯爵于 1166 年在北安普顿郡开展的工作的(延误的)回呈不是放在"New Pleas"标题之下。她还注意到了这一类的其他非正常情况(*English Justice*, p. 62):"格罗斯特的沃尔特(Walter of Gloucester)作为森林法官催征的债务仅有一次出现在沃威克郡(Warwickshire)案卷记录中的'new pleas'标题以上，其他则登录在'new pleas'标题以下。"第 64 页还写道:"杰弗里在埃塞克斯(Essex)、诺丁汉郡(Nottinghamshire)、德比郡(Derbyshire)催征的某些债务出现在'new pleas'标题之下，但在所有其他郡则登录在这一标题以上的部位，根据后来的规则，它们代表的应该是前些年发生的债务。"卷筒卷宗(Pipe Roll 25 Henry II)中有关 *placita curie per Rogerum Reinfridi et socios suos* 相比较来说异常的情况，已在斯滕顿夫人书中被指了出来(*Pleas before the King*, III, p. lxi)。无论如何，我们刚才所看到的卷筒卷宗(Pipe Roll 12 Henry II)中其他关于针对违反王室令状进行非法侵夺而招致的罚金记录，出现在杰弗里·德·曼德维尔和理查德·德·卢西名下的卷宗中，他们主持着 1166 年的总巡回审。有关 1166 年总巡回审的基本探究，请参看 Holt,"The Assizes of Henry II: the Texts", pp.

101—106。

48 有关 1166—1170 年间针对非法侵夺所处罚金的数据统计(包括 1171 年卷宗中后来的两次处罚),请参看 Van Caenegem, *Writs*, p. 285(并附
122 有图表,p. 296);还将此与前章提供的总巡回审编年史材料进行了对比,pp. 20—22; see also the remarks of G. D. G. Hall in *Eng. Hist. Rev*. 76(1961), 318。

50 1175 年,总巡回审得以恢复(因为《克拉伦敦法》的重新颁发?);1176 年,法官们得到了一套新的指示(即依据当年的《北安普敦法》,它延续了 1166 年《克拉伦敦法》的事务),但在范围和严厉程度两方面都有很大的扩展。

51 针对 *pro habenda assissa de terra*(of 1168), *pro recognitione de terra*(1170), *ut habeat recognitionem et saisinam*(1175)处罚所得的费用,出现在卷筒卷宗中,请参看 Van Caenegem, *Writs*, p. 294。有关申请陪审查证支出的费用,参看前书第 100 页:第一笔数目可观的费用出现在 1176 年和 1177 年,与总巡回审和针对非法侵夺进行处罚的第二次浪潮紧密相连。

52 有关已经遗失的、亨利二世统治早期在英格兰颁发的立法性文件(*statutum*, *edictum*, *assisa*, *constitutio*, *stabilimentum*),请参见 Van Caenegem, *Writs*, pp. 217,284,331,338 and Glanvill,XII, 11, ed. Hall, p. 155, n. 3(cf. Richardson and Sayles, *Law and Legislation*, p. 102);已被遗失的在诺曼底颁发的立法性文件,请参见 J. Yver, "Le 'Très Ancien Coutumier' de Normandie, miroir de la législation ducale? Contribution à l'étude de l'ordre public normand à la fin du XIIe siècle", *Tijdschrift voor Rechtsgeschiedenis. Revue d'Histoire du Droit*, 39(1971), 372—374。关于立法的形式和技术问题,尚待大量的深入研究,英格兰和其他地方一样,引入新规则的一种方法是由国王口头公布(see p. 27, n. 69);另一种是向王室法官(see, for example, J.C. Robertson and J.B. Sheppard, *Materials for the history of Thomas Becket*, Rolls Series, VII[London, 1885], 147)或郡长(see, for example, J.C. Robertson, *op. cit.*, V[1881], 152)发出令状;参见 Richardson and

Sayles, *Governance*, pp. 307—308。关于亨利那些最重要的举措,并没有正式的书面立法文件保留下来,它们只是在编年史中有所记录。

53 Stenton, *English Justice*, pp. 39—42.

54 Stubbs, *Select Charters*, p. 180, c. 5: Item Justitiae domini regis faciant fieri recognitionem de dissaisinis factis super Assisam, a tempore quo dominus rex venit in Angliam proxim post pacem factam inter ipsum et tegem filium suum.

55 对于动产及其收益(*catalla et fructus*)的恢复救济已经在格兰威尔著述(Glanvill, XIII, 38,39)中有记载,1198 年以后,对于不动产所造成的损害其赔偿是和罚金一起评估的(G.E. Woodbine, *Glanvill*, *De Legibus et consuetudinibus regni Angliae*, Yale Histor. Publ., Mss. And Texts, 13[New Haven, 1932], 293)。

56 在亨利二世成为英国国王后依据《克拉伦敦法》对严重犯罪提出的指控,和我们在格兰威尔著述(Glanvi ll,II,3; IV, 6; XII, 11; XIII, 3—6)所列几起案件中发现亨利二世(第一次)加冕时的事实之间存在相似性。参见 Richardson and Sayles, *Law and Legislation*, p. 95, n.2。

57 27 Henry II, pp. 26, 44.

58 一些类似的表达广泛应用于当时的法律文件,尤其是发给英国受益人的教皇公函中。参见"injuste et per violentiam detinent"(Holtzmann, *Papsturkunden*, II, nr 22, pp. 165—167, A.D. 1139),"sine ratione et judicio ablate"(*ibid*., II, nr 33, p 177, A.D. 1143),"per violentiam et contra iustitiam"(II, nr 98, p. 283, A.D. 1158),"sine judicio et iustitia spoliati"(II, nr 146, p. 337, A.D. 1175),"iniuste et absque ordine iudiciario spoliantur"(I, nr 106, p. 370, A.D. 1167—1169),"absque ordine iudiciario spoliavit"(I, nr 169, p. 440, A.D. 1179)。

59 我们在 12 世纪发往英格兰的教皇公函中注意到了"*possesio*"和"*propri-* 123
etas"之间的区别,以及在恢复占有之后还可以开始关于权利问题的诉讼这一事实。参见 Holtzmann, *Papsturkunden*, I, nr 23 p. 248(*anno* 1141); II, nr 173, pp. 365—366(*anno* 1178); III, nr 47, pp. 171—172(*anno* 1145); III, nr 213, pp. 346—348(*anno* 1174); III, nr 332,

p. 445(*anno* 1171—1181); III, nr 380, pp. 482—487(*anno* 1186)。而正好在瓦卡里乌斯(Vacarius)携带《国法大全》来到英格兰之前,"*nemo placitet dissaisiatus*(*ante legitimam restitutionem*)"规则则不断地在*Leges Henrici I* 中得到反复强调(53,3,5,6;61,21,ed. Liebermann, *Gesetze*, I, 574, 582)。

60 请参看 Van Caenegem, *Writs*, nrs 52ff.中所描述的1077年后各种有关占有的王室令状,以及相关的评论(*ibid.*, pp. 267—283)。有关对斯蒂芬时期占有问题不断增长的重要性,以及王室书状员(royal scribes)在发展令状的标准格式方面所起作用的评论,请参见 Cronne, *Stephen*, p. 219。波伦亚学派在佛兰德尔产生任何影响很久以前曾经有一个有趣的案例,请参见 F.L. Ganshof,"Un cas précoce de distinctin entre l'action possessoire et l'action pétitoire en Flandre", *Le Moyen Age*(1963), pp. 259—270(A.D. 1116—1132)。13世纪及此后的几个世纪里,有几部习惯法的著作比较了"seisin-right"及"*possessio-proprietas*",并将罗马法的观念和术语运用到了习惯法的制度中。

61 有关占有不同于权利的先见,要比罗马法的复兴及其对英格兰的影响古老得多,新近侵占之诉和新近侵占诉讼令中没有什么东西是罗马-教会法的:无论其术语、程序(更不用说陪审制所起到的那些关键作用了)和巡回法官,还是有关占有的观念对于普通的诉讼程序(*ordines judiciarii*)来说都是不常见的。然而,过去也有人认为新近侵占诉讼令是罗马法影响的结果,请参见(F.) Joüon des Longrais, *Henry II and his justiciars had they a political plan in their reforms about seisin*? Lecture delivered at Gonville and Caius College, Cambridge 1961(Paris, 1962), pp. 10—13。

62 F. Ruffini, *L'Actio spolii. Studio giuridico*(Turin, 1889), p. 303; Van Caenegem, *Writs*, pp. 386—390.

63 格兰威尔著述中反复这样说:"在占有被完全恢复之后,失去占有的一方可以通过权利令状来争取权利问题。"(XIII, 9, cf. also XIII, 20 and I, 16)尽管对此存在限制,比如它会有利于未成年人(in the writ of XIII, 14),格兰威尔的著述指出,"在这一案件中,如果通过新近侵占之诉占有依然留归作为未成年人的一方当事人，那么他在成年之前将无须就土地的权利问题出旅答辩。"(XIII，15)这与将小巡回陪审之诉视为权利诉讼前置程序的观点是颇为不同的。"到目前为止，那些在权利诉讼中最常出现的问题已得到了解决，只剩下有关占有的问题还有待讨论。"(See XIII，1)——在别的地方他用"*possessio-proprietas*"来取代"seisin-right"(e.g. in I，3)。

64 参见 N.D. Hurnard，"Did Edward I reverse Henry II's Policy upon Seisin?"，*Eng. Hist. Rev.*，69(1954)，536，n. 3。"seisin"与罗马法中的"possessio"具有可比性，但并不相同，尽管时常有人力图用这一罗马法的术语来适应中世纪的封建制度。参见 F. Joüon des Longrais，*La conception anglaise de la saisine du XII e au XIV e siècle*. Etudes de droit anglais，vol. 1(Paris，1924)，p. 45 and T.F.T. Plucknett，*Legis-* 124

lation of Edward I，Ford Lectures(Oxford，1949)，p. 53。占有并不必然只与土地相联系，比如，一个人还可以保有刑事管辖权(be in seisin of criminal jurisdiction)。参见圣爱德蒙贝里修道院院长(abbot of St Edmund's Bury)的案件，当事人预见到了与坎特伯雷大主教的一场纠纷，通过把握武力(*manu militari*)将自己置于了握有某种刑事管辖权的地步。他说，"volo me ponere in saisinam hujus libertatis et post me defendam cum auxilio sancti Ædmundi cujus jus hoc est"(H.E. Butler，*The Chronicle of Jocelin of Brakelond*[London，1949]，pp. 50—53)。

65 斯滕顿夫人(Lady Stenton，*English Justice*，p. 34)引用了一则1154—1161年间在特奥巴德大主教法旅进行的一场有关一个叫彼得(Peter)的当事人的案例，它显示，"国王的想法也是随仅仅涉及占有问题而非权利问题的前置诉讼的变化而变化的"，并"提供了充分的证据说明，在那个关键的1166年之前至少六年，国王下令并不阻却随后权利诉讼的前置诉讼应该在领主法旅进行"。有两点评论需要作出。在这一案件中，占有被判归圣保罗(St Paul)的修士们，彼得败诉，因为后者无法举证，修士们被免除了对其请求的举证责任，而彼得如果有足够证据就会获得占有。换言之，彼得因无法证明其主张，因此在这起占有诉讼中失败，不过他仍然保留了在他认为适当时提起权利诉讼的权利。但他在权利诉讼中的胜算也很小，因为他缺乏证据。你能想象一个人保留了某些证据，并因此失去了一场已经持续三年的诉讼，结果仅仅是为了在第二场诉讼中出示这些证据以获得后来的胜利吗？如果他确实彻底失望了，他还可以将自己的希望寄托在权利诉讼中的司法决斗上，但究竟是谁更能请得起更好的决斗替手，是彼得还是圣保罗的那些修士们？自然是后者。文献并没有谈到前置诉讼，它只是提到了那样一种至少是在理论上确立了的观念：在占有问题上失手并不排除还可以在权利问题上进行诉讼。鉴于国王仅仅是签发了一则令状要求特奥巴德对原告主持公道，而原告在大主教法庭上也只提起了占有问题，因此很难判断国王的想法是怎样变化的，因为在那些年代里原告通过王室令状来支持其在其领主法庭提出的主张正在成为一种习惯。

66 Stenton, *English Justice*, p. 33.

67 格兰威尔记述(Glanvill, XIII, 33)："国王致郡长问候。甲向我诉称，自从我上次前往诺曼底以来，乙未经判决且不正当地侵夺了他(甲)在某某村庄对某自由保有地的占有。其时，你应组织十二名守法的自由民(当事人的邻人)查看争议地产，将其名字签于令状之上，并通知他们准备进行认证。届时通知乙前来旁听认证，传唤人连同本令状及担保人姓名亦应届时在场出示。"

68 关于我们资料来源中这一不幸的鸿沟产生的大致原因，请参见 M. M. Bigelow, *History of Procedure in England from the Norman Conquest. The Norman Period*(1066—1204)(Boston, 1880), p. 170 and Stenton, *English Justice*, pp. 32—33：权利令状在获得它们的人手里，除非持有
125 者作为放弃权利的标志将之交于对方当事人；因此它们一般会在教会的特许状和法规汇集中找到并得以保存。回呈令状尽管要呈递郡长，但又都会回呈至中央法庭，因此地方上并不保存。我们所获得的最早的这种令状自然就是中央档案机构中保存最早的那些资料，不幸的是它们并没有把我们带回12世纪最后几年之前，因此在研究亨利二世早期和格兰威尔之间普通法令状用语时就不可避免地留下了鸿沟。

69 J. Yver,"Le Bref Anglo-Normand", *Tijdschr. v. Rechtsgeschiedenis. Rev. d'Hist. Du Droit*, 29(1961), 324. The text of the Norman Writ

is(*Très Ancien Coutumier*, LXXIII, 2):Rex vel senescallus baillivo de tali loco, salutem. Precipe H. quod sine dilatione resaisiat R. de tenemento suo apud talem locum, unde saisitus fuit ultimo augusto(vel preultimo), et unde postea eum dissaisivit injuste et sine judicio. Quod nisi fecerit ... tunc submone XII legales milites et hominess de bisineto quod sint ... parati juramento inde facere recognitionem et interim terram illam videri facias ... et sub mone predictum H. quod sit ad bisionem et ad assisiam ...

70 有关以“conquestus est”开头的发往英格兰的教皇公函,请参见 Holtzmann, *Papsturkunden*, I, nr 169, p. 440(A. D. 1179:“conquestus est nobis O. clericus quod cum ... idem S. ... predictum O. predicta ecclesia absque ordine iudiciario spoliavit ... mandamus quatinus ...);1, nr 204, p. 475(A.D. 1181); II, nr 36, p. 185(A.D. 1144); III, nr 47, pp. 171—172(A.D. 1145)。这一格式确实很意外地出现在亨利二世早期的令状中,参见“Conquesti sunt mihi monachi de Rading...” in Van Caenegem, *Writs*, nr 93, p. 460(*anno* 1154—1161)。

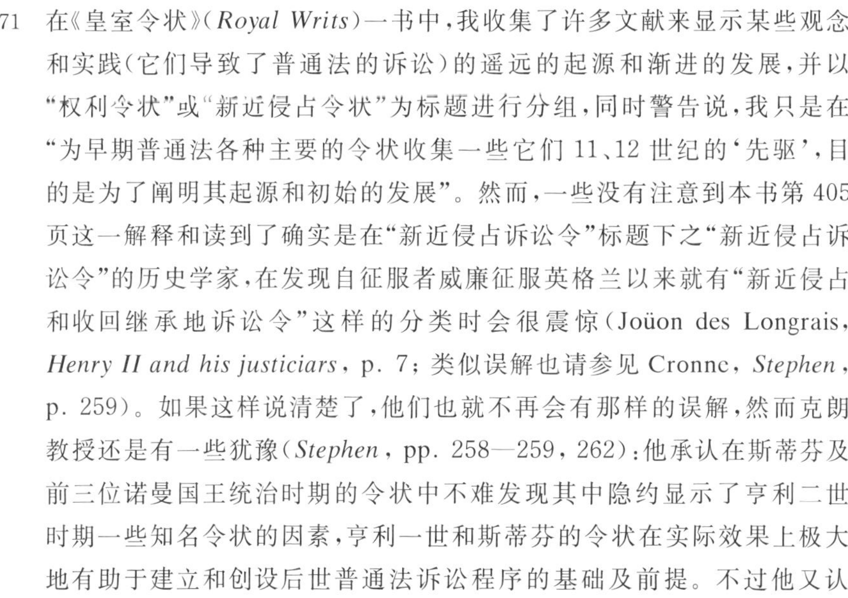

71 在《皇室令状》(*Royal Writs*)一书中,我收集了许多文献来显示某些观念和实践(它们导致了普通法的诉讼)的遥远的起源和渐进的发展,并以“权利令状”或“新近侵占令状”为标题进行分组,同时警告说,我只是在“为早期普通法各种主要的令状收集一些它们 11、12 世纪的‘先驱’,目的是为了阐明其起源和初始的发展”。然而,一些没有注意到本书第 405 页这一解释和读到了确实是在“新近侵占诉讼令”标题下之“新近侵占诉讼令”的历史学家,在发现自征服者威廉征服英格兰以来就有“新近侵占和收回继承地诉讼令”这样的分类时会很震惊(Joüon des Longrais, *Henry II and his justiciars*, p. 7; 类似误解也请参见 Cronnc, *Stephen*, p. 259)。如果这样说清楚了,他们也就不再会有那样的误解,然而克朗教授还是有一些犹豫(*Stephen*, pp. 258—259, 262):他承认在斯蒂芬及前三位诺曼国王统治时期的令状中不难发现其中隐约显示了亨利二世时期一些知名令状的因素,亨利一世和斯蒂芬的令状在实际效果上极大地有助于建立和创设后世普通法诉讼程序的基础及前提。不过他又认为，通过拿格兰威尔著述中的典型令状并在亨利二世先祖们的令状中寻找其早期原型这样一种回溯性解读历史的方法是非常危险的，因为从后世令状中判断先前者意图的尝试可能会导致错误的结论。显然，诺曼国王们在要求主持公道和恢复占有时并没有要发展出一套普通法的意图，但历史却总是无心插柳柳成荫。

126 72 我指的是其著作中的第五章“The Writ Process”，参见他的 *History of Procedure*，pp. 147—200。的确，这一章对于它所包含的材料比对这一主题的系统研究更具兴味，但它又包含了关于令状渐进发展的重要观念，如“并不是大笔一挥就创制出来的”(p. 147)，“出自于那些粗略甚至是不成型的材料”(p.147)，关于早期“执行令状”的作用(pp. 153,155)，关于格兰威尔新近侵占诉讼令是从旧材料中按照常规途径发展出来的(p. 170)，与旧的程序相比并非实质的创新(p. 175, cf. pp. 182 and 192 in the same sense)。

73 Van Caenegem, *Writs*, pp. 168—172; Stenton, *English Justice*, p. 28.

74 格兰威尔认真地指出，在收回继承地之诉中败诉的一方总是可以尝试通过权利诉讼赢回失去的土地。但以和解结案的许多收回继承地之诉显示，“占有之诉”事实上是多么地具有确定性、终局性。

75 作为起初时间期限的亨利二世首次加冕日(1154 年)不时地被向后推进，比如推至理查一世首次加冕日(1189 年)等。

76 Stubbs, *Select Charters*, pp. 179—180.

77 “国王致郡长问候。甲之子乙针对其主张提供了担保，因此你寻找一个合适的传唤人召集某某村庄邻里 12 名守法的自由民于某某日来到我或者我的法官面前，宣誓后准备查证如下问题：前述乙之父甲去世之前是否亲自占有某某村庄一威格(one virgate)可继承地；甲之死是否发生在我第一次加冕之后；乙是否甲最近的继承人。”郡长还被要求召集陪审员查看争议土地，在令状上签名，并传唤争议土地现在的持有人丙出席查证程序，同时传唤人和相关的本令状届时亦应在场出旅及在旅上出示(Glanvill, XIII, 3)。格兰威尔还给出了一些其他变化情况，如继承人诉称其父前往朝圣、参加圣战或投身于教会、继承人尚未成年。对于新近侵占诉讼令，格兰威尔也依据不同情景和特殊的事由设计并列出了各种变化(Glanvill，XIII，33ff.)。

78 有关早期因使用陪审团查证世俗封地保有情况及类似事务而支出的费用，请参见 Pipe Roll 27 Henry II, p. 57(*anno* 1181), 30 Henry II, p. 8(*anno* 1184)。

79 See a case in Luton in 1138 in T. Walsingham, *Gesta Abbatum monasterii Sancti Albani*, ed. H. T. Riley, Rolls Series, I(London, 1867), 113—115; cf. L. F. R. Williams, "William the Chamberlain and Luton Church", *Engl. Hist. Rev.* 28(1913), 719—730. 陪审团发现争议土地一直都是自由教役保有性质，直至内政大臣威廉将其转为军役保有，最后作出了对他不利的判决。

80 这里存在一种例外，即如果它是俗界保有地，且双方都声称从同一主教或贵族处保有，那么这一诉讼就在该同一领主法庭进行，在这一预备阶段不允许发生占有上的变化(Stubbs, *Select Charters*, pp. 165—166)。有一种假定认为，《克拉伦敦宪章》第 9 条已经揭示了地产性质令状的存在，沃伦(W. L. Warren)在一篇评论(in *History*, 52[1967], 172—173)中正确地批判了这一说法；斯滕顿夫人将各种普通法令状的创制定位于亨利二世统治时期的倾向也遭到了批评。上述第 9 条涉及的是管辖权和举证方式(一个陪审团在一位首席司法官面前)的问题，而与诉讼的开 127
始方式无关，沃伦暗示，和其他小陪审诉讼令一样，地产性质诉讼令很可能也是后来才变成令状程序的。

81 格兰威尔记述(Glanvill, XIII, 24)："国王致郡长问候。由合适的传唤人在某某村庄邻里中召集 12 名守法的自由民在某一天到我或者我的法官面前，宣誓后准备查证如下问题：该村庄教堂的教士甲声称本村内某一海德(one hide)土地是由其教堂以自由教役形式保有，而非本村乙的俗界保有地，该土地究竟属于什么性质？同时要求陪审团查看该争议土地……"。如果土地被认定为是教会土地，它就不负担什么费用和义务(宗教义务除外)，所有的收入都归教堂和教士所有。

82 J. Yver, "Autour de l'absence d'avouerie en Normandie", *Bull. Soc. Antiquaires Normandie*, 57(1965), 257.

83 参见 Mansi，*Amplissima Collectio*，XXII，col. 227，c. 17。有关教会堂区长(rector)向推荐他就任的领主支付费用的例子，请参看 H. Mayr-Harting，*The Acta of the Bishops of Chichester 1075—1207*(Torquay，1964)，nr 117，p. 1070，A.D. 1180—1186 and nr 134，p. 185，A.D. 1187—1197。

84 这一条款意在排除斯蒂芬时期的"无政府状态"，参见 Painter，*English feudal barony*，p. 35。尽管他在 IV，1 中提到了它，但格兰威尔著述(Glanvill，XIII，19)的令状中并没有这样的东西，它出现在 1199 年流传下来现存最早的令状和早期诉讼卷宗的案例中(Stenton，*Pleas before the King*，I，Selden Soc. vol. 67[1952]，nr 3497，p. 373，nr 3533，p. 402，nr 3534，p. 403；C. T. Flower，*Introduction to the Curia Regis Rolls*，*A.D.* 1199—1230，Selden Soc. vol. 62[1944]，pp. 168ff.)。

85 陪审团早已依国王命令就圣职推荐权问题作出决定，参见 a case in Derby in 1156—1157(R. R. Darlington，*The cartulary of Darley abbey*，Derb. Arch. Soc.[Kendal，1945]，nr A 12，p. 71)。在《克拉伦敦宪章》第 1 条中，亨利二世为自己的法庭主张了对圣职推荐权案件的管辖权。

86 不应忘记的是，在事实和法律问题上可以以例外进行诉答，以避免过于机械和形式化地适用法律而带来的不公。

87 关于第 34 条的意义，参见 N. D. Hurnard，"Magna Carta，clause 34"，*Studies M. Powicke*(Oxford，1948)，pp. 157—179；M. T. Clanchy，"Magna Carta，Clause Thirty-Four"，*Eng. Hist. Rev.* 79(1964)，542—548；Glanvill，ed. Hall，pp. 179—180；Stenton，*English Justice*，pp. 78—79。

88 "国王致郡长问候。命令甲及时、公正地将某某村庄一海德土地交给乙，乙诉称甲扣留了他的这一土地。如果甲不从，通过合适的传唤人在复活节后第 8 天将他传至我或我的法官面前以说明他不这样做的理由。一并出席和面呈法庭的还有传唤人和本令状。"(Glanvill，I，6)

89 参见 *Regesta Regum Anglo-Normannorum*，I，nr 368a，*anno* 1094—1095：食品储藏者休(Hugh the larderer)将返还巴特尔(Battle)修道院

一部分捕鱼权。

90 *Regesta Regum Anglo-Normannorum*, I, nr 459, *anno* 1089—1100; see more examples in Van Caenegem, *Writs*, p. 240.

91 Van Caenegem, *Writs*, nr 37, p. 430, see also p. 239, n. 1 (A. D. 1112 or 1113).

92 Stevenson, *Abingdon*, II, 123.

93 参见 *Regesta Regum Anglo-Normannorum*, III, nr 257, p. 92, cf. Cronne, *Stephen*, pp. 259—260。有关希瑟斯罗的麻烦到了亨利二世时尚未结束,这位国王向雷纳德·德·马斯卡姆及其子托马斯发出了措辞激烈的令状,并对"后者未依他其他涉及希瑟斯罗庄园的令状行事表示了惊异和极大的不悦"。参见 Van Caenegem, *Writs*, nrs 47, 47a, p. 435。 128

94 H. E. Salter, *The Thame Cartulary*, Oxon. Rec. Soc. 25 (Oxford, 1947), nr 49, p. 45, *c*. A.D. 1180:杰弗里之子威廉依照国王的强制命令将土地返还给泰姆(Thame)修道院,不从王命的事实会立即遭到惩罚,因此"佩特鲁斯·德·戈林顿(Petrus de Gollinton)被处罚金 40 先令,因为他没有执行国王令状中的命令"(Pipe Roll 12 Henry II, 57)。

95 Stevenson, *Abingdon*, II, 123.

96 参见一则斯蒂芬国王发给小罗杰(Roger Little)却有利于格罗斯特修道院的令状,令状要求他使在奎奇利(Quedgeley)的土地保持和平安宁的状态,否则前往法旅说明事由。参见 *Regesta Regum Anglo-Normannorum*, III, nr 355, p. 135, *annno* 1135—1139。

97 亨利一世要求圣埃德蒙贝里(Bury St Edmunds)的贵族们前来参加修道院院长的诉讼,"et non remaneant pro ullo breve quod habent ut non veniant", *Regesta Regum Anglo-Normannorum*, II, nr 181, *annno* 1100—1133。

98 *Regesta Regum Anglo-Normannorum*, III, nr 355, p. 135, 1135—1139:受状人或者完全放弃在奎奇利的土地,或者前往格罗斯特修道院院长法旅那里解决争端,一些与此隐约类似的东西也可以在征服者威廉一则有利于拉姆齐修道院的令状中找到,其中他命令(在 1066 年之后的动荡年代里）任何从该修道院取得的土地都应被返还，除非它能在会堂法庭上胜诉获得。参见 Macray, *Chronicon abbatiae Rameseiensis* (London, 1886), pp. 205—206; *Regesta Regum Anglo-Normannorum*, I, nr 177, 1070—1082。

99 Farrer, *Early Yorkshire Charters*, III (Edinburgh, 1916), nr 1301, p. 28, with the date 1112—1122; *Regesta Regum Anglo-Normannorum*, II, nr 1311, p. 169, with the date 1112—1121.

100 Van Caenegem, *Writs*, nr 180, p. 507.

101 *Regesta Regum Anglo-Normannorum*, III, nr 692, p. 255。对于令状的司法化过程，我们可以援引德弗林勋爵关于某些刑事诉讼制度的发展的评论，它们"都脱胎于行政的窠臼"；对于令状，如同刑事诉讼一样，我们可以说"它在不停地变幻，总朝着一个方向，从不受限制的行政行为到受规制的司法程序""从行政到司法，从任意裁量到依法裁定"(P. Devlin, *The criminal prosecution in England* [London, 1960], pp. 2 and 10)。

102 *Praecipe quod reddat* for land (I,6) and for advowson (IV,2), *praecipe* for dower unde nihil habet (VI, 15), for fine not observed (VIII, 4), for receiving homage and relief (IX,5), *praecipe quod reddat* for debt (X, 2), *praecipe* against debtor's surety for debt (X,4), for debt secured by gage (X,7) and *praecipe quod reddat* for land gaged, or writ of gage (X,9).

103 See, for example, nr 197 in The Luffield Register, De Haas and Hall, *Early Registers of Writs*, p. 95.

104 在"*sur disseisin*"中从一开始就存在瑕疵：在这里，情势起初进行得足够规范，但随着时间的推移开始发生了问题："国王致郡长问候。命令甲公正且毫不迟延地返还乙在某某村庄多少多少土地（或某一指定土地），乙诉称他因 100 马克将上述土地抵押给了甲直至某一期限，现在这一期限已过。命令甲接受乙的偿付（或如乙所称他已通过偿付行
129 赎）。如果甲拒绝从命，由合适的传唤人在某一确定日期将其传至某一特定地点到我或者我的法官面前说明拒绝从命的理由，传唤人和本令

状也一并到旅。”

105 Bracton，fol. 413b.

106 这是一则针对土地的指令令状，包含如下用语：“从直属封臣处保有”或“从国王处保有”，我们在早期的令状登记薄中发现了上述令状，如：in the Irish Register of 1227，c. 4(De Haas and Hall，*Early Registers*，p. 2)，the Pre-Mertonian Register，of the 1220s，c. 3(*ibid.*，p. 18) and the Luffield Register，of the 1260s，c. 90(*ibid.*，p. 37)。

107 See the writ in the Luffield Register，c. 8(*ibid.*，p.36)；整个句子读作：“quia talis capitalis dominus feodi illius remisit nobis inde curiam suam”。

108 早在13世纪，第34条就被认为包含了这种有限的应用。参见第50页注释87中M.T. Clanchy的论文。

109 Van Caenegem，*Writs*，nr 66，pp. 445—446，writ of William Rufus，of A.D. 1093—1097.

110 例如，1105年(?)亨利一世发给阿宾顿修道院的一则此类令状，参见Van Caenegem，*Writs*，nr 108，p.469。

111 See Stephen's writ of 1143—1154 in *Regesta Regum Anglo-Normannorum*，III，nr 552，p. 204.

112 Van Caenegem，*Writs*，nrs 114 120，122 124，pp. 472—477；writ nr 121，p. 476，这是一道要求土地所有人返还修道院霍姆(Holme)院长逃奴的命令，这些农奴是自亨利一世驾崩后逃跑的。如有必要，诺福克郡郡长应保证此命令得以执行。

113 参见Glanvill，XII,11;令状使用了传统的术语，因此显得比较保守。

114 他可能又会落入另一个支付了15马克(Pipe Roll 21 Henry II，p. 178，*anno* 1175))的叫奥斯伯特·德·托普(Osbert de Torp)的人手中，因为他监禁了一个他想证明却无法证明为奴的人。关于身份问题的诉讼是困难的，参见Poole，*Obligations of Society*，pp. 12—34 and Glanvill，v，3.4:诉诸了邻里的裁断，明显排除了决斗。关于对农奴制的评论，参见Richardson and Sayles，*Law and Legislation*，pp. 138—149。

115 格兰威尔记述(Glanvill，v，2)：“国王致郡长问候。声称自己是自由人的甲向我诉称乙力图使其降格为农奴，因此我命令你，如果甲为其主张提供了担保，就将该案件（现基于农奴令状在郡长手中）在某某天移送至我或我的法官面前，并保证甲在此期间平安无事。由合适的传唤人传唤前述乙届时出庭说明他因何力图使甲降格为奴，同时传唤人和本令状也一并到庭。”国王搁置了自己的农奴令状，给了被称为奴者一个在其法庭听审的机会。本令状的用语显得相当晚近。如果对逃奴的身份并无争议，却有两个主人对他主张权利，该争议就要由郡长在郡法庭予以解决：王室法庭仅处理自由人或声称自己为自由人的事务。

116 See p. 52, n. j.

117 Pollock and Maitland, *History of English Law*, II, 512.

118 Magna Carta, c. 20. See the interesting chapter v, "Amercements", in
130 Poole, *Obligations of Society*, pp. 77—91 and Pollock and Maitland, *op. cit.*, II, 513：由守法的邻里组成，依其宣誓判处罚金的团体显然就是评估陪审团。

119 参见下一章中关于某些早期不具有终局性之文献的讨论，第 83 页注释 58—60。

120 其时间难以确定，它出现在 1180 年的财政署卷宗中，但它事实上可能要比这早得多，因为它用了更为古老的术语“*jurea*”而不是“*recognitio*”。

121 在英格兰，王室法庭也对圣职推荐诉讼主张管辖权。参见第 16 页。

122 J. R. Strayer, "The Writ of Novel Disseisin in Normandy at the End of the Thirteenth Century", *Medieval Statecraft and the Perspectives of History* (Princeton, 1971), pp. 3—12 (a slightly revised version of a paper published in 1937); R. Besnier, "'Inquisitiones' et 'Recognitiones'. Le nouveau système des preuves à l'époque des Coutumiers nomands", *Rev. hist. droit francais et étranger*, 4th ser., 28 (1950), 183—212; id., "Le procès pétitoire dans le droit normand du XIIe et du XIIIe siècle", *ibid.*, 30 (1952), 195—222; id., "Le procès possessoire dans le droit normand du XIIe et du XIIIe siècle", *ibid.*, 31 (1953), 378—408; id., "La dégénérescence des caractères normands

des preuves dans la procédure civile du duché après la rédaction du Grand Coutumier", *ibid.*, 37(1959), 48—61; J. Yver, "Le Bref anglo-normand', pp. 313—330; id., "Le ' Très Ancien Coutumier ' de Normandie"。我要向当时正在准备一项对诺曼令状制度进行研究的卡昂(Caen)的伊韦尔教授表示感谢,在关于诺曼的一部分中他极为慷慨地向我提出了许多建议。

123 Southern, *Western Society and the Church*, p. 111.

124 参见 W.J. La Due, *Papal Rescripts of Justice and English Royal Procedural Writs, 1150—1250. A Comparative Study. An Excerpt*, Pontificia Universitas Lateranensis. Institutum Utriusque Juris. Theses, ad Lauream, 155(Rome, 1960)。作者实质上处理的是发给委任法官的谕令。

125 See pp. 35—38.

126 参见 G. Barraclough, "Audientia Litterarum Contradictarum", Dictionnaire de Droit canonique, I (Paris, 1935), cols. 1387—1399; Herde, *Beiträge zum päpstlichen Kanzlei-und Urkundenwesen im dreizehnten Jahrhundert*, Münchener Hist. Studien. Abt. Gesch. Hilfswiss., 1(Kallmünz, 1961), pp. 164—173; id., "Papal formularies for letters of justice(13th—16th centuries)", *Proc. Sec. Internat. Cong. Medieval Canon Law* (Vatican, 1965), pp. 321—45; id., "Ein Formelbuch Gerhards von Parma mit Urkunden des Auditor litterarum contradictarum aus dem Jahre 1277", *Archiv für Diplomatik*, 13 (1967), 225—312; id., *Audientia Litterarum Contradictarum. Untersuchungen über die päpstlichen Justizbriefe und die päpstliche Delegationsgerichtsbarkeit vom* 13. *bis zum Beginn des* 16. *Jahrhunderts, I*, Bibliothek des Deutschen Historischen Instituts in Rom, 31(Tübingen, 1970), 20—74, 181—232; J.E. Sayers, *Papal Judges delegate in the Province of Canterbury 1198—1254. A Study in Ecclesiastical Jurisdiction and Administration*(Oxford, 1971), pp. 9—24。听审法院(court of Auditors,后被称为 Rota)是 13 世纪一个相比较来说有特色的发展,

其起源相当悠久，同时也相当模糊，它是一个设在罗马的在教皇面前听审重要案件的法院。

127 *English Justice*, p. 53.

第三章

131 1 W. Nelson, *The Law of Evidence*(1717); G. Gilbert, *The Law of Evidence*(Dublin, 1754); S.M. Philips, *A Treatise on the Law of Evidence* (London, 1815)); J. Stephen, *A Digest of the Law of Evidence*(London, 1876); J. Thayer, *A Preliminary Treatise on Evidence at the Common Law*(Cambridge, Mass., 1898).

2 参见 *La Preuve* 中有关历史和种族研究方面所收集的大量文献，published in the *Recueils de la Société Jean Bodin*, vols. 16—19, Brussels, 1963—1965, as follows: Première partie: Antiquité (16, 1964), Deuxième Partie: Moyen Age et Temps Modernes(17, 1965), Troisième Partie: Civilisations archaïques, asiatiques et islamiques (18, 1963), Quatrième partie: Période contemporaine(19, 1963)。

3 参见我们的总体框架，"La preuve dans le droit du moyen âge occidental", *Recueils de la Société Jean Bodin*, 17, *La Preuve*, II (Brussels, 1965), 691—753(with maps between pp. 430 and 431)。

4 Text in Stubbs, *Select Charters*, p. 98; see some remarks in Stenton, *English Justice*, p. 6; Richardson and Sayles, *Law and Legislation*, p. 30.

5 F.L. Ganshof, "La preuve dans le droit franc", *Recueils de la Société Jean Bodin*, 17, *La Preuve*, II(Brussels, 1965), 80, n. 25.

6 参看对某一种可能性(在这一意义上的)的暗示，以《裴欧沃夫》(*Beowulf*)和《莫尔登之战》(*Battle of Maldon*)中段落为基础，参见 M. W. Bloomfield, "Beowulf, Byrhtnoth, and the Judgement of God: Trial by Combat in Anglo-Saxon England", *Speculum*, 44(1969), 545—559。

7 在斯堪的纳维亚，直至 13 世纪决斗仍很盛行。在丹麦，它为烙铁神裁所取代，据称一名基督教传教士成功地经受了这一神裁的考验；1000 年和

1014 年冰岛和挪威尾随基督教先后禁止了司法决斗，其他神明裁判为北部的日耳曼部落所知晓，但并未在其他地方广为传播。参见 H. Nottarp, *Gottesurteilstudien*, Bamberger Abhandlungen und Forschungen, 2(Munich, 1956), 69—73。

8 J. Stevenson, *Libellus de vita et miraculis sancti Godrici, auctore Reginaldo Dunelmensi*, Surtees Soc., 20 (London, 1847), cap. CXV, § 221, pp. 235—236.

9 *The History of Reynard the Fox, translated and printed by William Caxton in* 1481, ed. by D. B. Sands(Cambridge, Mass., 1960), pp. 46—47:"在此基础上确定了一个日子，并判定雷纳德应于这一天前来为自己昭雪，并手持圣物宣誓自己清白。当《圣经》与圣物被带进法庭之时(原始文献第 82—83 行说，"圣物一带进来")，雷纳德想到自己的其他情况便改变了主意，立即撒腿飞奔回家。"参见 F. R. Jacoby, *Van den Vos Reinaerde. Legal elements in a Netherlands epic of the thirteenth century*(Munich, 1970)。

10 Ed. J. Karacsonyi and S. Borovszky, *Regestrum varadiense examinum ferri candentis*(Budapest, 1903), see I. Zajtay, "Le Registre de Varad. Un monument judiciaire du début du XIIIe siècle", *Rev. hist. de droit francais et étranger*, 4th ser., 32(1954), 527—562.

11 Van Caenegem, "La preuve au moyen âge occidental" 699—700.

12 See an Anglo-Norman *Benedictio scuti et baculi and duellum faciendum* from A.D. 1067—1130 in Liebermann, *Gesetze*, I, 430—431.

13 *Ibid.*, pp. 401—430. 132

14 Ed. K. Zeumer, *Formulae Merovingici et Karolini Aevi*, M. G. H., LL. V(1886), 599—722; see C. von Schwerin, "Rituale für Gottesurteile", *Sitzungsberichte der Heidelberger Akademie der Wissenschaften, Phil.-hist. Kl.*(1932—1933), 3. Abh.

15 参见 Deut. 6: 16 and Matt. 4: 7. See for all this Nottarp, *Gottesurteilstudien*, pp. 255—262. A collection of relevant texts will be found in P. Browe, *De ordaliis*, I: *Decreta pontificum Romanorum et*

synodorum; II: *Ordo et rubricae. Acta et facta. Sententiae*, Textus et documenta. Series theol. IV, 11(Rome, 1932—1933)。“欺瞒并试探上帝”的观念是第四次拉特兰宗教公会禁止神明裁判的正式原因,这一点也为后世的著述家们所援引。

16 J. W. Baldwin, “The intellectual preparation for the canon of 1215 against ordeals”, *Speculum*, 36(1961), 628ff.; id., *Masters, Princes and Merchants: The Social Views of Peter the Chanter and his Circle*, I (Princeton, 1970), 323—332.

17 罗马法学者中也提到了司法决斗,尤其是在伦巴德法影响和对《法学阶梯》(Inst. 3,1,5)中叛国罪(*crimen perduellionis*)误解的背景下。参见最新的评述 G. D'Amelio, “Notizie di letteratura longobardistica”, *Università di Cagliari. Studi Economico-Giuridici*, 46(1969—1970), 108—116, concerning the anonymous treatise *de pugna*。

18 Galbert of Bruges, *De multro … Karoli Comitis*, ed. H. Pirenne(Paris, 1891), c. 87, 105, 108, pp. 132, 150, 154—155(关于 1128 年,涉及 Lambert of Aardenburg,他参与了针对佛兰德尔善人查里伯爵[count of Charles the Good of Flanders]的阴谋); *Sigeberti Continuatio Aquicinctina*, ed. D. Bethmann, M.G.H., SS. VI, 421, *anno* 1183(1183 年,在伊普雷斯[Ypres]和阿拉斯[Arras]被控为异端者在神明裁判中都获得了成功,他们就其罪行[向一位教士?]进行了忏悔,并依据 1157 年里姆斯[Rheims]公会的教规进行了火审)。

19 参见 Eadmer, *Historia Novorum in Anglia*, ed. M. Rule, Rolls Series (London, 1884), p. 102。据报道国王大声疾呼:“Quid est hoc? Deus est Justus judex? Pereat qui deinceps hoc crediderit。”

20 《克拉伦敦法》列举了盗窃犯、抢劫犯、谋杀犯及窝藏他们的人,《北安普敦法》又增加了伪造犯和纵火犯。参见 Stubbs, *Select Charters*, pp. 170, 179。

21 《克拉伦敦法》称之为“illi qui facient legem suam et mundi erunt per legem”,“lex”对于神明裁判来说是一个通常的术语(*loc. cit.*, p.172, c. 14),《北安普敦法》称那些成功经历神裁者为“ad aquam mundus”(c. 1,

ibid., p. 179)。

2,2 《克拉伦敦法》谈到了“publice et turpiter diffamati testimonio multorum et legalium hominum”(c. 14, *ibid.*, p. 172),《北安普敦法》谈到了“retatus de murdro vel alia turpi felonia per commune comitatus et legalium militum patriae”(c. 1, *ibid.*, p. 179)。

23 H. Pirenne and G. Espinas,“Les coutumes de la gilde marchande de Saint-Omer”, *Le Moyen Age*(1901), p. 1.

24 Ed. F. Vercauteren, *Chartes des comtes de Flandre 1071—1128*(Brussels, 1938), nr 45, p. 12。关于1200年以前佛兰芒自治市的特许状,请参见 R.C. van Caenegem,“Coutumes et législation en Flandre aux XIe et XIIe siècles”, *Les Libertés urbaines et rurales du XIe et au XIVe siècle*(Brussels, 1968), pp. 245—279。在英格兰,也有一些城镇获得了对于司法决斗的豁免权,参见 Bigelow, *History of Procedure*, p.296。

25 参见前文第64页注释3所引图幅,关于欧洲神明裁判的历史,我们总是应当去参看 H. Nottarp's encyclopedic *Gottesurteilstudien*。 133

26 F. Joüon des Longrais,“La preuve en Angleterre”, *Recueils de la Société Jean Bodin*, 17, *La Preuve*, II(Brussels, 1965), 217—218。我们会被提醒记起,英诺森三世谴责在帕绍(Passau)教区流行的习惯为非理性的,在涉及教会的案件中,全体民众(无论识字还是不识字)依此作出的决定被认为是终局性的。参见 Cheney, *From Becket to Langton*, p. 156。

27 Besnier,“La dégénérescence”, pp. 48—61; Strayer,“The Writ of Novel Disseisin in Normandy”, pp. 3—12.

28 See Van Caenegem, *Writs*, pp. 94—103.

29 比如,参见一则亨利二世发给林肯郡郡长的令状:“Precipio tibi quod sine dilatione facias recognosci per sacramentum legalium civium Linc...”(Van Caenegem, *Writs*, p. 462, nr 96, A.D. 1155—1166);参见其中类似的令状,p. 485, nr 138, p. 489, nr 147, p. 490, nr 148(“fac recognosci per hominess hundredi”), p. 423, nr 23(“praecipio quod sine dilatione facias recognosci per sacramentum legalium homi-

num hundredi")。我们发现了更多对于土地所有人组织陪审查证(如果他们愿意这样做)的一般授权,比如 1173 年(?)发给坎特伯雷基督教堂的一则令状,参见 Van Caenegem, *Writs*, p. 463, nr 99。

30 陪审团可以被界定为这样一个人群组织:他们宣誓后对提交给他们的问题作出正式的回答,这些问题涉及事实、权利或者是他们邻里中的一个人。在我们现在所考查的这个时代里,他们发现和给出裁断的任务被称为"*recognoscere*"或"*recognitio*",这个团体或组织自身被称为"*juratores*"或"*recognitio*",当陪审团在大巡回陪审诉讼令或小巡回陪审诉讼诉讼令范围内召集时,它被称为 "an assize, *assisa*";"*jurata*"是另一种陪审团,处理在诉讼过程中所提出的附属性问题,而且这一术语也相当晚近。当在术语的意义上使用时,"*inquisitio*"用来指导致陪审查证的王室调查:挑选陪审员和对陪审员进行询问称为"*inquisitio*",随之产生的裁断称为"*recognitio*"。

31 Richardson and Sayles, *Law and Legislation*, p. 117.

32 See H. Brunner, *Die Entstehung der Schwurgerichte* (Berlin, 1871), pp. 84—126; Besnier, "'Inquistitiones' et 'Recognitiones'", pp. 185—190; Ganshof, "La preuve dans le droit franc", pp. 92—98. For a recent reappraisal see J. P. Dawson, *A History of Lay Judges* (Cambridge, Mass., 1960), pp. 119—122.

33 参见 C. H. Haskins, *Norman Institutions* (Cambridge, Mass., 1918), pp. 232—234; J. Yver, "Le Bref Anglo-Normand", p. 314。诺曼人也将他们的神明裁判引入了西西里,参见 Nottarp, *Gottesurteilstudien*, p. 73。

34 在 1070—1079 年间征服者威廉发给丰特奈(Fontenay)修道院(劳尔·泰松〔Raoul Taisson〕于 1047 年建立)的一则特许状中,我们看到它清楚地提到了在公爵指令下进行的宣誓调查,其中写道:"cumque coepissent aliqui ex baronibus honoris abbati praedicto injuries facere et ea quae iste Radulfus Taxo et pater ejus huic ecclesiae dederant velle retrahere et hoc ad notitiam Willelmi regis praedicti pervenisset, nolens imminui quae consilio ejus et nutu antea facta fuerant, praecepit Ricardo vice-

comiti Abrincarum quatinus de parte ejusdem regis ante se et Willelmum abbatem Cadomensem praedictaque Mathilde jubente barones honoris in Cadomo convenire jussisset et omnia quae praedicti duo Radulfi Taxones 134
huic Fontanensi ecclesiae dederant, sacramento super sanctum Evangelium facto, veraciter recordari fecisset, quod et factum est. Itum fuit Cadomum juxta praeceptum regis et electi sunt quatuor legitimi viri communi assensu, qui omnia haec quae praedicta sunt recordati sunt et se illa verissinme recordatos fuisse super sanctum Evangelium juraverunt”——然后列举了四个人名(ed. *Gallia Christiana*, XI[1759], *Instrumenta*, col. 65 and P. de Farcy, *Abbayes de l'évêché de Bayeux*, *I*, *Cerisy*, *Cordillon*, *Fontenay*, *Longues*[Laval, 1887], p. 33)——*Regesta Regum Anglo-Normannorum*, I, nr 117, pp. 30—31(A. D. 1070—1079)。参见 Haskins, *Norman Institutions*, pp. 222—223 and R. V. Turner, “The origins of the medieval English Jury”, *Journal of British Studies*, 7(1968), 6, 他也提到了这样一个案例, in Léchaudé-d'Anisy, *Grands Rôles des Echiquiers de Normandie*, Soc. des Antiquaires de Normandie, Documents historiques, I(Paris, 1845), 196—197;然而“affuerunt etiam antiquissimi hominess qui hoc viderant et audierant, parati probare secundum judicium regis quod nos edisseramus”的表述并不必然是指陪审团。

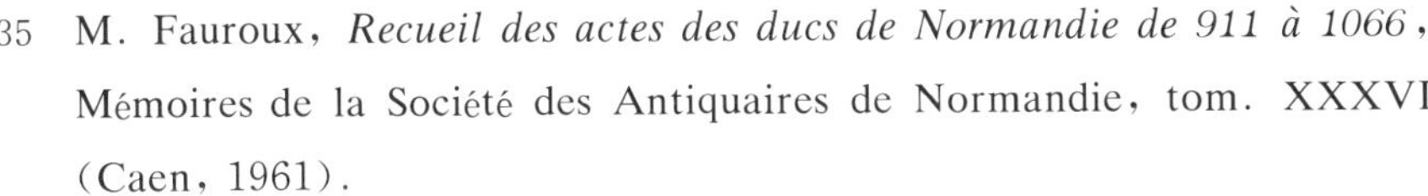

35 M. Fauroux, *Recueil des actes des ducs de Normandie de 911 à 1066*, Mémoires de la Société des Antiquaires de Normandie, tom. XXXVI (Caen, 1961).

36 Yver, *Bref Anglo-Normand*, p. 317.

37 鉴于我花费了大量的时间来审阅布伦纳的材料,而且还在更多英格兰及法国的图书馆和档案馆里查阅过相关的资料,因此我在读到说我好像“毫无问题地接受了 1871 年布伦纳提出的理论(就像哈斯金斯在我之前那样)”时,感到非常惊讶。参见 Stenton, *English Justice*, p. 15。

38 参见 F. Liebermann, *Gesetze*, I, 228—33; D. Whitelock, *English Historical Documents*, English Historical Documents, ed. D. C. Doug-

las，I：c. 500—1042（London，1955），402—405（with the date 978—1008）。这一法典（III，Æthelred）主要涉及丹麦法的地区，即五大自治市；大约同一时间在伍德斯托克（Woodstock）还颁布了另一部法典，涉及“英国人的法律”。旺蒂奇法典意在记录国王及其谘议会对于地区习惯法（尤其是那些关联到维持和平的部分）的认可。参见 F. M. Stenton，*Anglo-Saxon England*，The Oxford History of England，ed. G. N. Clark，3rd ed（Oxford，1971），pp. 510，651。作者接受了这一制度的斯堪的纳维亚性质的说法，并指出在“纯粹的古英国法律”中是不存在陪审制度的。旺蒂奇法典传统上的年代 997 年意味着在那一年在旺蒂奇那个地方举行了一次集会，但毫无疑问，那个地方可能还有很多其他的会议。

39 *Law and Legislation*，p. 25.

40 J. Raine，*Histotriae Dunelmensis scriptores tres*，Surtees Soc.（London，1839），nr 23，p. xxxi：*Regesta Regum Anglo-Normannorum*，II，nr 660，p. 35.

41 Hereford Cartulary，Oxford，Bodleian Library，Ms. Rawlinson B 329，fol. 137*v*.

42 Reading Cartulary，London，British Museum，Ms. Egerton 3031，fols. 41*v*—42 and Reading Cart.，*ibid*.，Vespasian E xxv，fols. 68—68*v*.

43 Godstow Cartulary，London，Public Record Office，E 164/20，fol. 142.

44 参见 Southwick Cartulary，Ms. Winchester，Hampshire Record Office，fols. 23*v*—24。关于本案件和从手稿材料上摘录下来的前一案件，请参见 Van Caenegem，*Writs*，pp. 72—74。

135 45 Van Caenegem，*Writs*，pp. 69—71.

46 *Anglo-Saxon Writs*，pp. 252—256，480—482；cf. C. R. Hart，*The Early Charters of Eastern England*，Studies in Early English History，ed. H. P. R. Finberg，v（Leicester，1966），nr 44，p. 38，with the date “c. 1055”.

47 *English Justice*，pp. 14—15；in the same sense：Turner，“Origins of the medieval English Jury”，pp. 9—10.

48 G.D.G. Hall, *Eng. Hist. Rev*. 76(1961), 316—317.

49 Harmer, *Anglo-Saxon Writs*, p. 481.

50 J. Bosworth and T. N. Toller, *An Anglo-Saxon Dictionary*(London, 1898), p. 94; *Supplement*(Oxford, 1921), p. 86; J. R. C. Hall, *A concise Anglo-Saxon Dictionary*, 4th edn with suppl. by H. D. Meritt (Cambridge, 1960), p. 45, See also the *Oxford English Dictionary*, I (1933), 829.

51 "And pese lewedemen hit sworen after panne pat it was bitlod pe two del in to Sancte Benedicte in to Rameseie and pe Priddendel Sancte Botulfe in to Porneie ... purulf Pe fissere of Farshevede and Lefstan Herlepic of Witleseye, heo sworen pe priddendel in to porneie, and Lefsi Crevleta and Ailmer Hogg"of Wellen and Wulfgeit pe fissere of Heytumdegrave he sworen al to del in to Rameseye(*Cartul. Ram.*, I, 188 and III, 38—39, and Red Book of Thorney Abb., II, fol. 372, see n. 53).

52 *Disrationare* 起初的含义被认为是"谈论、讨论、解释某人的理由、诉答",参见 R. Besnier,"Vadiatio legis et leges", *Rev. hist. droit francais et étranger*, 4th der., 19/20(1940—1941), 103。

53 See Van Caenegem, *Writs*, pp. 69—71. The texts are in W. H. Hart and P.A. Lyons, *Cartularium monasterii de Rameseia*, Rolls Series, I (London, 1884), nr cxv, p. 188 and nr dxliv, *ibid.*, pp. 38—39; Macray, *Chronicon abbatiae Rameseiensis*, pp. 166—167; Red Book of Thorney, II, fol. 372(Cambridge Univ. Library, Add. Ms. 3021).

54 *Origins of medieval English Jury*, p. 10.

55 N. D. Hurnard,"The jury of Presentment and the Assize of Clarendon", *Eng. Hist. Rev*. 56(1941), 374—410.

56 Glanvill, II, 7,ed. G.D.G. Hall, p28.

57 Yver,"Le 'Très Ancien Coutumier'", p. 356,他明智地写道,应被告之请求使用陪审查证取代决斗,"在很大程度上是建立在公爵的立法基础之上的":尽管《(诺曼)古习惯汇编》(*Très Ancien Coutumier*)在这种情

况下并没有使用 *statutum est*（是制定法）的短语，但这一程序在诺曼底以“*bref d'establie*”为人所知的事实，说明它是建立在公爵的 *stabilimentum* 或 *établissement*，即条令的基础之上的。而 Besnier，“‘Inquisitiones’et‘Recognitiones’”，pp. 200—201，则倾向于认为习俗而非立法是这一制度在诺曼的基础，陪审在诺曼是如此的流行，甚至教会法旅也使用它，参见 the cases of 1142—1163 and 1153 quoted in Haskins，*Norman Institutions*，pp. 223—225。

58 *Norman Institutions*，pp. 198—216；in the same sense：Besnier，“Le procès pétitoire”，pp. 384—386.

59 Haskins，*Norman Institutions*，pp. 216—217.

60 相关评论参见 Boussard，*Le Gouvernement d'Henri II Plantagenêt*，p. 293。1159 年王室法旅在加弗莱（Gavray）开旅审理的那起案件，同样不足以成为陪审查证已被普遍用来决定权利问题这一观点的证据，尽管哈斯金斯有不同的看法（*op. cit.*，p. 218）。在该案中，理查德·瓦塞之子奥斯蒙德（Osmond，son of Richard Vasce）通过守法民众的宣誓证明了自己的圣职推荐权。

61 参见 the survey by Yver，“‘Très Ancien Coutumier’ de Normandie，”
136 pp. 333—374。作者给出了一个详尽的 11 件立法的列表（eleven“actes législatifs du règne de Henri II，mentionnés par les chroniques et actes de l'époque”），但其中的一些属于涉及征税的行政举措，其他一些涉及某一个单一的主题，或者其内容通过诸如“injuriam nemini facere”（不许实施伤害行为）和“pacem tenere”（维持秩序）这样一些词语的描述也并不清晰。

62 Edited by Léchaudé-d'Anisy，see n. 34.

第四章

1 Richardson and Sayles，*Governance*，p. 388.

2 R. David，*Les grands systèmes de droit contemporains*，3rd edn（Paris，1969）（Eng. Edn：R. David and J. E. C. Brierley，*Major Legal Systems in the World Today*，London，1968）.

3 参见就如下两个主题进行的精湛研究："England's First Entry into Europe"(英格兰首次踏入欧洲) and"The Place of England in the Twelfth-Century Renaissance"(12 世纪复兴中英格兰的地位)，in R. W. Southern，*Medieval Humanism and other Studies* (Oxford，1970)，pp. 135—157，158—181，and also the same author's article on"The Place of England in the Twelfth-Century Renaissance"，*History*，45 (1960)，201—216。坎特伯雷的教职是欧洲大陆影响进入英格兰的主要通道，关于此请参考 R. Foreville，"Naissance d'une conscience politique dans l'Angleterre du 12e siècle"，*Entretiens sur la Renaissance du 12e siècle*，ed. by M. de Gandillac and E. Jeauneau (Paris/The Hague，1968)，pp. 179—208。接管英国教会的大陆人士也接管了其旧时的争论，正如巴罗教授(Professor G. W. S. Barrow)所指出的："有什么能比来自大陆卡尔瓦多斯省(Condé -sur-Seulles，位于法国的下诺曼底——译者注)的瑟斯坦(Thurstan)为古代的约克教会而展开针对同样是来自欧洲大陆的大主教劳尔・德・埃斯库里斯(Raoul d'Escures，为坎特伯雷教会而斗争)的激烈斗争，欧洲大陆的约翰为格拉斯哥而斗争，欧洲大陆的伯纳德(Bernard)为圣大卫(St. David)斗争的景观更正常然而也更奇怪(当我们想起它的时候)的呢？这些都使得他们自己的重要性降低，并消解了已经开始的争斗，却使得欧洲大陆诺曼底的亨利能施展铁腕决定不失去过去盎格鲁-撒克逊国王的一丁点儿权利。"(*Eng. Hist. Rev*. 81(1966)，372)

4 死后由甘斯(E. Gans)于 1837 年出版。

5 E. H. Gombrich，*In search of Cultural History*，The P. M. Deneke Lecture 1967 (Oxford，1969)，pp. 9—10.

6 民族精神(*Volksgeist*；*l'esprit de la nation*)在孟德斯鸠那里是作为影响法律的 14 个因素之一出现的，到了萨维尼这里就成了所有法律的唯一渊源了。关于历史法学派请参见 H. Kantorowicz，"Volksgeist und historische Rechtsschule"，*Histor. Zeitschrift*，108(1912)，295— 325(= *Rechtshistorische Schriften*，ed. by H Coing and G. Immel，Freibuger Rechts-und Staatswissenschaftliche Abhandlungen，30，pp. 435—456) and H. Kantorowicz，"Savigny and the Historical School of Law"，*Law*

Quarterly Review, 53(1937), 326—343(= *ibid.*, pp. 419—434), also P. Caroni,"Savigny und die Kodifikation", *Zeitschrift der Savigny-Stiftung für Reschtsgeschichte*, 86, G.A.(1969), 133—150。对于民族精神的热情,为黑格尔、萨维尼及其他 19 世纪的许多德国人所分享。

7 因此,那种(被假定认为)对于风险和刺激的爱好在南部荷兰的缺乏,被用
137 来解释发生在 16 世纪晚期北部和南部荷兰的分离。参见 E. Lousse, "Some chapters in the constitutional history of Belgium", *Schweizerische Beiträge zur allgemeinen Geschichte*, 14(1956), 52。

8 F.W. Maitland, *English Law and the Renaissance*, Rede Lecture (Cambridge, 1901), p.23.

9 C.K. Allen, *Law in the Making* (3rd edn, Oxford, 1939), p.88.

10 参见 F. Wieacker, *Privatrechtsgeschichte der Neuzeit* (2nd edn. Göttingen, 1967),其第 498 页写到,法律制度对于民族精神的体现在盎格鲁-撒克逊国家要比在其他任何地方都更显著。

11 参见 R. Pound, *Interpretations of legal history*, Cambridge Studies in English Legal History (Cambridge, 1923)。"经济解释"是庞德列出六个选择中的一个,其他几个方面是伦理和宗教解释、政治解释、种族和生物学解释、伟大的法律家方面的解释和机械方面的解释。本书是以 1922 年作者在剑桥大学作的一系列演讲为基础的。

12 有关这两个制度下民事诉讼的精彩对比,请参看 M. Cappelletti, *Processo e ideologie* (Bologna, 1969), pp. 287—338, ch. IX:"II processo civile italiano nel quadro della contrapposizione'civil law' - 'common law'. Appunti storico—comparativi"。

13 See the remarks of Pound, *Interpretations*, pp. 56—59.

14 See the useful survey of J. Vanderlinden, *Le concept de code en Europe occidentale du XII e au XIX e siécle. Essai de définition* (Brussels, 1967).

15 《(诺曼)古习惯汇编》(*Très Ancien Coutumier de Normandie*)的第一部分属于 1204 年,第二部分(在这里诺曼令状所用术语第一次出现)是在 1220 年;而《诺曼底习惯法总汇》(*Grand Coutumier de Normandie*)或者

《诺曼法律概要》(*Summa de Legibus*)则到了这一世纪的中期。诺曼底之外最古老的法国法律文献是皮埃尔·德·方丹(Pierre de Fontaines)的《古代案例集》(*Conseil à un ami*,大约与 *Summa* 处于同一时期),作者主要是在位于鲁昂(Rouen)的诺曼财政署工作,其工作受到了罗马法的强烈影响,而诺曼习惯法很难说受到了它的多少影响。参见 J. Brejon de Lavergnée,"La penetration du droit romain dans les pays de l'Ouest de la France", *Recucil de Mémoires et Travaux publiés par la Soc. Hist. droit et instit. Des anciens pays de droit écrit*, 6 (1967), 55—61。

16 有关诺曼西西里王国的制度,请参考下述杰出著作:M. Caravale, *Il Regno Normanno di Sicilia* (Milan, 1966)。

17 关于这一点的讨论,请参见 Van Caenegem, *Writs*, pp. 380—386; the Introduction in Hall's edition of Glanvill, particularly pp. xxxvi—xxxviii; and Richardson and Sayles, *Law and Legislation*, pp. 71—87。格兰威尔是相当清楚和有条理的,因为他把注意力集中到了一个重要的国家机构上,就像10年前理查德·菲茨·尼尔(Richard fitz Neal)描述财政署工作时所做的那样。亚当斯女士(Miss Adams)在评论斯滕顿夫人(Lady Stenton's *English Justice* in *Speculum*, 41[1966], 374)时要寻找"罗马法原则的影响——比如立即恢复占有和被侵夺占有后不进行诉讼",但任何仔细研究过 Ruffini's *Actio spolii* 的人都知道,这两条规则是早期中世纪的,与波伦亚人对《国法大全》的复兴无关。

18 布拉克顿对于罗马法的知识有着深刻把握这一点,在经过长时间的争论后最近已被索恩教授阐明,参见 Professor S.E. Thorne in the Introduction to Bracton, *On the Laws and Customs of England*, ed. by G.E. Woodbine, trans. by S.E. Thorne, I (Cambridge, Mass., 1968), pp. xxiv—xlviii, and more briefly in S.E. Thorne, *Henry de Bracton 1268—1968* (Exeter, 1970), a commemorative lecture。

19 到目前为止还没有关于欧洲法律的一般历史描述,但读者将会在下列著作中找到大量信息:*Continental Legal History Series*, *I*: *A General Survey* (London, 1912) and *VII*: *A history of continental civil procedure*, by A. Engelmanm and others (London, 1928),这其中收集了许多最前 138

沿的法律史学家们的著述，并进行了翻译。关于这一主题的一个广泛研究请参考 F. Calasso, *Medio Evo del Diritto*, *I*: *Le Fonti* (Milan, 1954) and in Wieacker, *Privatrechtsgeschichte der Neuzeit*。后者尽管关注的是德国，但在总体上的考察则是以欧洲为背景的，并从考察中世纪欧洲法学的起源而开始。

20 P. Legendre, "Miscellanea Britannica", *Traditio*, 15(1959), 491, n. 2 中指出了普拉森提努斯在英格兰的成功。

21 P. Legendre, "Un nouvear manuscript du Pseudo Ulpien de Edendo", *Tijdschr. v. Rechtsgeschiedenis. Rev. d'Hist. du Droit*, 24(1956), 61，他回溯到了以前更为古老的观念，看起来好像更推崇 1113—1120 年间或者甚至是这一世纪的开始。而 A.-M. Stickler in *Dictionnaire de Droit Canonique*, VI (Paris, 1957), col. 1135，则并不确定，更推崇格拉提安(1140 年)之后的某个日期。M. Conrat, *Geschichte der Quellen und Literatur des römischen Rechts im früheren Mittelalter*, I (Leipzig, 1891), 615 and M. Caillemer, *Le droit civil dans les provinces anglo-normandes au XIIe siècle*, Mémoires de l'Acad, de Caen (Caen, 1883), pp. 170—174，则将这一作品看作是在格兰提安之后，倾向于他所处那个世纪的中期。

22 参见 van Caenegem, *Writs*, pp. 360—390。在接下来的年代里我们提到了 1170 年的 *Tractaturi de judiciis*；1171 年的 *In principio de ordine judiciario*；略早于 1179 年的 *Rhetorica Ecclesiastica*；1177 年之后可能是由帕维亚的奥托(Otto of Pavia)完成的 *Olim edebatur*，1167—1181 年间 Johanners Bassianus 的 *Quicumque vult*；1182—1185 年间的 *Ordo Bambergensis*；1183—1189 年间 William Longchamp 的 *Practica*；1184—1198 年间 Pillius 的 *ordo Cum essem Mutinae*，以及 1196 年 Ricardus Anglicus 的 *Summa de ordine judiciorum*。某些日期不同于传统的提法，主要来自于如下的最新研究：K. W. Nör, "Päpstliche Dekretalen in den ordines iudiciorum der frühen Legistik", *Ius Commune*, 3(1970), 1—9。也见 Stickler in *Dictionnaire de Droit Canonique*, VI, cols. 1135—1137。如下的经典著作也广为人知：Tancred's *Ordo* of 1214—1216, Roffredus

Beneventanus's two *libelli* of 1227—1235 and 1237—1243, William of Drogheda's *Summa* of 1239 and William Durand's *Speculum* of 1272 (1st version) and 1287(2nd version)。

23 参见 C. Duggan, *Twelfth-century Decretal Collections and their importance in English history*, University of London Historical Studies, XII (London, 1963), 26; La Due, *Papal Rescripts*, pp. 44, 46; Southern, *Western Society and the Church*, p. 117。关于拉尔夫·奈杰尔(Ralph Nigel)对于罗马法的批评请参见第 101 页注释 67。

24 英格兰主教法院的历史仍然需要写出,但塞耶斯女士(Miss Sayers)的话给了我很大的鼓舞:“索尔兹伯里的约翰信中间接提到了 1150 年代教会法院(无论是常规法院还是委任法院)所碰到的诉讼程序上的麻烦,这显示了当时教会司法(ordo judiciaries)的框架还没有得到发展、统一和完全理解。”(*Papal Judges Delegate*, p. 46)坎特罗威茨(Kantorowicz)提醒我们,12 世纪关于诉讼程序方面的著述要远前置于司法实践(H. Kantorowicz and W. W. Buckland, *Studies in the glossators of the Roman Law* [Cambridge, 1939], p. 721)。

25 参见 C. R. Cheney, *English Bishops' Chanceries 1100—1250* (Man-
chester, 1950), p. 20。另见 Cheney, *From Becket to Langton*, p. 147: 139
“在 12 世纪的第二个 25 年里,主教的裁判官(*officiales*)被提及时通常使用的都是一般的词语,接下来到了这个世纪的后 20 年,那些被提及姓名的个人通常是和其称呼一起出现的。”参考 the conclusion in E. Rathbone, “Roman Law in the Anglo-Norman Realm”, *Studia Gratiana*. 11 (*Collectanea S. Kuttner*, I)(Bologna, 1967), 263:“因此有证据表明,1180 年左右英格兰的受教育阶层在一个不小的范围内对于罗马法的原则和原理有着相当程度的熟悉,而且对于拥有有着这些专门知识人士的法院和谘议会来说,罗马法也有着相当显著的渗透。”对于新的诉讼程序在欧洲教会法院司法实践中的扩展,还有大量的研究工作要做,但如果说它在 13 世纪开始以前就有了多么重要的发展,那么我会感觉非常奇怪:理论上的知识并不必然导致在司法实践中的运用。参见 the remarks to that effect in Scammell, *Hugh du Puiset*, pp. 70—71 and N.

Adams in *Speculum*, 41(1966), 374。

26 参见 Duggan, *Decretal Collections*, p. 69。盎格鲁-诺曼学派的教会法学家属于12世纪晚期和13世纪早期,参见 S. Kuttner and E. Rathbone,"Anglo-Norman canonists of the twelfth century", *Traditio*, 7 (1949—1951), 279—358; Le Bras, Lefebvre and Rambaud, *L'âge classique*, pp. 287—290; Duggan, *Decretal Collections*, pp. 110—117; Rathbone,"Roman Law in the Anglo-Norman Realm", pp. 255—271。

27 参见 W. Kienast,"Die Anfänge des europäischen Staatensystems im späteren Mittelalter", *Histor. Zeitschrift*, 153(1936), 153。作者说,"发端于诺曼底、佛兰德尔、英格兰和西西里,然后又扩及法兰克的国王领地中的王国行动的强化,导致了一场封建的专制主义——如果我可以这么说的话。在这场意义非凡的发展中,德国并没有获得什么持久的利益,而只是那些新兴的地区邦国从这一现象中获益。"读者将会发现下述著作非常有益:J. R. Strayer, *On the Medieval Origins of the Modern State* (Princeton, 1970)。关于时间因素的作用和英格兰早期在这种背景下实现的政治上的统一的重要性,请参考:Plucknett,"Roman Law and English Common Law", pp. 48—50。

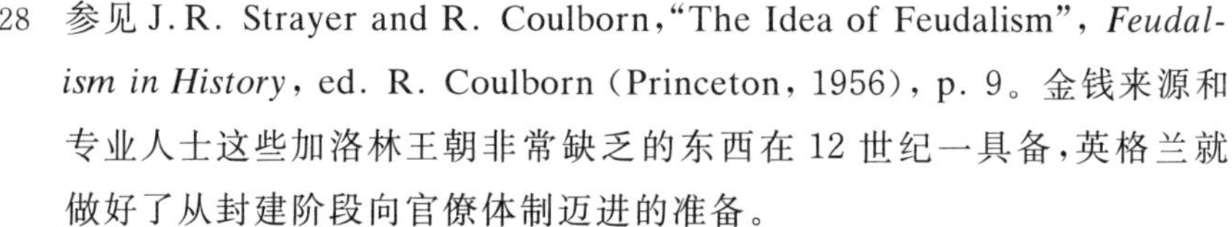

28 参见 J.R. Strayer and R. Coulborn,"The Idea of Feudalism", *Feudalism in History*, ed. R. Coulborn (Princeton, 1956), p. 9。金钱来源和专业人士这些加洛林王朝非常缺乏的东西在12世纪一具备,英格兰就做好了从封建阶段向官僚体制迈进的准备。

29 See Lyon and Verhulst, *Medieval Finance*.

30 F. Wieacker,"Fritz Pringsheim zum Gedächtnis", *Zeitschr. Der Savigny-Stiftung für Rechtsgeschichte*, 85, R.A. (1968), 601—612.

31 *Cambridge Law Journal*, 5 (1935), 347—365 (repr. in Pringsheim's *Gesammelte Abhandlungen*, I (Heidelberg, 1961), 76—90). See the remarks and bibliography in Cappelletti, *Processo*, pp. 288ff.

32 在这一问题上我们有如下专题著述:Peter, *Actio und Writ*。

33 Pollock and Maitland, *History of English Law*, II, 558。

34 "*Francis et Anglicis*"(法兰克与英格兰)这样的称谓直到12世纪末才开

始流行,并经常出现在处理纯粹英国事务的文件中,因此它显然与在英格兰的诺曼人和英国人有关,而与诺曼底和英格兰当地各自的居民无关。恐怕萨瑟恩(Southern)的不同观点并没有为文献所证实,参见 Southern, *Medieval Humanism*, p. 142。

35 Stenton, *English Society*, p. 269.

36 这一对话开始于 1176/7 年,可能其初始的形式完成于 1179 年复活节 140
以前。

37 Johnson, *Course of the Exchequer*, p. 53:"在当今的日子里,当英国人和诺曼人比邻而居、相互通婚之时,不同民族的人混合在了一起以致很难区分(我指的是自由人)谁是英国出身,谁又是诺曼出身,当然农奴除外。"

38 通过恢复盎格鲁-撒克逊时代历史学家在复兴英国人的民族情感方面起到了非常有趣的作用。参见 Southern,"The Place of England", pp. 208—218 and K. Schnith,"Von Symeon von Durham zu Wilhelm von Newburgh. Wege der englischen 'Volksgeschichte' im 12. Jahrhundert", *Speculum historiale*. ed. C. Bauer, C. Boehm and M. Müller (Munich, 1965), pp. 242—256;这一作者发现,在纽堡的威廉(William of Newburgh)的著述中(写于 12 世纪末),对立已经不再是英国人和诺曼人之间,而是在英格兰人和威尔士人、苏格兰人之间;他还发现纽堡的威廉表明英国人和诺曼人最终融合到了一起。那些历史学家的影响也在法律领域有所体现,参见 W. Ullmann,"On the influence of Geoffrey of Monmouth in English History", *op. cit.*, pp. 257—276。

39 这种封建特性穿越许多世纪仍然保持了强有力的影响,参见布莱克斯通的警告:"对于封建社会和封建法律的本质和原理没有某种一般程度的熟悉的话,是不可能在任何精确的程度上理解这个王国的法律的——无论是涉及市民社会的基本框架,还是规制其财产的法律。"参见 Sir W. Blackstone, *Commentaries on the Laws of England*, II (new edn. London, 1813), 46。

40 Le Patourel,"The Plantagenet Dominions", p. 295 中包含一些与此有关的令人注目的语词。

41 参见 Pipe Roll 15 Henry II，p. 149。一些人因为“他们事实上是农奴却以自由人的身份来向我请求陪审查证”(quia petierunt assisam sicut liberi et fuerunt rustici)而被处以罚金。普尔(Poole，*Obligations of Society*，p. 13)写道，“自由人和农奴之间的截然区别，是伴随着王室令状和占有诉讼令的出现在 12 世纪发生的……尽管面临巨大的困难，法律家们还是努力使全体民众归入一个简单的分类中——自由人或是农奴。最终他们成功地将大部分农民降格为农奴的身份。”令人瞩目的是查理大帝也曾在其 802—813 年间的 *Responsa misso cuidam data* 中力图实施这一简单而基本的分类，“不再有农奴和自由人的区别”(non est amplius nisi liber et servus)(A. Boretius and V. Krause，*Capitularia Regum Francorum*，M.G.H.，LL.，I [Hanover，1883]nr 58，p. 145，c.1)。亨利的政策包括两个方面，的确，不自由的民众被排除在了王室的救济之外，但王室法庭要给予所有的民众直接的救济在实践上是可能的吗？要在领主的头上做这样的事具有政治可行性吗？另一方面，亨利二世给予了全体自由民——尤其是那些针对权贵的卑微者——以平等的保护，这一点为格兰威尔和诺曼的习惯法著作所强调。在中世纪，国王和普通自由民之间针对贵族的联合有着悠久的传统。

42 参见 Winfield，*Chief sources*，pp. 8—13。从一开始中央法院的用语就是法语，在地方法庭英语可能会胜出，但它们受到了王室法庭的挤压，13
141 世纪末时英语作为法律用语的命运得以确定。即使是在地方法庭，当事人可以说英语，但其代诉人则使用法语，13 世纪末以来法律著述者也使用法语。1362 年用法语写成的一部制定法力图复兴英语的使用，但却失败了，同样失败的还有 1650 年克伦威尔使英语成为法律用语的企图。这一目标最终由 1731 年乔治二世时的国会立法实现。

43 S. A. Riesenfeld，“Individual and family rights in land during of the formative period of the common law”，*Essays in Jurisprudence in Honor of Roscoe Pound*，ed. R.A. Newman (New York，1962)，p. 450，他正确地相信，“直到 1204 年诺曼底陷落及此后一段时间，诺曼征服才在广泛的意义上导致了海峡两岸的平行发展，而封建制度的成长也没有显示王国的这两个部分有着基本的不同”。

44 Southern, *Medieval Humanism*, p. 140.

45 1170—1213 年这一期间通常来自王室内务部门、财政署或司法职位的大部分主教“看起来都属于盎格鲁－诺曼家族……他们在这一时期末比刚开始呈现了更多的英国气质”(Cheney, *From Becket to Langton*, p. 27)。也是在 12 世纪中期,英格兰的教士们比在任何其他时候可能“更少倾向于自己的英国气质,因为他们通常是在法国或意大利接受教育,他们中的许多人都是法国血统,但追寻教会肥缺时却既在国内又在国外”。是诺曼底的陷落使得与法国的分离变得显著起来,“并鼓舞了民族情感在英国教会中的成长”(*ibid.*, p. 101)。

46 Southern, *Medieval Humanism*, p. 155.

47 黑斯純斯战役 900 周年纪念引发了多场对其文化后果的评估。比如马修(D.J.A. Matthew, *The Norman Conquest*, London, 1966)总结说:“诺曼人成功地压制了一种比他们自己更为优越的文化,但最终胜利的不是诺曼因素,而是竞技场中各种竞争者之间的妥协。”(pp. 290, 296)

48 1258 年牛津议会上,贵族们请愿书中的第 6 条显示了他们不允许英国女继承人嫁给不属于英国血统者的决心(Stubbs, *Select Charters*, p. 374: Item petunt de maritagiis domino regi pertinentibus quod non maritentur ubi disparagentur, videlicet hominibus qui non sunt de natione regni Angliae)。

49 参见 Pound, *Spirit of the Common Law*, p. 39; Maitland, *English Law and the Renaissance*, pp. 52—54。威克里夫认为,“学习和传授王国的法律,即大宪章,要比学习罗马帝国的法律和教会的法律”更合时宜。

50 参见 F. Pollock, *The Expansion of the Common Law* (London, 1904)。波洛克也对英国“民族性格”中的一种特质大加颂扬,“但它却从未得到详尽阐述:我们更愿称之为实践智慧”(前引书第 58 页)。

51 对于“民族情感”的研究是困难的,有人进行了一项有趣的研究,力图将法国民族情感的起源定位于 14 世纪早期,参见 B. Guenée,“Etat et nation en France au moyer âge”, *Revue Historique*, 237(1967), 17—30:这种情感是“一个巩固的王国得以成就的基础”(un état solide doit s'appuyer sur une nation)(p. 19),14 世纪初期是一个“关键时期,此时作为

王国政治共同体的成员意识到同时他们也形成了一个种族共同体、一个
142 民族"(p. 21)。有关对于"民族"和"英国民族"的最初评价,也见 Cam, *Law-Finders*, p. 195。

52 A. Duck, *De usu et authoritate iuris civilis Romanorum in dominniis Principum Christianorum* (Leiden, 1654), fol. * 2:从规律和价值两方面来看,罗马人的法律通常都被视作是上天的恩赐(Ius Civile Romanorum coelitus datum esse communiter et jure meritoque creditur)(publishers' dedication)。

53 *Potter's Outlines of English Legal History*, 5th edn by A. K. R. Kiralfy (London, 1958), Introduction, p. 1.

54 Walter Map, *De Nugis*, ed. Th. Wright (London, 1850), p. 227:"inusitati judicii subtilis inventor".

55 Pound, *Interpretations of legal history*, p. 101.

56 Painter, *English feudal barony*, p. 193.

57 比如关于这一统治时期不值一提的立法努力,请参见 Y. Bongert,"Vers la formation d'un pouvoir législatif royal (fin Xie-début XIII siècle)", *Etudes offertes à J. Macqueron* (Aix-en-Provence, 1971), pp. 127—140;直到 13 世纪早期,菲力浦·奥古斯都统治时形势才得到改进。

58 Kuttner and Rathbone,"Anglo-Norman canonists"; Poole, *From Domesday Book to Magna Carta*, pp. 232—264; Southern,"The Place of England"; Richardson and Sayles, *Law and Legislation*, pp. 71—87; Rathbone,"Roman Law in the Anglo-Norman Realm"; Southern, *Medieval Humanism*.

59 Rathbone,"Roman Law in the Anglo-Norman Realm", p. 259.

60 参见 W. Ullmann in *Revue Belge de Philologie et d'Histoire*, 48(1970), 77。他关注的是 12 世纪末 13 世纪初"英国学生涌入波伦亚及其大学的潮流突然终止的问题,就我们所知,这一潮流在 13 世纪上半期几乎是戛然而止"。

61 Richardson and Sayles, *Governance*, p.271.

62 参见 van Caenegem, *Writs*, pp. 365—370。时不时地会发现早期先进

的法律著述渗入英格兰的新证据，参见 P. Legendre，“Mischllanea Britannica”，pp. 491—497；id.，“Recherches sur les commentaries pré-accursiens”，*Tijdschr. v. Rechtsgeschiedenis*，33(1965)，353—429；id.，“Droit romain médiéval”，*Rev. hist. droit francais et étranger*，4th ser.，42(1964)，136—138；G. Fransen and P. Legendre，“Nouveaux fragments de la ‘Summa Institutionum’ de Placentin”，*ibid.*，44(1966)，115；N.R. Ker，*Pastedowns in Oxford Bindings*，Oxford Bibl. Soc. N.S. 5 (Oxford，1954)，nrs 46，133，249 etc. 也见 Rathbone，“Roman Law in the Anglo-Norman Realm”，p. 257，如果拿对比利时(这种新的学问后来大量出现在其图书目录中)的类似分析作比较的话，我们就能意识到这种渗透的速度之快。参见 R.C. van Caenegem，“Ouvrages de droit romain dans les catalogues des anciens Pays-Bas méridionaux (XIII—XVIe siècle)”，*Tijdschr. v. Rechtsgeschiedenis*，28(1960)，297—347，403—438，and R.C. van Caenegem，“Notes on canon law books in medieval Belgian book-lists”，*Studia Gratiana*，XII (*Collectanea S. Kuttner*，II)(Bologna，1967)，267—292。

63 亨利二世统治末期在为基督教堂教士们针对鲍德温(Baldwin)大主教的诉讼案件中，从《格拉提安教令集》中引了 93 处，从《学说汇纂》中引了 44 处，从《优士丁尼法典》中引了 39 处，从《法学阶梯》中引了 5 处，从《(优士丁尼新律)真本》(*Authenticum*，这是中世纪时关于《新律》的一个版本，具体请参见〔意〕朱塞佩・格罗索:《罗马法史》，黄风译，北京:中国政法大学出版社 1994 年，第 452—453 页。——译者注)中引了 1 处。参见 Richardson and Sayles，*Governance*，p.319。

64 参见 Duggan，*Decretal Collections*，pp. 120ff.。1185 年后英国部分的 143
教令灭失了，因为主要的英国原始文献集使用得越来越少了，参考 C.R. Cheney，“England and the Roman Curia”，p. 186。1170 年代是一个“英国的创新精神对全部教会领域的教会法产生关键影响的阶段”(p. 146)。

65 参见其精彩的第 15 章“*Statecraft and Learning*”，in Richardson and Sayles，*Governance*，pp. 265—284。作者强调(p. 269)了“学问的世俗

化——或者用文化可能更好——使得亨利的成就成为可能,并使之得以长久"。某些建立了自己学校的城镇受到了指责,因为这些学校(因"非法"而被禁止)与教会的利益相冲突(Stenton, *English Society*, pp. 258—259)。

66 See Richardson and Sayles, *Governance*, pp. 214—215; Stenton, *English Society*, pp. 82—87; Richardson and Sayles, *Law and Legislation*, pp. 71—87.

67 Rathbone,"Roman Law in the Anglo-Norman Realm", pp. 256—257;奈杰尔明确指出了 *pauperistae*; cf. H. Kantorowicz,"An English Theologian's view of Roman Law: Pepo, Irnerius, Ralph Niger", *Medieval and Renaissance Studies*, 1(1941), 237—251(repr. *Rechtshistor. Schriften*, pp. 231—244),其中对有问题的部分进行了编辑,时间为1179—1189年间。奈杰尔学在巴黎,并迟至1168年获得艺术硕士学位,他是杰拉德·勒·皮塞勒(Gerard la Pucelle,神学家兼教会法学家)的学生,还是皇室的朝臣,没有证据表明他做过正式的法学研究。

68 S. Kuttner,"Dat Galienus Opes et Sanctio Justiniana", *Linguistic and Literary Studies H. A. Hatzfeld*, ed. by A. S. Crisafulli (Washington, 1964), p. 237.

69 这一知名的表述出现在 Luther's *Tischreden* (Weimar ed., III, 2809b, also VII, 7030 and v, 5663),在此它被称为"千真万确的古代谚语",但它肯定是一种古老的很流行的表述,参见 A. Stein,"Martin Luthers Meinungen über die Juristen", *Zeitschr. der Savigny-Stiftung für Rechtsgeschichte*, 85, K.A. (1968), 362—375。

70 Ullmann,"On the influence of Geoffrey of Monmouth", pp. 257ff.,教皇公函开始就宣称,国王请求过罗马法的文本。

71 See the very interesting discussion between A. Marongiu,"A model state in the Middle Ages: the Norman and Swabian Kingdom of Sicily", *Comparative Studies in Society and History*, 6 (1964), 307—320 and J. R. Strayer,"Comment", *ibid.*, pp. 321—324. "conditor et interpres..." is from Vacarius(p.312).

72 关于对亨利二世力量和正义的颂扬，参见 Walter Map, *De Nugis Curialium*, ed. M.R. James (Oxford, 1914), 277。

73 P. H. Sawyer, "The Wealth of England in the Eleventh Century", *Trans. Roy. Hist. Soc.*, 5th ser., 15(1965), 145—164.

74 Painter, *English feudal barony*, p. 170.

75 更多有趣的形象，请参见 Painter, *English feudal barony*, pp. 121—138。

76 Richardson and Sayles, *Law and Legislation*, p. 97.

77 G.O. Sayles, *The Medieval Foundations of England*, University Paperbacks (London, 1966), p. 304, cf. in the same sense p. 326; in Richardson and Sayles, *Governance*, p. 181，然而我们被要求不能拒绝"允许国王有更高的动机，因为从某种真实的意义上说，国王是正义之源"。Cronne, *Stephen*, p. 247，他提到，亨利一世以"正义之狮"著称，但他提醒我们这是"一头需要猎物的野兽"，他写道，"这可以从亨利统治时期所流传下来的卷筒卷宗中的每一条得到最清楚的验证：正义被开发成了利益之源"。 144

78 J.A. Giles, *Petri Blesensis Opera*, I (Oxford, 1846), nr 66, p. 192.

79 比如参见 *Ludwig van Beethoven. Briefe. Eine Auswahl*, ed. H. Schäfer (Berlin, 1969), nrs 27(A. D. 1804), 44(1809), 122(1822) and 141 (1824)：我们很奇怪地看到贝多芬写给他的出版商说，仅他的弥撒曲(mass opus 86)独自就可以值到 100 弗罗林(nr 44, to Breitkopf & Härtel)，他给自己的庄严弥撒(Missa Solmnis)出价 1000 弗罗林，第九交响曲 600 弗罗林(nr 141)。

80 关于对行政管理和司法费用的反思，请参看 Southern, *Western Society and the Church*, p. 113："如果认为政府争取司法管辖权是为了它所带来的收入那就错了，因为这其中的大部分收入都被操持司法机构的官员们吞没了。这其中的真正原因还在于，司法是政府向领主强制实施其主张的唯一实际的途径。但这一过程一旦开始，由它所创设的那些官员就有着浓烈的兴趣将这一过程持续下去。"对于"没有必要愤世嫉俗"的获益理论的评论，请参见 Matthew, *The Norman Conquest*, p. 272。

81 Poole, *Obligations of Society*, p. 79:其中列举了 574 名罪犯的名字;依照《北安普敦法》,705 人受到处罚,其动产总额总共达 343 英镑,平均每人达 10 先令 11 便士,各自处罚达 9 先令 8 便士。普尔(Poole)得出结论说,"如果我们假定一个普通农民拥有的动产价值大约为 10 先令是不会有太大出入的。"

82 参见 J. H. Ramsay, *A history of the revenues of the kings of England 1066—1399*, I (Oxford, 1925), 191; D. C. Douglas, *English Historical Documents*, II: 1042—1189 (London, 1953), 56; Painter, *English feudal barony*, p. 170。道格拉斯(Douglas)提到了亨利二世时期王室司法收入的增加,但也指出,"政府的开支也在迅速增长"。

83 1176 年的情况尤其厉害,这一年的收益达到了 4613 英镑 14 先令 11 便士(Ramsay, *Revenues*, I, 124),接下来的一年收入几近 5500 英镑(Pipe Roll 23 Henry II),这还没有包括教士们支付的罚金,因为某种原因这一部分不出现在卷筒卷宗中(H. Mayr-Harting, "Henry II and the Papacy 1170— 1189", *Journ. Eccles. Hist*. 16[1965], 48),当然那些在王室内純(paid *in cameram*)支付的也不在列。

84 比如这就是约克大主教教职(亨利二世让它空了八年)一年向财政署上缴的收入,参见 H. Mayr-Harting, *op. cit.*, p. 49。胡伯特・沃尔特(Hubert Walter)作为坎特伯雷大主教可以指望通过临时占有这一职位来获得 1100—1800 英镑的年净收入,参见 C. R. C. Cheney, *Hubert Walter* (London, 1967), p. 50。

85 参考一则有关一位伦敦妇女里奥福吉福(Leofgifu)的遗嘱的案件,其中还涉及到忏悔者爱德华国王及其王后,参见 Barlow, *Edward the Confessor*, pp. 177—178。作者评论道:"这就是一种正义,一种为 11 世纪的人们所期待的那种正义。相关的每一方都在走捷径,毫无疑问,大多数情况下都会向国王或王后提供礼物,而且也会被接受。"唱圣诗者休(Hugh the Chantor)在其 *History of the Church of York* (ed. Johnson, p. 29)解释道,达勒姆主教力图通过承诺提供 1000 马克的银币来影响亨
145 利一世,以支持选举约克的托马斯,同时他也没有忘记王后,后者得到了这笔数额的十分之一。1130 年,切斯特伯爵的母亲路西女伯爵为她父亲

的土地花了266英镑13先令4便士，又花了500马克争取到了五年内不结婚的特权，而达成这一协议她又支付了45马克。她还向王后提供了20马克，“后者习惯于在私人与国王讨价还价时享有自己的份额”(Cronne, *Stephen*, pp. 231—232)。说这是“腐败”可能与当时情况不符，因为正如理查森和塞尔斯(Richardson and Sayles, *Governance*, p. 374)所指出的那样，“肃清法律道路上的障碍在当时还不能被认为应该受到谴责。”

86 *Dialogus de Scaccario*, ed. C. Johnson (London, 1950), p. 2.

87 说普通法是西方历史上的异常现象，实际上是在陈述一个历史事实——历史如同自然一样存在变异，它并没有因这一对轨道的偏离而使人们对欧洲普遍模式及其在近代所赢得的全球重要性的敬仰有所消减。

88 几乎没有人强调时间因素在这一语境下的作用，但请参见史密斯(M. Smith)的评论：M. Smith, *A General View of European Legal History and other Papers* (New York, 1927), pp. 28—29。卡姆(Cam, *Law-Finders*, p. 163)也指出其在代议制度的历史上所具有的重要性及它在英国议会中的独特地位，她得出结论说“是在时机问题上英格兰不同于欧洲大陆”。参考我的观点，“L'histoire du droit et la chronologie. Réflexions sur la formation du'Common Law'et la procédure romano-canonique”, *Etudes G. Le Bras*, II (Paris, 1965), 1459—1465。

89 道森(Dawson, *Lay Judges*, pp. 44—47)对13世纪法国在选择证据制度上的犹豫的评论，这种选择主要体现在法国本土的调查制度和罗马-教会法的证据制度之间。在许多国家都有一个从中世纪早期的古代法律到采纳罗马-教会法诉讼程序的转变阶段，在这一阶段许多国家都尝试过本土性质的制度，但只有在英格兰这些尝试转化成了持久的制度。

90 时间因素解释了为什么罗马法会被排斥在外，但它并没有解释为什么这一空白会由一种基于王室法官、令状、程式诉讼和陪审查证的制度所填补，不过这些问题在前几章中我已经说明过了。

91 参见R. Besnier, *La Coutume de Normandie. Historie externe* (Paris, 1935), p. 16。关于诺曼底法律是全部法国习惯法中罗马法化程度最低的问题，参见Plucknett, “Roman Law and English Common Law”, p.

28。普拉克内特在 12 世纪的诺曼底发现的是法国法而非罗马法，他指出：“《(诺曼)古习惯法》(*Très Ancien Coutumier*)像我们的格兰威尔的著述一样，几乎没有得到罗马法式的阐释。”关于早期普通法本质上属于封建法，参见 W. Ullmann's remarks in *Principles of Government and Politics in the Middle Ages* (2nd edn, London, 1966), pp. 166—168。

92 参见 *England in the reign of King Henry the Eighth. A Dialogue between Cardinal Pole and Thomas Lupset, by Thomas Starkey*, ed. J.M. Cowper. Early English Texts Society, Extra Series, XII, II (London, 1871), 194。这一对话来自于 1538 年，1948 年伯顿(K.M. Burton)出版了它的一个现代英文版本。相关内容可参考 Holdsworth, *History*, IV, 259 and Maitland, *English Law and the Renaissance*, pp. 41—46。

93 关于缺席出旅的法律，是普通法中一个直到今天仍保留有古代印记的典
146 型例子。数世纪以来，普通法一直忠实于这样一种古老的日耳曼诉讼程序观念：没有原告和被告出旅的诉讼是不可能的(正如缺了一个队就不会有足球比赛一样)。除非被告出旅，否则不能作出判决，法律可以给他施加压力，扣押其财产，威胁将之逐于法外，但不能直接作出有利于原告的判决；而这在 18 世纪成为了可能，而且通常是对被告不利。

94 关于“历史规律”的著作不胜枚举，如 Dahlmann - Waitz, *Quellenkunde der deutschen Geschichte*(10th edn, Stuttgart, 1969), 4/118—134。

95 See the remarks of R.W. Southern, “Aspects of the European tradition of historical writing, I: the classical tradition from Einhard to Geoffrey of Monmouth”, *Trans. Roy. Hist. Soc.* 5th ser., 20 (1970), 175, 181.

96 参见 J. Needham, *The Grand Titration. Science and Society in East and West* (London, 1969), p. 216。J. Dhondt, “Henri Pirenne: historien des institutions urbaines”, *Annali della Fondazione Italiana per la Storia Amministrativa*, 3(1966), 128:“Mais enfin, penser au hasard en histoire, c'est au mains s'éloigner de la notion de recurrence et même abandoner la notion d'une histoire accessible au raisonnement. C'est donc le point que Pirenne avait atteint en 1933”(当时皮雷纳〔Pirenne〕就历史中

的偶然性作了演讲)。值得注意的是,李约瑟博士(Dr Needham, *Clerks and Craftsmen in China and the West* [Cambridge, 1970], p. 17)对"一连串历史意外事件"的作用采取了积极的态度,可能正是这些意外,近代科学才得以发展出来(尽管其他地理和社会方面的决定因素还需要查找)。

97 I. Berlin, *Four Essays on Liberty* (Oxford, 1969), p. 1.

98 Dhondt,"Henri Pirenne", pp. 126—129.

99 J. Monod, *Le hasard et la nécessité. Essai sur la philosophie naturelle de la biologie moderne* (Paris, 1970); see especially p. 127:"Nous disons que ces alterations sont accidentelles, qu'elles ont lieu au hazard. Et puisqu'elles constituent la seule source possible de modifications du texte génétique ... il s'ensuit nécessairement que le hazard seul est à la racine même du prodigieus edifice de l'évolution, cette notion centrale de la biologie moderne n'est plus aujourd'hui une hypothése parmi d'autres possibles ou au moins concevables. Elle est la seule concebable, comme seule compatible avec les faits d'observation et d'expérience." 读者也会在 N. Chiaromonte 的 *The Paradox of History* (London, s.d.)(以 1966 年的一系列演讲为基础)中找到一些关于历史偶然性的思想。

100 关于对欧洲各国历史事件的评论,参见 Dawson, *Lay Judges*, p. 302, 他写道:"这些发展中没有哪一个是不可避免的,没有哪一个会如此确定以致必然会发生。"

101 国王的特殊地位和我们在第一章中所看到的地方法庭的危机,导致了地方司法的式微和中央法庭令人惊异的至尊地位,没有这些情况,新的规则和概念可能已经引入这些业已存在的法庭了,一个非常不同的法 147
律情势可能已经产生了。比如在佛兰德尔郡,12 世纪的后半段见证了一次显著的诉讼程序的现代化过程,但这一切都是在已经存在的法庭中发生的,尤其是那些势力强大的城镇的发展,而并没有导致上级法庭的扩张。在英格兰,法律与诉讼程序现代化的意愿与地方司法的危机恰巧同时发生。

102 See the remarks in Ullmann, *Principles of Government*, pp. 151ff.

103 参见 Ullmann，*Individual and Society*，pp. 51—98 中关于“the constitutional significance of the feudal relationship and its bearing on the individual in society”（封建关系的宪政意义及其对社会中个人的影响）的重要部分。

104 Pound，*Spirit of the common Law*，p. 63：“在 17 世纪坚持国王的特权属进步思潮，那些认为国王是社会利益的守护者并希望赋予其武断的权力以便供他为公共利益善意行使的人会非常愤怒地发现，国王被法律家们在像《大宪章》那样陈旧、污秽不堪的羊皮纸中发现的法律契约拖住了。”

105 See Ch. Ogilvie，*The King's Government and the Common Law 1471—1641*（Oxford，1958）.

106 英格兰当时的观念是分立的：一些人认为普通法是来自于盎格鲁-撒克逊时代的古代自由宪章，另一些人则将之描述为由专制的诺曼人带来的坏的法律。参见 Hill，*Puritanism and Revolution*（2nd edn，London，1965），pp. 58—125；D. Veall，*The popular movement for law reform 1640—1660*（Oxford，1970）。

107 尽管中世纪的研究者会禁不住想起塞维利亚的伊西多尔（Isidore of Seville）对于不列颠的描述：“Oceani insula interfuso mari toto orbe divisa”（*Etymologiae*，XIV，vi，2）。

108 从对于苏格兰在盎格鲁-诺曼出身的司法官统治下经历的转型的精彩描述中，我借用了这一明喻，参见 G. W. S. Barrow，“The Scottish Justiciar in the twelfth and thirteenth centuries”，*The Juridical Review*（1971），p. 133。

索　引①

（索引中的页码为原书页码，即本书边码）

① 盎格鲁-撒克逊,英格兰(英吉利)和诺曼底(诺曼)方面的内容已被省略。

M

N

Q

R

T

译后记(法大版)[*]

近年来对英国法律史的关注好像成为了(或成为过)法学界的一个小热点——至少在我所待过的圈子里是这样:学友们大多雄心勃勃,各有一番宏论和远大理想。这其中一个比较一致的主张是要翻译这一领域内的经典著作,比如波洛克和梅特兰的《爱德华一世以前的英国法律史》。但我和我的朋友陈绪刚先生则对此一直持反对态度,其中的缘由我曾在自己那本《普通法的历史解读》一书的序言中指出过一些:梅特兰的语言极富文学性,没有相当的中文功底是不免要破坏原文的幽雅、流畅的风格的;原文中引用了诸多拉丁文、法文及其他语言的文献,而且数量巨大——虽然在作者那里可能完全是信手拈来;最重要的一点可能还在于,这一巨著虽然至今仍为经典,但毕竟是一个多世纪以前的作品了,一百多年来的学术积累又使我们能够站在巨人的肩上看到更为壮丽绚烂的景致,而范·卡内冈教授的这本《英国普通法的诞生》就是这璀璨园林中的一枝奇葩。

说这些倒不是要抬高自己贬低别人,也不是要制造舆论说别人不要来翻译那部作品非得等我们来翻译(事实上已有两位学友

---

* 本译后记是为《英国普通法的诞生》中国政法大学出版社2003年10月版所写。

尝试着翻译了波洛克和梅特兰书的一部分并可能在法律出版社出版),而是说在今天的学术资源的有效利用和配置过程中,我们也许更应该注意那些最新的成果,为你的新电脑装上 Windows XP 而不是 Win95。当然我也知道,经典之所以是经典就是因为它不会过时,而且我相信梅特兰的书被翻译成中文也只不过是个时间问题,但我们为什么不直触前沿而老要跟在别人后面呢?范·卡内冈教授作为近几十年来英国法律史领域的知名学者因其独特的大陆学术背景而倍受关注,读完他的书,我们也许会对自己头脑中某些以前的观念作出一些修正和反省。

本书在翻译过程中借用了中国政法大学“英美法辞典编辑委员会”办公室的丰富资料和某些研究成果,译者在此谨向委员会负责人薛波先生表示衷心的感谢!本书原作者范·卡内冈教授也在百忙之余为译者耐心且详尽地解答了书中一些拉丁文翻译及其他难题,有了他的热心帮助,译者才更好地领会了作者的原意,在此译者要向原作者表示由衷的感谢和钦佩!我还要向在翻译过程中为我提供帮助的其他朋友表示谢意,他们的努力使得译文得以不断改进,尽管其中在所难免的错误完全应该由译者来承担。最后,我还要感谢我的学生张文清同学,她打印了译文正文的全部内容。毫无疑问,本书是许多人共同努力合作的成果!

李红海

2003 年 5 月 11 日

译后记(商务版)

10 年前,范·卡内冈教授的这本书首次以简体中文在中国政法大学出版社出版;10 年后的今天,它又将由商务印书馆出版。两家知名出版社先后出版,本身就能在一定程度上证明本书的价值。况且,10 年来,学界对本书的反映还比较积极,引征频率也比较高。就我个人而言,利用本次修订的机会又认真研读了一遍,竟发现自己对普通法的认识(尤其是某些细节方面,如陪审团的形成过程、令状制的发展等)很多都直接来自于本书。从这个意义上说,作为译者,我是本书最大的受益者。

然而与普通法文献 20 多年来如火如荼的引进(本书的再次出版就是一例)形成鲜明对比的是,我并没有感受到普通法在多少方面真正影响到了我们的法治建设。司法改革这个最有可能和普通法相关的领域举步维艰,而任何法律条文上的变革又很难说与普通法有多大关系;更为可悲的是,即使在学界,几乎在每一次会议发言中、每一篇论文的开头,至今都仍需要对普通法、英国法、判例法等概念进行本不应该再进行的重复。毫不夸张地说,我们的法律家们甚至对普通法仍然缺乏最起码的共识或认识。但它真的是深不可测而又遥不可及的吗?不是。普通法来源于民众的生活,是最贴近寻常百姓的东西,只不过是由专业的法律家对其进行了

升华，绝非而且直到今天仍然不是脱离群众的“高山流水”。问题出在我们自身。作为法律家的我们不愿意放弃自身的话语体系，甚至不愿意尝试以另外一种眼光来看待同样的问题，我们不相信这种外域的所谓的“集体智慧的结晶”“历代智识的体现”能对我们有何帮助。但作为以司法起家的普通法，它自然是司法方面的大师，其体制、经验、技艺等对我们同样有着重要的参考价值——毕竟，司法的目的、本质和过程不会因地域、时间、文明等之不同而差别迥异。如此，我们为什么还要本能地排斥它呢——如同16世纪普通法排斥罗马法那样？

因此，在中国，对普通法的关注绝不应该只是一个经院派学究式的问题，而应该且完全可能成为一门经世致用的学问。看看当今的普通法世界，了解一下普通法的治理术，看它能为我们提供何种智慧呢？

无论如何，对普通法的研究，依然任重道远！

最后，感谢商务印书馆的王兰萍主任和马冬梅编辑，她们为本书的出版付出了太多的辛劳；感谢华中科技大学法学院李杜博士对部分法语翻译提供的建议；感谢首次出版时曾感谢过的所有人，因为本次出版仍然主要是建立在他们的付出基础上的；感谢那些普通法的志同道合者，他们的意志激励了我继续前行。

谢谢！

李红海

2013年1月21日

图书在版编目(CIP)数据

英国普通法的诞生/(比)R.C.范·卡内冈著;李红海译.—北京:商务印书馆,2017
(汉译世界学术名著丛书:120年纪念版:珍藏本)
ISBN 978-7-100-14990-7

Ⅰ.①英… Ⅱ.①R… ②李… Ⅲ.①司法制度—研究—英国 Ⅳ.①D956.16

中国版本图书馆CIP数据核字(2017)第180456号

汉译世界学术名著丛书
(120年纪念版·珍藏本)
英国普通法的诞生
〔比〕R.C.范·卡内冈 著
李红海 译

商 务 印 书 馆 出 版
(北京王府井大街36号 邮政编码100710)
商 务 印 书 馆 发 行
北京市十月印刷有限公司印刷
ISBN 978-7-100-14990-7

2017年12月第1版 开本710×1000 1/16
2017年12月北京第1次印刷 印张18
定价:90.00元